20世纪50年代中国人民法庭研究

—— 以河南省为中心

张溪 著

河南人民出版社

图书在版编目（CIP）数据

20世纪50年代中国人民法庭研究：以河南省为中心／张溪著. — 郑州：河南人民出版社，2020.5(2021.5重印)
ISBN 978－7－215－12311－3

Ⅰ.①2… Ⅱ.①张… Ⅲ.①法庭－工作－研究－中国 Ⅳ.①D926.2

中国版本图书馆 CIP 数据核字(2020)第 049455 号

河南人民出版社 出版发行

（地址：郑州市郑东新区祥盛街27号　邮政编码：450016　电话：65788055）
新华书店经销　　　　河南新华印刷集团有限公司印刷
开本　890毫米×1240毫米　　1/32　　印张　9.25
字数　230千字
2020年5月第1版　　　　2021年5月第2次印刷
编辑邮箱　827174332@qq.com

定价：38.00元

前　言

　　人民法庭与中国共产党有着很深的渊源,与中国共产党领导中国革命取得胜利有着不可分割的关系。它起源于中国共产党领导的早期农民运动和工人运动。在第一次国内革命战争、土地革命战争、抗日战争中逐渐发展,由不完善、不规范到逐步完善和规范。解放战争时期的1947年《中国土地法大纲》颁行,标志着人民法庭在立法上得到确认,它为中华人民共和国中央人民政府的建立作出了重要贡献。中华人民共和国成立以后,中国共产党继承了这一优良传统,继续完善人民法庭有关制度。1950年《中华人民共和国土地改革法》(以下简称《土地改革法》)颁布后,中央人民政府政务院发布《人民法庭组织通则》,标志着人民法庭制度成熟。随后人民法庭继续在重大的社会改革和社会实践中,如土地改革、镇压反革命、"三反""五反"、全国普选等,随社会变革的方向和目标的不同都发挥了重要作用,为新中国人民司法制度的建立作出了有益的探索。

　　本书基于"20世纪50年代中国人民法庭研究——以河南省为中心"这一研究课题,以河南省的司法档案为依托,在三个层面对这一时期的史料进行梳理和分析,力图从司法制度和实践上探讨人民法庭制度在运动中取得的经验和应吸取的教训,为依法治国建设法治国家提供借鉴。就宏观方面,着重探讨和分析中华人民共和国成立初期,在1949—1950年"土改"、1950—1951年"镇反"、1951—

1

1952年"三反""五反"和1953—1954年全国普选系列运动中,着重分析从运动制定政策、发布命令、传达精神,到依据政策制定《土地改革法》《惩治反革命条例》《惩治贪污条例》《人民法庭组织通则》等单行法规颁行实施的过程,尤其人民法庭组织通则关于人民法庭性质、立案、审判、执行和诉讼原则等。中观方面,分析全国土地改革先行试点地区的中南区之一省区——河南省土改情况。在土地改革中,河南省率先制定《河南省土地改革条例》《人民法庭暂行条例》,总结和借鉴土地改革中人民法庭开展土地改革的具体经验,为国家《土地改革法》和《人民法庭组织通则》的制定提供立法经验。微观方面,以实证分析的方法,着重以许昌地区的司法案例为载体和客观真实依据,剖析土地改革、镇压反革命、"三反""五反"和普选等运动中实际发生的案例。通过案例解析,解读基层司法人员司法过程。

人民法庭自成立起就贯穿于"土改""镇反""三反""五反"和普选运动整个过程。在中华人民共和国成立初期的社会转型时期,始终处于规则适应和调试中。纵然在历次运动中产生了一些不成熟、不完善的问题,但最终以法治手段而结束,在特定的转型期具有一定的合理性,从长远来看,它对中国法治建设仍具有深远的影响。应当说,中华人民共和国成立初期的法治行政化色彩很浓,在职权设置、人员配备和程序方面,行政权主导司法,欠缺现代法治的特质,离现代追求分权之下的法治有一定距离,只能是法治的探索试验阶段。无论经验和教训,都值得后来人研究。正缘于此,结合中华人民共和国初期人民法庭运行中涉及的土地、官吏贪腐和宪政这些沉淀的社会问题,进行理性思考和反省,从而更深刻地认识到唯有全面依法治国、走现代法治之路是化解这些问题的必由之路,也是实现国家长治久安的大计。

目　录

绪　论 ··· 1
一、选题的学术价值与现实意义 ································· 1
（一）研究问题的缘由 ·· 1
（二）学术价值及意义 ·· 1
二、研究对象 ·· 3
（一）研究对象的选择 ·· 3
（二）研究对象的状况 ·· 4
三、研究现状及评述 ··· 9
（一）法制史方面 ··· 9
（二）司法制度方面 ··· 13
四、选题创新 ·· 16
（一）研究地域的代表性 ·· 16
（二）论题时间段的确定性 ····································· 16
（三）选取材料的原始性 ·· 16
（四）研究视角的新颖性 ·· 17
五、研究思路与方法 ·· 17

第一章　人民法庭创建 ·· 20
第一节　人民法庭界定及其演变 ······························· 20

一、人民法庭的含义 ………………………………… 20
二、人民法庭的演变 ………………………………… 21

第二节 1949—1952年人民法庭的创建 ……………… 52
一、1949—1950年人民法庭的创建 ………………… 52
二、1950—1951年人民法庭政策和法规的创建 …… 63
三、1951—1952年人民法庭的设立 ………………… 72

第三节 普选时期的人民法庭 …………………………… 83
一、1953—1954年全国普选的社会背景 …………… 83
二、普选人民法庭的创建 …………………………… 85
三、河南省普选人民法庭的创建 …………………… 89

第二章 人民法庭的运行 …………………………………… 92

第一节 人民法庭的基石——《人民法庭组织通则》 … 92
一、《人民法庭组织通则》的产生过程 …………… 92
二、政务院《人民法庭组织通则》的颁行 ………… 95
三、中南区的地方性规定和指示 …………………… 97
四、"两高"和司法部关于土改区人民法庭的指示 … 101

第二节 人民法庭的根基 ……………………………… 104
一、人民法庭的性质和特点 ………………………… 104
二、人民法庭的任务及案件管辖范围 ……………… 110
三、人民法庭的诉讼原则 …………………………… 112

第三节 人民法庭的审判 ……………………………… 139
一、人民法庭对案件的受理 ………………………… 139
二、审理方式 ………………………………………… 139
三、审判人员的职权分工 …………………………… 142
四、对个案判决书的分析 …………………………… 143

第四节　人民法庭的案件执行 ……………………… 161
　一、1949—1950年人民法庭案件的执行 ……………… 161
　二、1951—1952年人民法庭案件的执行 ……………… 163
　三、1953—1954年普选案件的执行 …………………… 164

第五节　人民法庭的个案分析 ……………………… 164
　一、宏观上案例分析 …………………………………… 164
　二、微观上案例分析 …………………………………… 183

第三章　人民法庭评析 ……………………………… 226

第一节　人民法庭在不同时期的影响 ……………… 226
　一、1949—1950年人民法庭的影响 …………………… 226
　二、1951—1952年法庭在定案阶段的作用 …………… 231
　三、1953—1954年普选中法庭的作用 ………………… 234

第二节　人民法庭的共生体 ………………………… 237
　一、从时间变化看人民法庭的差异 …………………… 237
　二、从国家治理和社会管理看人民法庭发展轨迹 …… 242
　三、从司法角度看人民法庭组成人员专业化程度 …… 246
　四、从程序角度看普选人民法庭的运作 ……………… 254

第三节　人民法庭的探索 …………………………… 256
　一、人民法庭的创新 …………………………………… 256
　二、人民法庭的现代法治精神的体现 ………………… 260

第四节　人民法庭的不足 …………………………… 263
　一、人民法庭存在的问题 ……………………………… 264
　二、对人民法庭相关问题的反省 ……………………… 268

结　　语 ·· 272
　　一、它源自中国人民自己的创造 ······································ 272
　　二、它是维护社会稳定秩序的需要 ··································· 273
　　三、它是社会治理中解决贪腐的利器 ································ 273
　　四、它是普选中人民选举权的保障 ··································· 274

参考文献 ·· 275

后　　记 ·· 284

绪　论

一、选题的学术价值与现实意义

（一）研究问题的缘由

社会在不断变化和发展，反映并用以调整社会关系的法律制度也必然要相应改变。中华人民共和国成立前后是中国经历新旧社会的转轨时期，政治生态环境极其复杂和微妙，在废除国民党《六法全书》以后，代之以中国共产党制定的纲领、指示和命令，法律处于供给短缺的情况下，进行土地改革、镇压反革命、"三反""五反"和普选等运动，对社会进行一系列的改造。这些改造社会的运动，也是不断探索完善、力求建立完备的法律制度和用法律的手段解决产生的社会问题的过程。这一时段可研究的内容很多，其中人民法庭制度就是一个值得关注的研究课题，人民法庭在中华人民共和国成立初期的社会改造运动中起着不可或缺的作用。研究这一课题，对当下全面推进依法治国，建设法治政府，加快社会主义法治国家建设具有重要的学术价值和现实意义。

（二）学术价值及意义

中华人民共和国成立之初的人民法庭有别于地方各级人民法院的派出人民法庭，又不同于专门的厂矿法庭、劳动法庭和革命法庭，它是为解决特殊时段产生的问题而设立的专门临时人民法庭，随着问题的解决这些人民法庭就被撤销,其存在的时间不是太长。这些法庭包括在土地改革、镇压反革命、"三反""五反"运动以及全国普选中成立的人民法庭。它们在新政权建立初期,为恢复社会秩序、维护社会稳定、发展生产、巩固人民民主专政的国家政权等方面发挥了重要作用。

人民法庭在历次社会变革的运动中,一方面担负着政治职能,另一方面发挥着司法职能。政治职能是人民法庭作为重要的专政机关之一,必须执行党的路线、方针、政策和国家的法律、法规,加强对一切破坏社会稳定、颠覆政权的反革命分子、特务分子及一切违法犯罪分子进行审判,实行阶级专政。反过来党和政府的职能又以人民法庭为途径,用司法手段对经济社会进行有效管理和控制。

人民法庭作为司法制度的不可或缺的组成部分,它具有司法制度的中立性、被动性、专属性、程序性和专业性一般特质。在司法的工作中,遵循司法规律,司法人员要独立运用专业知识和技能开展独立的审判,摆脱外部干预,追求司法的公平和正义,这是司法的固有本质属性,是现代法治国家的基本特征,是法治现代化的必然要求,也是人类发展的共同趋向和规律。

回顾中华人民共和国成立初期,我国处在特定的政治、经济和外交的环境下,新生的人民政权面临严峻的形势,党、政府和司法机关万众一心应对复杂的情况。党政与司法合一是适应当时形势的需要。在政党、政治和司法三者关系中,政党处于核心领导地位,人民法庭成为推行社会改革的手段、方法和人民民主专政的代名词。政策当法,群众司法,运动执法,某种程度上扭曲了司法的被动中立属性。鉴于特殊时段的政治司法有悖于现代司法理念,甚至这种理念对中国当前的司法改革还有影响。"法与时转则治,治与世宜则有功",基于历史与现实意义的思考,本书以中华人民共和国成立初期的人民法庭制度为课题,以人民法庭为切入点,以《人民法庭组织通则》为重心,探索在土地改革、镇压反革命、"三反""五反"和普选的历次运动中,人民法庭的组成、审判、执行等审判活动的运作以及法庭人员的职业化程度,司法与行政、司法与社会管理等问题的处理,来分析成败得失,探讨让司法回归理性与本位,以达到树起司法权威性,从而为当前全面推进依法治国和法治政府的构建提供历史的借鉴。

二、研究对象

(一)研究对象的选择

人民法庭是特定时期特殊条件下的产物。人民法庭制度作为研究对象,时间选定在国民党在大陆统治溃败至中华人民共和国成立初期的社会转型期。这一时期中国共产党领导全国人民开展土地改革、镇压反革命、"三反""五反"和全国普选运动。在一系列社会急速变革中,人民法庭对社会秩序的稳定、人民司法制度的建立和国家政权的巩固功不可没。围绕上述研究对象而以河南省①为主,基于中华人民共和国成立后河南开展土地改革运动比较早,为全国的镇压反革命、"三反""五反"、全国普选,筹建人民法庭积累一些经验、奠定了一定基础。目前对这一特殊时期的人民法庭研究,业内极为稀缺,尚乏系统研究,笔者长期从事此领域的学习和工作,有很多地缘

---

① 邵文杰.河南省志(第2卷)[M].郑州:河南人民出版社,1994:285—289.
河南简称"豫",源于夏禹治水成功后划天下为九州,豫州为九州之中,也称河南为"中州",历史上河南也称"中原"。抗日战争时的1938年11月,中共中央六届六中全会决定在河南省确山县竹沟镇成立中原局,负责长江以北的河南、湖北、安徽、江苏地区党的工作。1941年5月20日,中央东南局与中原局合并正式成立华中局,主要负责华中局下辖豫皖苏、鄂豫边、江南9个区党委。1949年12月改华中局为中南局。中南局具体管辖中南六省(河南、湖北、湖南、江西、广东、广西)。1949年1月1日,中原临时人民政府代表会议筹备会成立,主任邓子恢。1949年5月10日,根据中原临时人民政府第二次政府委员会5月8日决定,河南省人民政府在开封成立。1954年,河南省府由开封市迁驻郑州市。

和人缘方面的优势;另外,这一历史时段离我们生活的时代比较近,各种文书档案、司法档案保存相对完备,在改革开放的形势下,人民思想发生重大变化,司法档案逐渐开放,能提供方便研究条件,这一切都促使笔者有很大的热情去对这一领域的探索和研究。

(二)研究对象的状况

中华人民共和国成立之初,为了稳定社会秩序,巩固新生的人民政权,在中国共产党的领导下,首先开展土地改革(简称土改)和镇压反革命运动。为避免在运动中出现乱捕、乱杀、乱打的混乱现象,使运动在法治轨道上运行,1950年7月政务院总理周恩来发出政务院令,公布《人民法庭组织通则》,要求建立人民法庭为土改服务。

在中央人民政府和中南军政委员会的领导下,1950年10月25日,河南省人民政府按照上级的政策和要求,颁布《关于在全省迅速建立人民法庭的指示》,对人民法庭的性质、任务和在镇压反革命中的作用作了具体规定。11月7日,河南省公安厅、省人民法院联合召开公安、司法会议,传达、学习和讨论政务院和最高人民法院关于镇反运动的指示,布置了镇压反革命工作。在历时三年的镇压反革命运动中,经过人民群众的检举和各界人民代表会议的讨论,各级人民法院和人民法庭公开审判,依照中共中央有关政策和《中华人民共和国惩治反革命条例》规定的定罪量刑标准,依法对破坏革命和欺压人民的土匪、恶霸、特务、反动集团骨干分子、反动会道门等五个方面的反革命分子进行了惩处,集中打击了罪大恶极、怙恶不悛、人民群众深恶痛绝的反革命首要分子。

1951年全省共判处刑事罪犯12.1471万人,其中属于匪首、恶霸、特务、反动党团骨干分子、反动会道门头子的反革命罪犯9.501万人,占该年判处罪犯总数的78.2%。对其余的反革命分子则根据其罪恶轻重、民愤大小和有无坦白立功等情节,分别给予不同的处理。①

当时,河南省因解放较早,土地改革走在全国的前列,成为全国土地改革的试点地区。全国土地改革运动开始于1950年,而河南的土地改革早在1949年秋天就开始,分三批次进行。第一批河南省先行土地改革的地区,主要包括洛阳、许昌、平顶山地区等11个县,大约400万人口。第二批河南省土地改革的地区主要包括潢川、南阳、荥阳、光山、唐河、巩县(今巩义市)等33个县,约1400万人口。针对第二批土地改革,1950年2月,中共河南省委正式下发了《关于土地改革的决定》(以下简称《决定》),同时,河南省人民政府也颁布了《河南省土地改革条例》(以下简称《条例》)。《决定》和《条例》,成为第二批土地改革所遵循的法规文本。按照《条例》第十三条、第十四条之规定:对地主富农成分之划定不服的,可以允许本人申辩,如本人对申辩后结果仍不服,于批准公布后15日内向县人民法庭上诉,由县人民法庭判决执行。对于在土地改革中,罪大恶极为广大人民群众所痛恨并要求惩办的恶霸分子及一切违抗或破坏本条例的罪犯,由人民法庭依法予以审判及处分,严禁乱捕、乱杀以及各种变相肉刑。人民法庭判决之五年以上的徒刑、无期徒刑、死刑,及其财产没收的批准权,属于省人民政府或省人民政府特令指定之专员公署,死刑由省人民政府主席或特令指定之专员以命令执行之。由此可知,在第二批土地改革中,河南就设立了人民法庭,由人民法庭审判与土改相关的案件。

中央人民政府于1950年6月30日公布《中华人民共和国土地改革法》(以下简称《土地改革法》),该法第三十一条规定划分阶级成分时,应依据中央人民政府颁布的划分农村阶级成分的决定,按自报公议方法,由乡村农民大会、农民代表会在乡村人民政府领导下民

---

① 邵文杰.河南省志(第20卷)[M].郑州:河南人民出版社,1993:40-42.

主评定之。本人未参加农民协会者,亦应邀集其到会参加评定,并允许其申辩。评定会由乡村人民政府报请区人民政府批准。本人或其他人如有不同意见,得于批准后15日内向县人民法庭提出申诉,经县人民法庭判决执行。第三十二条规定,"为保证土地改革的实行,在土地改革期间,各县应组织人民法庭,用巡回审判方法,对于罪大恶极为广大人民群众所痛恨并要求惩办的恶霸分子及一切违抗或破坏土地改革法令的犯罪,依法予以审判及处分。严禁乱捕、乱打、乱杀及各种肉刑和变相肉刑。人民法庭的组织条例,另定之"。从内容上看,完全吸收了《河南省土地改革条例》第十三、第十四条的内容。此后,河南省人民政府根据《中华人民共和国土地改革法》的相关规定,依据本法所定原则及当地具体情况又制定了具体的土地改革实施办法,指导第三批土地改革。第三批河南省土地改革的地区主要包括灵宝、扶沟、通许等43个县,人口约1600万。第三批土地改革依照第一、第二批取得的经验,进展比较顺利。总体上看,河南省从1949年开始的分三批逐次开展土地改革运动到1951年春基本结束。为巩固土改成果,及时纠正可能出现的错误,1951年冬至1952年春又普遍进行了土改复查,总结经验教训,到1953年7月河南全省土地改革全面胜利结束。①

为配合整个土地改革运动,使土地改革有序进行,实际上早在1949年12月15日河南所在的中原临时人民政府命令发布《关于公布人民法庭暂行条例》,随后中南军政委员会通过《人民法庭暂行条例》,1950年12月中南军政委员会发布《关于土改中到城市逮捕不法地主的手续规定》,强调逮捕地主按法定程序,处理地主必须经人民法庭。1951年1月9日,中南军政委员会主席林彪签署《中南区人民法庭组织条例》,并于1951年7月24日发布《关于人民法庭工作

---

① 邵文杰.河南省志(第13卷)[M].郑州:河南人民出版社,1993:65-66;朱伟光.建国初期河南省土地改革运动研究[D].河南师范大学2011年硕士论文.

的指示》,提出具体要求。这些条例和《人民法庭组织通则》成为土改有序进行的准绳和保障。在土地改革中,人民法庭对推动土地改革的顺利进行发挥了重要作用。

在进行土地改革和镇压反革命的过程中,1951年12月1日,中共中央作出《关于实行精兵简政、增产节约、反对贪污、反对浪费和反对官僚主义的决定》;为保证国家机关的廉洁自律,在处理"三反"(反贪污、反盗窃、反浪费)和"五反"(反行贿、反偷税漏税、反盗窃国家财产、反偷工减料、反盗窃国家经济情报)运动案件中,中央人民政府政务院于1952年3月24日和3月30日分别公布了《关于"三反"运动中成立人民法庭的规定》和《关于"五反"运动中成立人民法庭的规定》。"三反""五反"运动中成立的人民法庭也是一种特别法庭。"三反"人民法庭主要是处理"三反"运动中贪污分子的处刑、免刑以及其他应经审判程序处理的案件。"五反"人民法庭是处理"五反"运动中的工商户严重违法和完全违法的案件以及其他应经审判程序处理的案件。"三反""五反"运动一结束,人民法庭的使命就结束了。这一时期,河南按照中央的政策和法规,开展"三反""五反"运动,1951年12月上中旬,河南省委召开扩大会议,传达贯彻"三反"运动的指示,部署在全省开展"三反"运动。12月下旬,省政府决定采取由领导带头,党内到党外、自上而下,在全省开展"三反"运动,并成立了以省政府主席吴芝圃为主任的河南省增产节约委员会,具体领导河南的"三反"运动。1952年2月10日,中共河南省委召开地委书记联席会议,讨论贯彻中共中央《关于"三反"运动和整党运动结合进行的指示》,会议确定在"三反"斗争中,对干部进行一次全面考察和了解,认真整顿干部队伍,切实搞好"三反"运动和农村土地改革复查工作。河南省的"三反"运动基本上经历了三个阶段:第一阶段是从1951年12月下旬到1952年2月上旬,以反对官僚主义和浪费为主的民主检查阶段;第二阶段是1952年2月到1952年6月,以"打虎"追赃为主的反贪污斗争阶段;第三阶段是1952年6月到1952年7月,进行民主补课和思想组织制度建设阶段。运动的发展经历了由增产节约到"三反",由反官僚主义到反贪污,由反右到反"左",由清查到甄别,由严查到宽办,由处分到补课和思想组织制度建设。通过开展"三反"运动,一部分干部中存在的贪污、浪费、腐败等问题被揭露,依照"三反"运动中成立人民法庭的规定予以处理。[①]

在"三反"运动的进行中,1952年1月26日,根据中共中央《关于在城市中限期展开大规模的坚决彻底的"五反"斗争的指示》,中共河南省委3月8日发出《关于分批进行反行贿、反偷税漏税、反盗窃国家财产、反偷工减料、反盗窃国家经济情报斗争的指示》,决定在城市工商业中也开展一场大规模的"五反"运动。按照中央的指示,从1952年2月下旬开始,河南首先在开封、郑州、许昌三市开始部署"五反"运动。省委决定全省"五反"分三批进行,第一批是开封、郑州和许昌3市;第二批是朱集(今商丘)、信阳、驻马店、周口、漯河、南阳、洛阳7个城市;第三批是各县城和各集镇。实际上,河南的"五反"运动只进行了第一个阶段,后面第二、第三阶段,曾经出现经济萎缩、市场萧条问题,党和政府及时采取措施调整,根据上级的指示停止开展。[②] 由于"五反"运动只在河南部分城市开展进行,因此人民法庭的创建和开展工作也不完全覆盖全省。

1953年下半年到1954年初,为保障全国人民代表大会及地方各级人民代表大会普选工作的顺利进行,防止和及时处理选举中可能发生的违法行为,选举地区的人民法庭相继成立。任务是处理与选举有关的诉讼案件,如选民资格的案件、破坏选举的案件。设立的目的是保障公民的选举权。

这一时期的人民法庭是在特定历史条件下,为配合特定的历史

---

① 邵文杰.河南省志(第13卷)[M].郑州:河南人民出版社,1997:71.
② 邵文杰.河南省志(第13卷)[M].郑州:河南人民出版社,1997:72.

任务而设立的。像土地改革和镇压反革命时期的人民法庭、"三反""五反"运动的人民法庭、普选期的人民法庭,都与特定的政治运动和任务紧密联系,具有典型的时代特征,运动一结束,任务一完成,它的阶段性使命就宣告结束。

三、研究现状及评述

中华人民共和国成立初期的人民法庭问题研究既属于中国法制史的范畴,又属于中国司法制度范畴,高等院校中的有关中国法制史、中国司法制度内容教科书中大都阙如,尤其是新中国法制史的研究,是一个亟待开拓的研究领域。近几年,逐渐有人开始涉及这一时期人民法庭问题的研究,有少量的成果可借鉴,但对于河南的地域性的研究,在笔者的阅读范围内极其少见。

(一)法制史方面

有关法制史专著,有韩延龙主编的《中华人民共和国法制通史》,描述了《中华人民共和国土地改革法》(简称《土地改革法》)的制定背景及内容以及与土地改革运动相关的《农民协会组织通则》《关于划分农村阶级成分的决定》《城市郊区土地改革条例》《人民法庭组织通则》《镇压反革命条例》等,着重介绍土地改革中的人民法庭、镇压反革命的人民法庭、"三反""五反"人民法庭的审判组织。[①]

张希坡、韩延龙主编的《中国革命法制史》着重介绍 1947 年 10 月《中国土地法大纲》中对人民法庭的设置、人民法庭开展工作的方法和步骤及作用,对新中国成立后解放区土改中设立人民法庭具有重要的奠基作用。[②]

---

① 韩延龙.中华人民共和国法制通史[M].北京:中共中央党校出版社,1998:75,84,218.
② 张希坡,韩延龙.中国革命法制史[M].北京:中国社会科学出版社,2006:390-398.

杨一凡、陈寒枫、张群主编的《中华人民共和国法制史》,谈到1949年10月到1953年初是社会主义法制的初创阶段,进行土地革命和巩固新政权的立法是主要任务,谈到镇压反革命运动、"三反""五反"运动等新中国成立初期人民法庭的大体情况。另外对新中国成立初期的普选情况的概况作了描述。①

蔡定剑的《历史与现实——新中国法制建设的历程》,介绍新中国成立后到1952年底中国人民政治协商会议任期届满,为新政体的建立而开展的全国普选活动情况。1953年中央人民政府委员会按照中国人民政治协商会议的建议,决定依法在全国进行普选的基础上召开地方各级人民代表大会,并在此基础上,制定宪法和选举法,选举成立新的中央人民政府。1953年3月,中央人民政府委员会颁布选举法,决定采取间接选举和直接选举的方法,运用无记名投票方式进行选举,这些背景材料为普选成立人民法庭提供了前提条件。②

李龙的《新中国法制建设的回顾与反思》,在第八章《从刑法治理到刑法法治——1949年以来的中国刑事立法》,谈到土改时期、"三反""五反"时期的刑事立法概况和反思。③

李露的《建国初期"镇反"刑事政策实施研究(1950—1953)——以西康地区实施状况为主要研究对象》,围绕镇反政策的确立、实施以及《惩治反革命条例》颁布后,在"镇压与宽大相结合"政策指导下,实施"杀""缓""关""管""放"的具体情况,凸显人民法庭在实施镇反政策中发挥正反两方面的作用。④

---

① 杨一凡,陈寒枫,张群.中华人民共和国法制史[M].北京:社会科学文献出版社,2010:6.
② 蔡定剑.历史与现实——新中国法制建设的历程[M].北京:中国政法大学出版社,1999:45-47.
③ 李龙.新中国法制建设的回顾与反思[M].北京:中国社会科学出版社,2004:225-236.
④ 李露.建国初期"镇反"刑事政策实施研究(1950—1953)——以西康地区实施状况为主要研究对象[M].北京:中国政法大学出版社,2011:204-222.

以上这些学者的研究仅仅描述了这一时期各类人民法庭的设立历史过程,简略介绍基本内容且大体雷同,没有从理论和司法实践上做专门的深层次的学术研究。

　　有关学术期刊论文仅有许庆贺的《建国初期新区土地改革中的人民法庭》,从历史的角度出发,分析土改中的人民法庭。文章分三个部分:第一部分是人民法庭创立原因;第二部分是人民法庭运作及其特点;第三部分是人民法庭的历史作用。①

　　在所见到的博士学位论文中,孟庆友的《新中国建立之初的人民法庭(1949—1954)》,从法理学角度,宏观上研究了人民法庭制度。论文分两个部分:第一部分是史料,介绍人民法庭制度的历史演变过程——起源于中国早期的农民运动,孕育于土地革命战争、抗日战争,全面发展于解放战争时期。新中国成立后,人民法庭被运用于土地改革运动、镇压反革命运动、"三反"运动、"五反"运动、第一次全国普选。第二部分从法学理论角度分析人民法庭这一特有的中国司法制度及对中国现行司法的影响。②

　　陈翠玉的《西南地区实施〈土地改革法〉研究》,以《土地改革法》为切入点,围绕西南地区的司法档案进行研究,其中第六章专门研究"土地改革与人民法庭",并结合西南贵定市贵篧(筑)县白云区人民法庭公审恶霸案件为例,分析土改人民法庭的实际运作过程,评析人民法庭运作过程中出现的问题。③

　　丁卫的《乡村法治的政法逻辑——秦窑人民法庭的司法运作》,是社会学专业方面,以秦窑人民法庭作为田野调查点,采取叙事的性

---

① 许庆贺.建国初期新区土地改革中的人民法庭[J].平原大学学报,2006(1):45-48.
② 孟庆友.新中国建立之初的人民法庭(1949—1954)[D].北京大学2011年博士论文.
③ 陈翠玉.西南地区实施《土地改革法》研究[D].西南政法大学2008年法律史博士论文.

质研究(叙事、讲故事)、宏观历史与微观实证的观照研究方法。文中历史文献丰富,提供了人民法庭的最先创立的雏形是审判土豪劣绅特别法庭,到解放战争的1947年10月《中国土地法大纲》,人民法庭正式进入法律文本。新中国成立后,对"镇反"和"土改""三反""五反"、普选人民法庭的情况描述脉络清晰,提供大量的资料,对掌握全国这一时期人民法庭的概况大有裨益,其中也涉及河南历史上有关的中南军政委员会人民法庭条例,是研究人民法庭比较完整的论文。①

吴朝军的《新中国廉政法制的开拓——以西南地区"三反"运动档案为视域的研究》,是以"三反"运动的司法档案为基础,研究法治视野下的"三反"运动,是反腐倡廉的专题研究。文章的第四章《"三反"运动的完成与廉政法制的创制》,论述了在"三反"运动进入结案阶段,对一些大贪污犯,该如何处理的问题? 中央先后颁布了《中华人民共和国惩治贪污条例》《中央节约检查委员会关于追缴贪污分子赃款、赃物的规定》《关于"三反"运动中成立人民法庭的规定》等规定,这些规定虽有不完善的地方,但它是新中国对贪腐审理的法律依据。西南地区依据上述文件及相关精神,依法处理一批贪腐案件。②

刘晓湧的《乡村人民法庭研究》,主要内容是研究当下人民法院派出的设立于基层乡村的人民法庭,与本书选题关系不大,但某些观点思路也有借鉴意义。③

以上这些文献,只能了解掌握全国或部分地区土地改革、镇压反革命、"三反""五反"、普选时期人民法庭的大概情况,至于以河南省

---

① 丁卫.乡村法治的政法逻辑——秦窑人民法庭的司法运作[D].华中科技大学2007年博士论文.
② 吴朝军.新中国廉政法制的开拓——以西南地区"三反"运动档案为视域的研究[D].西南政法大学2012年法律史博士论文.
③ 刘晓湧.乡村人民法庭研究[D].武汉大学法理学2011年博士论文.

的地域性具体研究情况,以人民法庭为视角,在笔者阅读的力所能及范围内极少见,这也增加了研究写作的难度,参考资料较少。据此本书以河南省为依托,以许昌地区为切入点,进行尝试探研,以待有所突破和创新。

(二)司法制度方面

这一时期人民法庭有所涉及的司法制度的专著,大略可提供一些原始的参考资料,寥寥数语,内容深度不够,只是宏观上把握。

主要的专著有张培田、张华著的《近现代中国审判检察制度的演变》,主要介绍新中国审判制度的理论基础是彻底废除国民党旧法统审判制度,在继承革命根据地审判经验和吸收借鉴苏联审判经验基础上形成中国特色的审判制度;对中央人民司法制度、地方人民审判制度,土地改革中的人民法庭、"三反"运动中的人民法庭、"五反"运动中的人民法庭的设置、审判组织、职权及相关审判制度作了比较透彻的论述。[①]

鲁明健主编的《中国司法制度教程》介绍人民法庭从第一次国内革命战争到解放战争的历史嬗变。[②]

熊先觉著的《中国司法制度》简要介绍新中国成立后,土改中的人民法庭、"三反"运动中的人民法庭、"五反"运动中的人民法庭的简况。[③]

吴磊主编的《中国司法制度》(第2版)则介绍1947—1948年《中国土地法大纲》时期设立人民法庭的具体职权,并列举《东北解放区人民法庭条例》的规定以说明之。[④]

---

① 张培田,张华.近现代中国审判检察制度的演变[M].北京:中国政法大学出版社,2004:68-94.
② 鲁明健.中国司法制度教程[M].北京:人民法院出版社,1991:39.
③ 熊先觉.中国司法制度[M].北京:中国政法大学出版社,1986:67-71.
④ 吴磊.中国司法制度(第2版)[M].北京:中国人民大学出版社,1997:22.

侯猛著的《中国最高人民法院研究——以司法的影响力切入》，虽然是以最高人民法院为研究对象,但也部分涉及新中国成立初期的人民司法制度。论述了当时的司法与行政不分,为了中心工作的开展,政务院和法院联合指示开展工作,如联合发布《关于镇压反革命的活动的指示》,显示司法权和行政权的关系图景。①

张晋藩主编的《中国司法制度史》简要介绍1950年初土地改革人民法庭的概况、1952年"三反""五反"时人民法庭情形。②

高其才、黄宇宁、赵彩凤著《基层司法——社会转型时期的三十二个先进人民法庭实证研究》。附录有左炬写的《人民法庭的源流、流变及趋向》一文,全文分7个部分介绍人民法庭的产生、发展过程,对相关的人民法庭规范性文件进行梳理。文章的第一部分的后半部分关于解放战争时期和第二部分的前半部分关于新中国成立至1954年对人民法庭的设置、性质、任务作了描述,凸现人民法庭的政治性,对了解这一时期的人民法庭情况有相当的借鉴意义。③

这些零零碎碎的关于人民法庭的资料,分散于不同的著作中,基本上是属于司法制度性材料的阐述,介绍了不同时期人民法庭的机构设置、任务、性质、审判人员组成,没有进一步探讨各种人民法庭的具体运作过程、产生的社会效益、取得的成绩和存在的问题,严格讲与专门的学术研究还有一定的距离。

期刊论文方面有陈翠玉的《回顾与反思:建国初期的土地改革人民法庭——兼谈对当下司法建设的启示意义》从司法的角度出发,指出新中国成立初期土改时的人民法庭与当下的人民法庭设立宗旨不

---

① 侯猛. 中国最高人民法院研究——以司法的影响力切入[M]. 北京:法律出版社,2007:45.
② 张晋藩. 中国司法制度史[M]. 北京:人民法院出版社,2004:614 - 615.
③ 高其才,黄宇宁,赵彩凤. 基层司法——社会转型时期的三十二个先进人民法庭实证研究[M]. 北京:法律出版社,2009:444 - 463.

同,前一目的是破旧立新、建立和巩固社会秩序,后一目的是解决纠纷。文章分三个部分:第一,新中国成立初期土地改革人民法庭的创设背景与法定职责;第二,新中国成立初期土地改革人民法庭的特点;第三,当下司法的思考。文章的重心在于对当下司法侵犯人权的深度思考,应该吸取土改时期人民法庭的教训。①

刘练军的《司法政治化的滥觞——土改时期的人民法庭》剖析土改时期的人民法庭。文章分五部分:背景:土地改革是一场系统的激烈的斗争;土改人民法庭的性质与功能;土改人民法庭的组织架构;土改人民法庭的审判;结语:被政治同质化的司法。文章指出了司法的通病,行政与司法不分、行政权大于司法权这一顽疾。②

公丕祥的《建国之初的司法制度》从立法角度,简要概述土地改革时期《人民法庭组织通则》和《关于土地改革地区人民司法机关必须大力参加人民法庭工作的指示》、1952年3月颁布了《关于在"三反"运动中成立人民法庭的规定》和《关于"五反"运动中成立人民法庭的规定》内容。③

胡现岭的《建国初期新区人民法庭之司法导向刍议》借助河南省商水县、扶沟县的司法档案,从人民法庭坚持群众路线,有选择追诉犯罪和判决考虑案犯身份角度论述人民法庭司法问题。④

纵观以上情形整个论文集中于土改时期的人民法庭研究,至于"三反""五反"、普选时期的人民法庭论文比较少见。

---

① 陈翠玉.回顾与反思:建国初期的土地改革人民法庭——兼谈对当下司法建设的启示意义[J].兰州学刊,2010(5):138-140.
② 刘练军.司法政治化的滥觞——土改时期的人民法庭[J].二十一世纪,2012(2):53-65.
③ 公丕祥.建国之初的司法制度[J].江海学刊,2004(4):105-113.
④ 胡现岭.建国初期新区人民法庭之司法导向刍议[J].山西档案,2016(2):158-161.

四、选题创新

(一)研究地域的代表性

以中华人民共和国成立初期的河南省为背景,缘于河南的土地改革1949年秋开始,早于全国的土地改革,它成为解放初期土地改革和设立人民法庭的先期试验基地。河南省又以许昌专区为试点开展土改,在普通人民法庭以外筹建土改专门人民法庭。河南省政府专门制定了《河南省土地改革条例》,设立人民法庭专条规定,在土地改革和"镇反"运动中有经验、有教训。这些经验教训,后来为《中华人民共和国土地改革法》《人民法庭组织通则》的制定提供了有益的借鉴,也为以后的"三反""五反"和普选人民法庭的创建积累了经验,使其少走弯路。

(二)论题时间段的确定性

目前,对最高人民法院发展历史有学者研究,新中国成立初期的和目前的基层人民法院的相关内容研究也有学者涉及,而对中华人民共和国成立初期的人民法庭做专门研究在学术上才刚刚起步。本书以新中国成立初期的土地改革和镇压反革命、"三反""五反"和普选时期的不同时段不同条件下人民法庭为研究对象,采取史论结合的方法,一方面对这一时期的史料进行收集、梳理和描述,另一方面在史料的基础上展开深入的实证分析,既要忠实于特定时期的人民法庭的历史事实,又把它放在历史的大视野下作出系统的解读和完整的分析,使司法理论与现实结合起来,尽可能探讨当时的全面、详细司法运作情形。

(三)选取材料的原始性

近年来,法律史研究以讼诉档案为依托比较流行,开辟法律史研究的新视野和新路径,成果丰富。较为有影响的是美国加州大学洛杉矶分校的黄宗智的《清代的法律、社会与文化:民法的表达与实践》《法典、习俗与司法实践:清代与民国的比较》,梁治平的《清代习惯法:社会与国家》,里赞、刘昕杰的《民国基层社会纠纷及其裁断——以新繁档案为依据》等,他们借助地方司法档案,描述官方的表述与法律制度在现实生活中的距离。本选题借鉴他们的研究方法,以河南省地方的司法档案为依托,搜集这一阶段不同时期司法文书,来研究此期的不同阶段的人民法庭运行,揭开人民法庭的真实历程,还原其历史司法的实践。

(四)研究视角的新颖性

学界通常认为此类选题研究现状是"重立法研究、轻司法研究,重司法制度研究、轻司法实践研究"①。本选题以中华人民共和国成立初期的人民法庭研究为选题,不仅研究当时的司法制度,更重要的是结合这一时期的司法档案材料,在分析解放初期土地改革、"镇反""三反""五反"和普选不同时期人民法庭不同运作风格差异的基础上,选取代表性司法案例,如普选时期,选取普选人民法庭处理选举疑难案件进行分析,解读选举法精神,结合法庭确定选民资格具体过程,再现司法实践过程,并从理论和实践上加以剖析,以期对现在的司法实践有所借鉴。

五、研究思路与方法

研究这一时期的人民法庭制度,离不开当时社会的大环境,要考虑中华人民共和国刚刚成立的政治、经济、社会背景和国际形势。在这一背景下,一方面要阅读《毛泽东选集》《刘少奇选集》《邓小平文选》等著作中的中央领导人的讲话、指示,中央的文件,河南省的文件,河南省的地方领导人的讲话、指示、命令,理解这种惯常的领导、工作方

---

① 吴佩林."法史热"背后的冷思考[N].中国社会科学报,2015-01-19.

式,还要关注政务院发布的系列法律、法规的书面表达,另一方面还要考虑这些书面表达在社会实践中的效用。像土地改革中,法律规定禁止乱捕、乱杀、禁止肉刑,实际中屡有发生;"三反""五反"中,抓"老虎"的数字,运动前后会发生很大变化;等等。作为历史事件的"他者"的研究者,站在历史的客观的立场上冷静分析,如同瞿同祖先生所言:"研究法律自离不开条文的分析,这是研究的根据。但仅仅研究条文是不够的,我们也应注意法律的实效问题。条文的规定是一回事,法律的实施又是一回事。某一法律不一定能执行,成为具文。社会现实与法律条文之间,往往存在着一定的差距。如果只注重条文,而不注意实施情况,只能说是条文的、形式的、表面的研究,而不是活动的、功能的研究。我们应该知道法律在社会上的实施情况,是否有效,推行的程度如何,对人民的生活有什么影响等等。"①这一表达,为我们指明了方向,在研究过程中,既不能仅仅从法条出发,从抽象到抽象,围绕讲话、指示和法条做文章,也不能以司法档案中的案例为主,单纯地描述案例,而是尽量使两者结合,达到理论与实践兼顾,使法律文本——"纸面法"的研究和实践上的法——"活法"之间有机契合。

就研究方法而言,本书在占有大量史料,特别是司法档案材料的基础上,采用以下方法:

1. 比较方法

在研究中,运用该方法,比较中原临时政府人民法庭暂行条例和中南区、中南军政委员会人民法庭条例之间的区别,总结特点,为政务院《人民法庭组织通则》奠定基础。又譬如,比较《土地法大纲》和《土地改革法》的指导思想、立法原则和社会影响。

2. 归纳方法

运用该方法分析镇压反革命时期的表格中反映的犯罪情形,归

---

① 瞿同祖.中国法律与中国社会[M].北京:中华书局,1981:2.

纳哪些是法定的犯罪、哪些是非法定型。还有分析各类判决书,归纳总结出人民政府、人民法庭、人民法院判决书存在的差异和问题。

3. 个案分析方法

论文中引用众多司法案例,选择有代表性的案件进行分析。如选择普选人民法庭的具体案例,每个案件都有一些代表性,反映当时选举时出现的实际问题,人民法庭结合选举的有关规定和精神加以处理,保证选举秩序的稳定。

除这些常用法学研究方法以外,还将积极借鉴社会学、政治学、管理学等学科的研究方法来弥补本书在研究方法上的不足。

第一章
人民法庭创建

人民法庭是中国共产党领导中国革命取得胜利的过程中创建的一种具有中国特色的审判机构,它起源于农民运动和工人运动,是一种革命斗争的形式,并非是像近现代司法制度规定的作为解决法律上权利义务纠纷的民事法庭、经济法庭或刑事法庭法定的审判机构或组织,它伴随中国共产党的不断壮大,逐渐演变成我国人民司法制度的有机组织部分,它在我国不同的历史时段经历了不同的演变过程。

第一节 人民法庭界定及其演变

一、人民法庭的含义

人民法庭是在特定历史时空条件下,为解决特定的问题,专门设立的非专业性临时"审判"组织,不是解决一般的利益纠纷冲突,具有司法中立性的特征,而是中国革命取得胜利后改造社会和管理国家的手段和工具,存在的时间有限,具有较强的针对性。像镇压反革命运动时的人民法庭、土地改革时期的人民法庭、"三反"运动时期的人民法庭、"五反"运动时期的人民法庭、"普选"人民法庭、肃反运动时的人民法庭等。此外还有专门人民法庭,如厂矿法庭、水上航运"民主改革"人民法庭、劳改法庭和劳改单位人民法庭①,这些法庭的设立在任务一完成,就宣告撤销或并入基层人民法院。它有别于1951年《中华人民共和国人民法院暂行组织条例》中规定的各级人民法院设立普通民事审判庭、刑事审判庭,也有别于当时已经存在的处理盗窃、杀人、抢劫、婚姻和家庭财产纠纷案件的普通人民法庭,它是一种解决与政治运动如土地改革运动、镇压反革命运动、"三反""五反"运动和普选运动有关案件的特殊人民法庭,本书的研究对象仅限定在这些特别人民法庭。

二、人民法庭的演变

（一）人民法庭产生的社会现实

1. 人民法庭的萌芽阶段:共产党早期实践斗争的驱动

"人民法庭"这一名称在1947年以前并未出现,但在早期的农民运动和省港大罢工审判土豪劣绅过程中,出现农民协会、会审处和特别法庭的形式,这种形式可看作是人民法庭早期的雏形。

（1）早期农会斗争

农民协会是人民法庭的最早雏形。在中国共产党的正确领导下,农民协会成了农民进行斗争的重要组织。

农民协会的前身可追溯到1921年9月浙江省萧山县、绍兴县的农民运动。曾参加建党活动的沈定一和社会主义青年团员宣中华在萧山县衙前乡和当地农民运动领袖李成虎成立农民协会,并发布《衙前农民协会宣言》:"本会与田主地主立于对抗地位",指出地主与农民的矛盾是不可调和的,只能走推翻"不良的经济制度"和封建政权的道路,并提出农民协会的行动纲领。农民协会制定了《衙前农民协会章程》,领导农民开展斗争。

---

① 丁卫. 乡村法治的政法逻辑——秦窑人民法庭的司法运作[D]. 华中科技大学2007年博士论文.

1922年9月,农民运动的先驱澎湃在海丰成立赤山约农会,以身作则,将自己和家族的土地分给农民,农会想方设法为会员谋利益。1923年元旦,成立海丰县总农会,澎湃任会长,会员达10万人,农会在当地享有很高的威望,成了农村的实际政权,当地的土豪劣绅组织"粮业维持会"与农会对抗。

海丰恶霸地主朱墨向第二区佃农余坤等六人加租,遭到农民协会的抵抗,朱墨勾结县法院逮捕6名佃农。农会闻讯,连夜动员组织六千多名农民到分署请愿示威,要求释放被捕佃农,在农民协会强大压力下,县法院被迫释放六名佃农,"粮业维持会"也被冲散。农民反对加租的斗争取得了胜利,六千多农民欢呼"农民万岁""打倒地主"的口号,震撼了海丰县城。①

这是海丰农民协会领导农民通过在县署请愿示威取得的重大胜利,农民通过农会组织进行斗争,实现了自己意愿,达到了目的。

1923年3月,中共湖南区委派刘东轩、谢怀德到湖南衡山白果发动农民运动,9月宣告成立岳北农工会,后来扩大到衡阳、湘乡、湘潭等地,由于当地土豪劣绅势力强大,10月下旬,岳北农工会遭到摧毁,白果农民运动遭受挫折,但为以后湖南农民运动的高潮打下基础。②

(2)工人运动:特别法庭出现

1926年6月,中国共产党领导农民运动在全国蓬勃开展的同时又领导省港大罢工,为了镇压工贼和其他反革命分子在罢工中的破坏活动,罢工委员会制定《会审处组织法》《会审处办案条例》《会审处细则》等规范性文件,设立了军法处、会审处等专门司法机构。

军法处隶属于省港罢工委员会纠察队,它的职责是维护秩序、截留粮食、严拿走狗、拘捕工贼、查缉仇货、封锁交通。军法处接受纠察队解送的各种人犯,按管辖范围,分别处理;凡纠察队内部的犯法人

---

① 杜润生.中国的土地改革[M].北京:当代中国出版社,1996:46-47.
② 杜润生.中国的土地改革[M].北京:当代中国出版社,1996:49-50.

员,由军法处直接审判;非纠察队内部的犯法人员,由军法处讯问后,即连同原供移送会审处审判。

会审处直属于省港罢工委员会,会审处接受各方面解送的人犯,为初审机关。按情节轻重,或由该处直接判决,或转解特别法庭审判。对于会审处接收的人犯,无论任何机关,非依合法手续不能取保和请求释放。依据《会审处组织法》的规定,会审处在审理案件时,必须秉公执法,不枉不纵,并且不得擅用私刑和受贿舞弊,否则一经告发或查明,即由省港罢工委员会送交特别法庭查办。凡应解送特别法庭的人员,不得超过24小时。人犯对会审处的判决如有不服,可以向特别法庭提起上诉。①

这是省港罢工委员会设立的司法机关,军法处有拘禁犯人的权力。会审处是初级审判机构,特别法庭是广东国民政府应省港罢工委员会的要求设立,专门审理破坏罢工案件这一类的司法机关,也是审理此类案件的终审机关。

特别法庭在工人运动中出现,作为工人进行斗争的手段,而在早期农民运动中没有出现,随后的湖南农民运动出现了审判土豪劣绅的特别法庭。

在湖南早期农民运动遭受挫折以后,1926年7月开始的北伐战争,使湖南农民运动得以恢复。随着北伐胜利进军,各地中共组织和随军回湘的农民运动讲习所毕业生,深入农村,建立农民协会。1926年12月在长沙召开湖南省第一次农民代表大会,中共中央农民运动委员会书记毛泽东在会上讲话指出:农民问题是国民革命的中心问题,无论是打倒帝国主义、军阀、土豪劣绅,或者是发展工商业和教育事业,都要靠农民问题的解决。大会决定成立湖南审判土豪劣绅特别法庭,颁布《惩治土豪劣绅暂行条例》,以审判惩处反动的土豪劣

---

① 张希坡,韩延龙.中国革命法制史[M].北京:中国社会科学出版社,2007:329-330.

绅。大会决定农民协会的职权是根据土豪劣绅、不法地主的罪恶大小,分别采取清算、罚款、强制捐款、小质问、大示威等形式打击地主威风,对于罪行昭著的经过特别法庭审判或关进县监狱或驱逐,对于个别罪大恶极、民愤极大的恶霸地主豪绅,召开群众大会,判处死刑。农民协会的主要攻击目标是土豪劣绅、贪官污吏以及地主政权和地主武装。①

1927年1月4日,湖南省根据农民代表的决定,建立省、县两级审判土豪劣绅特别法庭,法庭一般由农会、工会委员会、国民党县党部常委和县长负责组织。②1月15日,公布的《湖南省审判土豪劣绅特别法庭组织条例》,共12条。规定县特别法庭由委员三人组成审判委员会,包括:(1)县长;(2)县市党部推举一人;(3)县农民协会、县总工会、县商民协会、县教职员联合会、县学生联合会选举一人。开庭时由县长为主席。省特别法庭委员会由五人组成:(1)省政府二人;(2)省党部二人;(3)省农民协会、省总工会、省商民协会、省教职员联合会、省学生联合会联合选举一人。开庭时互推一人为主席。土豪劣绅案犯,由被害地方之各级党部各公法团进行告诉。③

从特别法庭组织条例看出,特别法庭的组成人员为单数,县级为三人,省级为五人,县级特别法庭的主席(审判长),条例已经规定,由县长担任,开了行政首长担任法庭审判长的先河。省级特别法庭的主席开庭时由大家互推一人担任。人员的构成为政府、党部和群众组织的农会等,来源于不同的组织和阶层,具有广泛的代表性。这种特别法庭出现在农民运动中,与后来的人民法庭很类似,尤其农会或与农会性质相同的组织的人员是法庭重要的组成人员,可以看出打

---

① 杜润生.中国的土地改革[M].北京:当代中国出版社,1996:59-60.
② 张希坡,韩延龙.中国革命法制史[M].北京:中国社会科学出版社,2007:332.
③ 张希坡.人民代表大会制度创建史[M].北京:中共党史出版社,2009:86.

土豪分田地离不开农民和农会,更离不开特别法庭。

(3)湖南农民运动中毛泽东对特别法庭的观点

1927年的湖南是全国农民运动的中心,农民运动进行得轰轰烈烈,影响全国。农民运动是"糟得很"和"好得很",是"痞子运动",是"惰农运动",在党内外引起争论。为回答这个问题,毛泽东于湖南农民代表大会结束以后,在1927年1月4日至2月5日到湖南湘潭、湘乡等地进行32天的田野调查,发表《湖南农民运动考察报告》一文。该文提到毛泽东对农会职权的落实情况考察,特别提到审判土豪劣绅特别法庭的情况,它与后来的1947年《中国土地法大纲》、1950年《中华人民共和国土地改革法》一脉相承。详见毛泽东《湖南农民运动考察报告》中人民法庭思想的萌芽状态。

农民的主要攻击目标是土豪劣绅,不法地主,旁及各种宗法的思想和制度,城里的贪官污吏,乡村的恶劣习惯。这个攻击的形势,简直是急风暴雨,顺之者存,违之者灭。……地主权力既倒,农会便成了唯一的权力机关,真正办到了人们所谓"一切权力归农会"。连两公婆吵架的小事,也要到农民协会去解决。一切事情,农会的人不到场,便不能解决。农会在乡村简直独裁一切,真是"说得出,做得到"。外界的人只能说农会好,不能说农会坏。土豪劣绅,不法地主,则完全被剥夺了发言权,没有人敢说半个不字。①

随后,毛泽东又写到,农民从政治上打击地主的方法有如下各项:

清算。……

罚款。……

捐款。……

小质问。……

---

① 毛泽东.毛泽东选集(第一卷)[M].北京:人民出版社,1991:14.

大示威。……

戴高帽子游乡。……

关进县监狱。……

驱逐。……

枪毙。……

几个月来,土豪劣绅倒了,没有了讼棍。农民的大小事,又一概在各级农会里处理。所以,县公署的承审员,简直没有事做。湘乡的承审员告诉我:"没有农民协会以前,县公署平均每日可收六十件民刑诉讼禀帖;有农会后,平均每日只有四五件了。"于是知事及其僚佐们的荷包,只好空着。①

毛泽东提到农村的社会矛盾就是农民和土豪劣绅、地主之间的矛盾,要解决这一矛盾,成立农会,采取多种方法进行斗争,这些都涉及人民法庭相关的议题:

(1)农会是农民进行斗争的重要组织。

这种组织是必需的,也是当时的客观条件决定的。农村的主要矛盾是农民和地主之间的矛盾,双方力量悬殊,地位不平等,农民处于分散无序一盘散沙状态,单个农民改变不了这种局面,要改变这种局面,农民必须组织起来,成立农会。于是农会就成了农民的自发组织,成了农民斗争的组织,一切权力集中于农会,归于农会,大事小事要由农会解决,农会在农民心中有崇高的威望,典型的"连两公婆吵架的小事,也要到农民协会去解决"。农会成了农民说理的地方,农会的决定对双方就有约束力。农会在乡间的作用非常大,甚至县长也是唯其命是听。

(2)法言法语在农民斗争中显现。

农民是打击土豪劣绅的主要力量,他们处在社会底层,长期受到

---

① 毛泽东.毛泽东选集(第一卷)[M].北京:人民出版社,1991:30-31.

压迫和剥削,有切肤之痛。在政治斗争的方法中,农会领导农民采取清算、罚款、小质问、大示威、戴高帽子游乡、关进县监狱、驱逐、枪毙等多种方法,这些方法是按惩罚的轻重依次排列,完全由农会代表农民采取,其中"农民议决""质问""知事办罪""审判土豪劣绅",具有法律语言的特质。

(3) 镇压思想的显现。

在"枪毙"的斗争方式中,毛泽东列举三种方法:农民和各界人民督促政府枪毙的;农民自己动手枪毙的;审判土豪劣绅特别法庭判罪处决的。这些都是针对大土豪劣绅,过去土豪劣绅极盛时,杀农民几千人,现在农民杀几个土豪劣绅,造成恐怖气氛,没有什么不应该的,并且每县多则有几十个,少则有几个,杀大土豪是镇压反动派的最有效方法。

2.工农民主政权时期人民法庭的探索阶段

在第二次国内革命战争时期,各根据地相应建立工农民主政权,设立具有审判职能的专门司法机构:①裁判肃反委员会和裁判部;②革命法庭和革命军事法庭;③惩治反革命委员会和裁判委员会。[①]而革命军事法庭和革命法庭的代表分别是1931年9月鄂豫皖区苏维埃政府颁布《鄂豫皖区苏维埃政府革命军事法庭暂行条例》,条例规定:革命军事法庭是革命武装组织之军事执法机关,受理破坏红军纪律与违背军事行政的案件。随后1931年10月又颁行《鄂豫皖区苏维埃政府革命法庭的组织与政治保卫局的关系及其区别》的规定,对如何处理案件和各自管辖案件作了说明。[②] 其中鄂豫皖区革命法庭的规定与人民法庭有某些相似之处,革命法庭由主席1人、副主席

[①] 张希坡,韩延龙.中国革命法制史[M].北京:中国社会科学出版社,2007:336-338.

[②] 韩延龙,常兆儒.中国新民主主义革命时期根据地法制文献选编(第三卷)[G].北京:中国社会科学出版社,1981:336-342.

2人、委员2人组成委员会,下设审判委员会、国家公诉处、申诉登记处和执法管理处。审判委员会由各地群众选举25至29人组成,不脱离生产,有事临时召集,如有不称职者,或由革命法庭取消其职权,或由其所在单位或地区的群众另行改选。对于重要案件的审理,革命法庭主席必须出席,并亲自主持,一般案件则交由审判委员会处理。①这些司法机构的职能是专门镇压反革命,巩固红色的民主政权。

1931年11月,中华苏维埃共和国成立以后,加快立法步伐,健全司法机关,吸收工农民主政权的司法经验,在中央成立临时最高法庭,以代行最高法院的职权,临时最高法庭之下设刑事法庭、民事法庭和军事法庭,分别处理不同性质的案件。在地方设立各级裁判部或裁判科,各裁判部或裁判科下设刑民事法庭,以组织巡回法庭的方式到案发地点开庭审理具有重要意义的案件。

苏维埃政权建立以后,在全国基本形成统一的审判组织体系,仍有某些区域与中央苏区未能保持一致,仍然采用革命法庭的形式,如1933年春开辟的川陕革命根据地,就制定《川陕省革命法庭条例草案》,条例规定革命法庭的目的为镇压各种反革命的阴谋活动,保障苏维埃宪法和一切法令的执行,反对任何破坏法令的行为。②

这一时期出现革命法庭和巡回法庭有两个值得注意的问题:

先说革命法庭,按照张希坡、韩延龙的研究,他们认为,1919年2月27日全俄中央执行委员会发布《关于全俄肃反委员会》的命令,对肃反委员会的权力作了一定程度的限制,规定它所受理的一切案件"其判决权移归改组后的革命法庭,同时一切案件的侦查工作至迟应在一个月内结束","革命法庭有权检查肃反委员会的侦察活动"。

---

① 张希坡,韩延龙. 中国革命法制史[M]. 北京:中国社会科学出版社,2007:337.
② 韩延龙,常兆儒. 中国新民主主义革命时期根据地法制文献选编(第三卷)[G]. 北京:中国社会科学出版社,1981:348-352.

肃反委员会的直接镇压权力限于针对武装的犯罪活动和戒严地区戒严令上规定的犯罪活动。1921年,苏联过渡到和平时期,全俄苏维埃代表大会通过《关于全俄肃反委员会的决议》,修改《全俄肃反委员会条例》,宣布"撤销全俄肃反委员会及地方机关",另行成立国家政治保卫局。① 在他们的研究中,出现苏联的"革命法庭""国家政治保卫局",尽管这些机构的设立目的与我国设立的肃反委员会不同,但我国这些机构的名称存在借鉴或移植苏俄是可能的,在张希坡、韩延龙的研究中并没有详细说明,值得进一步研究。

巡回法庭与人民法庭存在承继关系。巡回法庭就地审判具有重大意义的案件,走群众路线,便于群众参与,便于群众了解案情,扩大影响,达到巡回法庭设置目的,为人民法庭的产生奠定基础。

1932年6月9日,中华苏维埃共和国中央委员部颁布《裁判部暂行组织及裁判条例》,第十二条规定:

各级裁判部可以组织巡回法庭,到出事地点去审判比较有重要意义的案件,以吸收广大的群众来参加旁听。②

为强化巡回法庭,中华苏维埃共和国于1933年5月发布《司法人民委员部对裁判机关工作的指示》,其中第三项规定:

解决任何案件,要注意多数群众对于该案件的意见。在审判案件之前,必须广泛地贴出审判日程,使群众知道某日审判某某案件,吸收广大群众来参加旁听审判,既审之后,应多贴布告,多印判决书,以宣布案件的经过,使群众明了该案件的内容。除有秘密性的某种案件之外,坚决不许再有在房间秘密审判,或随便写一个判决书送上级批准的不规则情形。裁判部应时常派代表到各种群众会议上去作

---

① 张希坡,韩延龙.中国革命法制史[M].北京:中国社会科学出版社,2007:344.
② 韩延龙,常兆儒.中国新民主主义革命时期根据地法制文献选编(第三卷)[G].北京:中国社会科学出版社,1981:300-301.

报告,引起群众对于裁判工作的注意。多组织巡回法庭到出事地点去审判,以教育群众。①

3.抗日战争时期法庭审判方式的多样化

1937年抗日战争以来,在中国共产党的领导下,全国各地形成陕甘宁边区、晋察冀边区、晋冀鲁豫边区、山东抗日根据地、华中抗日根据地、晋绥边区等抗日民主政权,各地民主政权先后建立司法机关,把镇压汉奸卖国贼的反革命破坏活动,维护根据地社会秩序作为中心任务。这一时期就地审判、巡回审判、公审方式对后来人民法庭影响较大。

(1)就地审判方式。

陕甘宁边区成立于1937年9月6日,边区政府继承苏维埃时期的群众路线审判方式,结合抗日战争的需要,更加自觉地依靠群众,贯彻群众路线,在司法实践中,进一步完善就地审判和巡回法庭。

就地审判在边区深受群众欢迎和拥护,它主要解决在当地影响比较大、久拖不决或比较复杂的案件,通过就地审判,吸引群众旁听,达到法制教育的目的。1943年,边区政府和高等法院曾大力提倡"审判要学习马锡五审判方式",对法官下乡就地审判有所促进。②就地审判方式的特点就是要求法官走出法庭携卷下基层,改变过去坐堂问案的方式,到案发争讼地点,接近群众,依靠群众,就地审判。

(2)巡回审判方式。

巡回审判是陕甘宁边区1939年1月制定的《陕甘宁边区高等法院组织条例》规定的审判方式,它继承了苏维埃政权时期的巡回法庭,并加以改造和创新。该法第十条规定:"高等法院得设立巡回法庭,其组织及工作另定之。"设置的目的是通过巡回审判,进行法制宣传教育,教育人民尊重政府的法令。1939—1941年陕甘宁政府工作

---

① 韩延龙,常兆儒.中国新民主主义革命时期根据地法制文献选编(第三卷)[G].北京:中国社会科学出版社,1981:308.
② 杨永华,方可勤.陕甘宁边区法制史[M].北京:法律出版社,1987:124.

报告中写到巡回法庭的实际作用：

某些特殊案子,当地群众很注意,倘在司法机关审判,当地群众难以参加,不能了解法庭的处理,因此举行巡回审判,更能实地考察案情,倾听人民意见,而给人民影响也更深刻。如靖边县石兰英因奸谋杀亲夫案,高等法院确定罪行后,移到靖边重新审判执行,当地人民非常称赞。①

巡回审判不仅提高群众法制意识,更重要的是接近群众、便利群众,这种审理方式方便、快捷、高效,是党的群众路线在基层司法上的具体运用和体现,是法院开展工作的一个重要方式。除了陕甘宁边区以外,其他解放区的司法机关,也采取这种审判方式开展工作,如1944年5月晋察冀边区行政委员会发布《关于改进司法制度的决定》规定：

高等法院及其法庭建立不定期的巡视巡回与就地审判制度。

巡回就地审应采取：

①深入调查研究。

②诉讼手续力求简便。

③坚持原则,坚决执行政府政策法令,照顾群众生活习惯,维护群众利益。②

1944年3月太岳行署公布《晋冀鲁豫边区太岳区暂行司法制度》,也有巡回法庭的规定,名称为流动法庭,其中第三条规定：

专署、行署必要时得临时组织流动法庭,实行就审。流动法庭之组织。

第十条规定：

流动法庭之职权：

一、专署流动法庭之职权：

---

① 杨永华,方可勤.陕甘宁边区法制史[M].北京:法律出版社,1987:123.
② 韩延龙,常兆儒.中国新民主主义革命时期根据地法制文献选编(第三卷)[G].北京:中国社会科学出版社,1981:389-390.

1. 有代表专署处理上诉案件之权,但下判应同县长讨论决定。
……
二、行署流动法庭之职权:
1. 有代表行署受理再上诉案件之权,但下判应专员讨论决定。
……
6. 行署流动法庭下判,可以借用专署或县政府关防。①

无论是就地审判还是通过巡回法庭进行流动审理②,它的最大特点就是适应中国农村传统的法律文化和群众的生活习俗,诉讼程序简便利民,不拘一格的法庭开庭时间、地点,在田间、地头或窑洞随时可以审判,群众不需跑路花钱就能打官司,又不耽误生产,群众打心眼儿里欢迎。

(3)公审。

群众公审是陕甘宁边区的一种特殊审判方式,这种审判"既不是公开审判,也不是公开宣判,是边区司法实践中逐渐形成的一种针对特定案件,由司法人员和人民群众共同进行审判的特有方式"③。而另有学者认为:"边区的公审是一种特殊的审判方式,是体现审判公开的最彻底的形式,在边区司法实践中,公审有三种:一是代表公审会;二是群众公审会;三是宣判大会。"④实际上,前者所说的公审只是后者三种公审中的一种。公审由司法机关组成临时法庭,由各该

---

① 韩延龙,常兆儒.中国新民主主义革命时期根据地法制文献选编(第三卷)[G].北京:中国社会科学出版社,1981:414-418.
② 杨永华,方可勤.陕甘宁边区法制史[M].北京:法律出版社,1987:125.
就地审判与巡回审判的区别:就地审判多适用于第一审或初审司法机关,案件多是疑难、复杂,人数众多,不便传讯。巡回审判用于上级法院处理上诉案件,一般要成立临时法庭或巡回组。两者相同点都是审判机关贯彻党的群众路线,法官携卷下乡,到案件发生地,在群众参与下,审理案件。
③ 侯欣一.从司法为民到人民司法——陕甘宁边区大众化司法制度研究[M].北京:中国政法大学出版社,2007:88-89.
④ 杨永华,方可勤.陕甘宁边区法制史[M].北京:法律出版社,1987:128.

级司法机关指定一人担任主审与群众共同审判;主审指挥整个审判工作,选择与群众有密切关系,在社会上有重大影响的典型案件,组织一定规模的群众大会,对案犯进行公开审理;公审地点一般选在人口众多的集镇地区的公共场所,吸收群众参加,形成宏大规模声势,扩大社会影响。从案件的性质上讲,群众公审有两类:一类是政治性的,主要是盗匪、汉奸、反革命和敌特案。如:1938年高等法院公审大汉奸吉思恭,1939年公审汉奸高××、徐××,1941年曲子县司法处公审匪首缪××。另一类是人命案,多为情杀、奸杀、巫神害死人命等。如:1937年高等法院公审黄克功情杀刘茜案,1938年公审石兰英奸杀案,1944年公审巫神杨××害死人命案等。① 以上诸多案例说明当时在陕甘宁边区,群众公审已经很普遍,对一些影响较大的案件实行公审。

除了陕甘宁边区以外,在晋冀鲁豫边区也出现公审,1942年9月15日的晋冀鲁豫边区政府、晋冀鲁豫边区高等法院《关于司法工作在扶植群众运动中及适应战争环境的几点指示》中提到了公审大会和群众斗争:

(三)在工作上,凡是经过群众斗争的案件(如减租减息、反贪污等)到政府解决时,司法干部应很好倾听群众团体及各方面的意见,了解真实情况,依法作正确之判决。必要时组织群众团体陪审制度,典型案件甚至可以公审,反对单纯引用法条,不了解真实情况,不能依法作合理判决脱离群众的举动。在案件未宣判前,凡经过群众斗争的案件,司法干部必须与专员或县长商酌解决办法,专员或县长在会议时有最后决定权。②

---

① 杨永华,方可勤.陕甘宁边区法制史[M].北京:法律出版社,1987:129;侯欣一.从司法为民到人民司法——陕甘宁边区大众化司法制度研究[M].北京:中国政法大学出版社,2007:243.
② 韩延龙,常兆儒.中国新民主主义革命时期根据地法制文献选编(第三卷)[G].北京:中国社会科学出版社,1981:411.

晋冀鲁豫边区于1944年3月1日公布的《晋冀鲁豫边区太岳区暂行司法制度》中明确将公审法庭列为一种法庭形式：

第二条：县政府、专署、行署均得临时组织公审法庭，公审有关群众性之重大案件。公审法庭之组织：

一、庭长一人（各级行政首长担任）。

二、主审一人（司法部门负责干部担任）。

三、公诉一人（由公安机关负责干部担任。民事案件不设）。

四、人民代表一二人（由参议员或群众团体代表中推选）。

……

第九条：公审法庭之职权：公审法庭对于群众要求，有答复解决的任务。不能决定之问题，不要肯定答复，应研究成熟决定后答复。其答复在政策法令上如果没有原则上之错误时，上级法庭应尊重其决定，不必多所变动。但发现重大错误，应即时纠正。各级行政首长（即庭长）应负完全责任。①

从1942年到1944年，晋冀鲁豫边区对于公审，由边区政府与高等法院联合发布指示政策上升为一种法律制度，规定公审法庭人员的结构和组成，公审法庭要有人民代表一二人参加，群众在法庭地位下降，庭长、主审和公诉人都是政权机关人员，居于主导和主要地位。而在回答群众要求时，没有原则性问题，应尊重法庭决定，彰显司法权威。这种公审法庭显然不同于打土豪时的"特别法庭"。

这一时期，中日民族矛盾是主要矛盾，一切工作围绕抗日大局，制裁和惩办汉奸卖国贼是司法工作的核心，各边区司法机关设高等法院、高等法院分院，地方专区、专署和县设司法处、分庭、临时特别法庭等，配合中心工作。在各地的司法工作中，坚持司法为民的人民司法路线，依靠群众，开展就地审判、巡回审判和群众公审，利用法庭

---

① 韩延龙,常兆儒.中国新民主主义革命时期根据地法制文献选编（第三卷）[G].北京:中国社会科学出版社,1981:412-417.

的形式一方面打击汉奸卖国贼的反革命破坏活动,另一方面解决群众纠纷,维护抗日的社会秩序。

(二)人民法庭政策逐渐确立

1.解放战争时期刘少奇对人民法庭的论断

人民法庭在社会实践中不断发展,由不规范、不完善到逐步规范和完善,迫切需要理论指导。随着抗日战争的胜利,民族矛盾转化为次要矛盾,以反奸、清算、"双减"(减租、减息)为内容的群众运动深入广泛开展,农民迫切要求获得土地,实现"耕者有其田"的多年愿望,成为国内主要矛盾。但是一部分地主、恶霸、汉奸、豪绅逃跑到城市中,并大骂解放区的群众运动。有些中间人士则发生怀疑,党内亦有少数人感觉群众运动过火,在这种情况下,中共中央适时决定把"双减"政策改为没收地主土地分配给农民,放手发动群众,并加以有计划地引导,完成土地改革的任务。1946年5月4日,刘少奇为中央起草《关于土地问题的指示》(以下简称《五四指示》)的党内文件。刘少奇在《五四指示》中提出18条方针,其中第八条对待地主、富农、汉奸、豪绅等政策规定涉及人民法庭。

(八)除罪大恶极的汉奸分子及人民公敌为当地广大人民群众要求处死者,应当赞成群众要求,经过法庭审判,正式判处死刑外,一般应施行宽大政策,不要杀人或打死人,也不要多捉人,以减少反动派方面的借口,不使群众陷于孤立。反奸清算是必需的,但不要牵连太广,引起群众恐慌,给反动派以进攻的借口。

规定中提到的这些人是土地改革的主要对象,是土地改革的阻力,对这些人处理不好就会影响改革,关乎全局。为此,除非罪大恶极的汉奸分子,群众强烈要求,要经过法庭审判正式判处死刑外,一般应实行宽大政策,避免矛盾激化,造成被动。决定中提到"法庭审判",强调它是镇压罪大恶极的汉奸分子的最后手段和法定手段,"法庭"第一次出现在党内文件中。

1947年8月4日刘少奇《关于土地会议各地汇报情形及今后意见的报告》中提到人民法庭：

> 为避免在运动中群众随便打人、杀人，派可靠干部在各地普遍建立人民法庭，接受群众控诉，并加调查审讯。有罪者适当分别处刑，群众向干部斗争时，则严格保障少数人应有基本权利，干部有否认、辩护、发表不同意见，出席、退席大会等自由权，并禁止打人及一切肉刑、在大会逼供等行为，群众在大会上对干部只有批评、罢免、选举及控诉之权，干部如有犯罪部分，必须交法庭①调查审讯后，由法庭处理，只有法庭才有权逮捕监禁。如此保障干部及少数人不受群众中某些过分行动的侵犯，并对其犯罪行为得以揭露、证明和处分。②

但刘少奇在报告中采用人民法庭的概念不同于《五四指示》中的法庭，也不同于后面《在全国土地会议上的结论》提到的人民法庭，从文中可读到人民法庭的含义：

（1）人民法庭是解决人民内部矛盾，即干部与群众之间的，不是敌我矛盾。

设立的目的是避免土地改革中出现的过激行为。

（2）人民法庭提供保障权利的程序平台。

法庭保护人民一切合法权利，群众斗争时，必须按照法庭的规定，有罪之人享有辩护的权利，禁止逼供、打人和肉刑。

（3）司法权掌握在人民法庭手中，是否有罪，法庭有裁决权。

1947年9月13日，从7月17到9月13日持续近两个月会议结束时，刘少奇作了《在全国土地会议上的结论》报告，刘少奇在报告

---

① 这里的法庭与后面的法庭处理、法庭有权逮捕监禁都是"人民法庭"的简称，笔者注。

② 中央档案馆.解放战争时期土地改革文件选编（1945—1949）[G].北京：中共中央党校出版社，1981：78.

的第三部分提到整党,又说到人民法庭:

> 整党中要注意清查反革命分子。我们这样大的党,一定会有混进来的国民党特务,但为数不多。对特务案子处理要慎重,凡特务案子一律不准许在下面处理,要送到保卫机关审查清理。土地改革中对反革命案子的处理也要慎重,组织人民法庭,我们没有经验,大家可以去创造。①

这里的人民法庭是针对反革命案件的处理,以前没有,刘少奇才说,"我们没有经验,大家可以去创造"。

2. 毛泽东、邓小平关于人民法庭的论断

1947年全国土地会议一结束,《土地法大纲》颁行以后,晋绥、太行、晋察冀、晋冀鲁豫、东北局各解放区都先后发表告农民书,全国土地改革运动进入新的高潮,农民参加土地改革的热情在各地领导人的点燃下迅速燃烧起来,出现"左"的狂潮,各地杀人、打人现象屡有发生。②此时任弼时和习仲勋等发现存在这一问题,任弼时于1948年1月12日在西北野战军前线委员会扩大会议作了《土地改革中的几个问题》的讲话,专门提到土地改革中的打人、杀人问题,"为什么把打人杀人的问题当作严重的问题提出来呢?就是因为在土地运动中,发生有不少打人和逼死人的事实,有些罪不该死的人,被打死杀死了"③。1948年1月19日,习仲勋关于西北土改情况的报告,也提到"左"的倾向。在报告中提到:"由于会议潜伏一种'左'的情绪(即不对的一股浪头),由于晋绥的直接影响,土改一到农村,就发生极'左'倾向,凡动起来的地区,多去强调'贫雇路线',反对所谓'中农路线',都是少数群众(不是真正的基本群众)起来乱斗、乱扣、乱打、

---

① 刘少奇. 刘少奇选集(上)[M]. 北京:人民出版社,1981:391.
② 杨奎松. 开卷有疑[M]. 南昌:江西人民出版社,2007:324-329.
③ 中央档案馆. 解放战争时期土地改革文件选编(1945—1949)[G]. 北京:中共中央党校出版社,1981:122.

乱拷、乱没收财物、乱扫地出门。最严重的是葭县（今佳县），有几个村庄，连贫农、中农的东西都一律没收。干部家属，幸免于斗者很少。张达志家中也被斗，弟弟被吊打，索银洋。有的烈士家属被扫地出门。有用盐水把人淹死在瓮里的。还有用滚油从头上烧死人的。"①

针对土改中出现的"左"的现象，以毛泽东为首的中央领导人，听取了任弼时、习仲勋的报告，并对他们向中央作的汇报进行批示和转发，提醒各地注意纠正土改中出现"左"的现象。毛泽东在任弼时的《土地改革中的几个问题》讲话稿上修改和加写的几段文字，强调要把打击面放在一定范围内，毛泽东写道：

我们反对乱杀人，并不是说一个人也不能杀。那些真正罪大恶极的大反革命分子，大恶霸分子，国人皆曰可杀的这类分子，经过人民法庭判处死刑，并经过一定政府机关（县级或分区一级或更高的政府所组织的委员会）批准，执行枪决，并公布其罪状（杀人必须公布罪状，不得秘密杀人），那是完全必要的，不如此不能建立革命秩序。但是，不能随便加人罪名而去处人以死罪。须知多杀人是不能解决任何问题的。我们的任务是解决问题，解决如何消灭帝国主义、封建主义和官僚资本主义的压迫和剥削，将中国建设成为独立的强盛的人民民主共和国这样的问题。②

毛泽东要求新华社把讲话转播各地，立即在一切报纸上公开发表，并印成小册子。毛泽东指示全国土地改革中如何处理乱杀人的问题，对罪大恶极大反革命分子、大恶霸分子必须经过人民法庭，要讲程序突出人民法庭的作用。紧接着1948年1月18日在陕北米脂县杨家沟，毛泽东为中央起草的《关于目前党的政策中的几个重要问题》中，谈到土地改革和群众运动中的几个具体政策问题，多次论及

---

① 中央档案馆.解放战争时期土地改革文件选编（1945—1949）[G].北京：中共中央党校出版社，1981：129.
② 毛泽东.毛泽东文集（第五卷）[M].北京：人民出版社，1999：13.

人民法庭。

1948年4月1日,毛泽东在晋绥分局讲话再次论及人民法庭:在过去一年里,晋绥分局领导的土地改革和整党工作是成功的。一方面,晋绥的党组织反对了右的偏向。另一方面纠正工作中几个"左"的偏向。毛泽东批评了晋绥分局,在过去的一年激烈的土地改革斗争中,没有明确坚持党的严禁乱打乱杀的方针,不必要地处死一些地主富农分子。接着毛泽东说:

> 我们认为,经过人民法庭和民主政府,对于那些积极地并严重地反对人民民主革命和破坏土地改革工作的重要的犯罪分子,即那些罪大恶极的反革命分子和恶霸分子,判处死刑,是完全必要和正当的。不如此,就不能建立民主秩序。但是,对于一切站在国民党方面的普通人员,一般的地主富农分子,或犯罪较轻的分子,则必须禁止乱杀。同时,在人民法庭和民主政府进行对于犯罪分子的审讯工作时,必须禁止使用肉刑。过去一年中,晋绥在这方面曾经发生的偏向,现在也已纠正了。①

以上毛泽东关于人民法庭的论断可归纳为:

第一,坚决反对乱杀人,不是不杀人,杀人不是目的,是一种手段,杀人要由人民法庭按照法定程序去处理,除了人民法庭通过审讯的方式以外,其他任何人没有杀人的权力。

第二,人民法庭作为斗争的方式,针对的对象是极少数罪大恶极的恶霸分子、反革命分子,不能扩大打击范围。人民法庭是落实党的首恶必办政策的工具,是人民群众打击地主的有力武器。

第三,人民法庭发挥了避免乱打乱杀的作用。

1948年5月25日,毛泽东为中共中央起草《一九四八年的土地改革和整党工作》的指示,布置今年的土地改革和整党工作,以避免

---

① 毛泽东.毛泽东选集(第四卷)[M].北京:人民出版社,1991:1307.

去年的重大错误。时任中共中央中原局①第一书记的邓小平,结合中原局在大别山开展打土豪、分田地、分浮财的土地改革,发现有些干部犯了"急性病""走马点火""点火抄家"乱打乱杀的情况,于6月6日作了《中原局贯彻执行中共中央关于土改与整党工作的指示》(简称《六六指示》),6月28日,得到中共中央的批示,完全同意中原局的指示。毛泽东还就这一问题专门写了两段文字,要求将这个文件发给中央局、分局、前委。邓小平在指示中三次提到人民法庭在土改中扮演的角色:

> 党的领导及各项政策应该充分地通过政权和群众团体去实现。在控制区,应配备大批得力干部到政府各部门中去,而首先要加强的是财经部门(包括财、粮、工商、银行、税收),以便保障军需民生,避免浪费和混乱,及在工作步骤上取得主动。同时注意建立人民法庭,以便接受审理案件,维持社会秩序,避免乱打人、乱捉人、乱杀人的现象。②

邓小平关于人民法庭的论述,是刘邓大军挺进大别山以后,在河南地区领导土地改革亲自实践的结晶,是严格贯彻毛泽东的人民法庭的思想,并在实践中得到检验是完全正确的。

3. 解放初期刘少奇对人民法庭的论断

在土地改革中,不得不提土地改革与人民法庭的关系。1947年《土地法大纲》颁行前,刘少奇于1946年5月4日发表《关于土地问题的指示》,成为《土地法大纲》的指导思想。同年9月13日,在全国土地会议期间,刘少奇还作了《在全国土地会议上的结论》的报告。新中国成立后进行土地改革,制定《土地改革法》,刘少奇在1950年

---

① 中原局当时在今河南省宝丰县商酒务镇赵官营。1948年5月中原局由大别山进驻河南宝丰,11月离开此地。邓向中央做的请示,在此期间,这是第三个中原局。历史上中共中原局有三个:第一个是抗日战争时期的1939年1月,中原局在河南省确山县竹沟村。第二个中原局是1945年10月在鄂豫皖根据地的河南桐柏县。第三个是1946年11月,大部分领导人到达延安,在延安成立中原局。笔者注。
② 邓小平.邓小平文选(第一卷)[M].北京:人民出版社,1989:113,119,122.

6月14日中国人民政治协商会议第一届全国委员会第二次会议上作了《关于土地改革问题的报告》。在前后的指示和报告中,都提到人民法庭。可以说,没有土地改革就没有人民法庭,反之,没有人民法庭,土地改革就不可能顺利进行。

在1950年的报告中,刘少奇说,"现在全中国业已完成或基本上完成了土地改革的地区约有农业人口一亿四千五百万(总人口约一亿六千万),尚有约二亿六千四百万农业人口的地区(总人口约三亿一千万)没有进行土地改革"。土地改革就是从地主手中,没收地主阶级的土地、耕畜、农具、多余的粮食及其多余的房屋,将他们的这些财富分配给无地少地的农民,触及他们的最根本利益,必然遭到地主阶级的抵制、反抗和破坏,它是一场系统的激烈的利益斗争,非常残酷。因此,必须借助人民法庭,除对极少数犯了重大罪行的地主,即罪大恶极的土豪劣绅及坚决反抗土地改革的犯罪分子,应由法庭判处死刑或徒刑外,对于一般地主只是废除他们的封建的土地所有制,废除他们这一个社会阶级,而不是要消灭他们的肉体。为了在土地改革中及时地镇压恶霸分子、特务反革命分子及地主阶级中的反抗与破坏活动,并处理农民对于这些分子的控诉,应该组织人民法庭来担负这种任务。人民法庭对于普通的刑事和民事案件,以及特别复杂需要长期侦察才能决定的案件,应交普通法庭和公安机关去处理,以便使自己能够集中注意力去处理当前土地改革中各种违法的现行案件,保持农村的革命秩序。人民法庭应依照政府颁布的条例来进行工作,不得任意处理罪犯。除人民法庭和治安机关外,其他的人民团体和机关不得拘留、审判和处理罪犯。各级人民政府应用大的注意力去帮助人民法庭,并加强与训练人民法庭的干部,使人民法庭能够担负起自己的任务,否则,土地改革的秩序就有不能很好保持的危险。①

---

① 刘少奇.刘少奇选集(下)[M].北京:人民出版社,1981:34,44.

刘少奇在报告中两次论及人民法庭：

第一，必须发挥人民法庭的震慑作用，对坚决反对土改顽固不化的犯罪分子，由人民法庭判处死刑。

第二，划分普通法庭与人民法庭受理案件的范围。对于土地改革中，发生的普通杀人、抢劫、盗窃和婚姻、家庭纠纷等常见的案件，由普通法庭，按正常的程序办理。对破坏土地改革的恶霸、特务分子，由人民法庭专门受理，接受群众的控诉，支持群众进行斗争。

第三，坚持职权原则。人民法庭必须按照政府颁布的条例和法律，依法行使拘留、逮捕和审判的司法权，其他任何机关不得行使该权力，保障人民的基本人身自由权，避免过去发生的乱打、乱捕、乱杀的行为。

第四，加快人民法庭的建设和司法干部培养。新解放区进行土地改革，情况复杂，司法机构不健全，专业的司法人员不多，国民党时期的旧司法人员坚持坐堂问案的司法模式不适应土地改革的需要，因此，要加快培训人民法庭的干部，建立司法机构，适应土地改革的实际需要，完成土地改革的任务。

（三）人民法庭在立法上逐步完善

1.《土地法大纲》确立人民法庭的地位

1947年9月13日全国土地会议通过《中国土地法大纲》（以下简称《土地法大纲》）①，10月10日中共中央通过决议，批准了这个新的土改政策文件并公布实施。《土地法大纲》总结了以往土地改革的

---

① 侯欣一.关于中国近现代法律史史料使用中的几点体会[J].环球评论，2005（2）:254.
《土地法大纲》有法的名称，本身不是法，只是党的土地改革方针政策，内容结构上没有法律规范的前提、权利义务、后果等法的三要素，但作为一种以权利义务为内容的行为规范，在具体指导公民遵守、司法和行政等部门执行方面不会存在任何问题。这里的权利义务应该是权力义务，是一种行政命令或党的政策要求，党的政策与法律在效力上是有区别的，并不是党的文件都是国家法。

经验,特别是抗战土地政策改为减租减息。在我国土地改革史上具有重要意义。

《土地法大纲》作出上述规定,强烈体现立法者保护农民利益、消灭封建土地所有制、真正实现"耕者有其田"制度的愿望,它以专条规定土地改革中的人民法庭的司法制度,显示以下特点:

第一,贯彻群众路线。《土地法大纲》强调人民法庭由乡、区、县、省农民大会或贫农团选举的委员组成,以保障农民当家作主的群众路线的实现。它继承了湖南审判土豪劣绅特别法庭的规定,突出农会的作用。

第二,规定设立人民法庭的任务和宗旨,是保护人民的财产权利和民主权利。在土地改革中,对一切破坏本法的罪犯,应组织人民法庭予以审判及处分。

第三,政策与法律不分。把政策当作法律。

到了1948年,各解放区的土地改革在正确的司法审判工作的保障下全面展开,各解放区相继颁布条例,对司法工作规范调整,以《晋冀鲁豫边区破坏土地改革治罪暂行条例》为例,其中有关人民法庭的内容表现如下:

第一,该条例第一条重申土改中"任何人如有违抗该大纲而犯本条例所规定各罪者,不论任何人一律交由人民法庭依本条例审判之",这是统一司法审判权,避免司法权滥用的具体表现。

第二,对破坏土地改革犯罪的处罚种类,该条例第二条规定为五种,破坏土地改革治罪法,分为当众批评警告、撤销公职(撤销政府或机关、团体、合作社等职务,开除军籍,开除法团会籍)、定期取消公民权、定期劳役及死刑五种,由各级人民法庭按照真实罪状及具体情况判决之。

第三,对死刑的执行,该条例第十二条规定严格复核程序,"犯本条例之罪犯处死刑者,非经行署区人民法庭核准不得执行。判处一年以上劳役者,须经县人民法庭批准"①。

2. 人民法庭细则的内部规定

1947年《土地法大纲》颁行以后,如前文所述,仅有三条条文直接涉及人民法庭,对于在实践中如何具体操作,没有具体规定。毛泽东等领导人的论述也仅仅说到人民法庭,对罪大恶极的反革命分子、恶霸交由人民法庭审讯处理,但人民法庭如何具体处理,没有下文。1948年2月15日,中共中央发布《关于土地改革中各阶级的划分及其待遇的规定(草案)》,该草案发给中工委(中央工作委员会)、各中央局、中央分局,限收到四星期内召集会议,逐条讨论,向中央提出意见。此草案不得下达。

该草案属于党内文件,没有向社会公布,根据当时的政治社会环境,应该是人民法庭具体展开工作的依据。其依据是1948年5月25日《中共中央关于印发一九三三年两个文件的指示》,指示中(二)这样描写"《关于土地改革中各阶级的划分及其待遇的规定》草案,尚须继续收集意见加以考虑修改,暂时不准备发表。因为其中的基本观点和一九三三年的两个文件和中央同志已经公开发表的文件是一致的,凡收到此项文件者,可以当作高级领导机关的参考文件,不要普遍印发"②。这一草案两万多字,共25章。其中第二十五章是人民法庭,共11节,根据内容判断,它实属人民法庭的实施细则。重要条款如下,便于分析:

第一节:制定的依据及任务

人民法庭依据中国土地法大纲第十三条、第十四条和第十五条的规定及本文各项有关的规定,成立起组织和执行其职责。人民法

---

① 韩延龙,常兆儒.中国新民主主义革命时期根据地法制文献选编(第三卷)[G].北京:中国社会科学出版社,1981:198-200.

② 中央档案馆.解放战争时期土地改革文件选编(1945—1949)[G].北京:中共中央党校出版社,1981:325.

庭的基本任务,是用司法方法保障中国土地法大纲和本文的各项有关规定的全面正确实施。

第二节:人民法庭的设置

人民法庭以设于县或市以下的区一级为原则。人口多的区,每区设一个。人口少的区,联合几个区共设一个。为便于人民的运用,人民法庭得在区以下的各乡村,设置联络员若干人,并派出巡回法庭到乡村去工作。

第三节:法庭人员的构成

人民法庭在乡村者,由一个或几个区的农会选出审判员若干人,在城市者,由工会及其他人民团体选出审判员若干人,由县或市政府委派审判员若干人,共同组织之。审判员互推一人为审判长,掌管人民法庭的日常工作。人民法庭的一切判决,采取多数表决制。

第四节:人民法庭的领导体制

人民法庭的直接上级机关为县或市政府。在人民法庭未成立前,人民法庭的职责,由县或市司法机关行使。

第五节:人民法庭的庭审

人民法庭在审讯和判决时,应邀请有关群众或其代表列席,并给予发言权。人民法庭在审讯工作中应尽量在有关群众中进行调查研究,其判断和判决应尽量取得有关群众的同意和了解。

第六节:辩护权

人民法庭应允许被告有充分辩护之权。

第七节:审判的证据原则

人民法庭的审讯和判决,必须遵守下列条件:

(甲)禁止肉刑;(乙)重证据不重口供;(丙)不得指名问供。

第八节:人民法庭的职权

人民法庭有权判决被告死刑、徒刑、罚役、罚款、赔偿、当众悔过,或宣告被告无罪。

第九节:上诉权

被告不服人民法庭的判决时,得向县或市政府司法机关提出控诉。又不服,得向上级司法机关提出控诉。

第十节:死刑复核权

在革命战争和土地改革时期,凡死刑及二年以上徒刑之判决,应由人民法庭审判长呈报县或市政府司法机关,经县或市政府委员会会议审核,决定批准或否决,由县长或市长令行之。在反革命的武装组织已经消灭,土地改革任务已经大体完成,革命秩序已经大体建立,当地民主政权已经在连成一片的多数县内达到巩固地位之地区,死刑的核准权属于高于县或市一级或高于县或市两级的政府。①

短短的 10 余节内容,字字珠玑,人民法庭的审判程序一目了然,从法庭的设置、审判人员构成、庭审活动及庭审原则,到被告人的权利,规定详细,便于审判人员具体操作,有章可循,避免了审判员的主观臆断和恣意行为。这是这一时期法治的巨大进步,是解放区制定人民法庭条例的依据,为后来的《人民法庭组织通则》制定奠定了基础。

3.《土地改革法》中的人民法庭

新中国成立前的土地改革,是依《土地法大纲》为依据进行的。1949 年中华人民共和国成立后,由于形势和条件都发生变化,原有的土地政策已经不适应新中国的需要。1949 年 9 月 29 日中国人民政治协商会议第一届全体会议通过《中国人民政治协商会议共同纲领》时,就确定中华人民共和国土地改革的基本方针:

土地改革为发展生产力和国家工业化的必要条件。凡已实行土地改革的地区,必须保护农民已得土地的所有权。凡尚未实行土地改革的地区,必须发动农民群众,建立农民团体,经过清除土匪恶霸、

---

① 中央档案馆.解放战争时期土地改革文件选编(1945—1949)[G].北京:中共中央党校出版社,1981:226-227.

减租减息和分配土地等项步骤,实现耕者有其田①。

为落实这一方针,1950年2月24日政务院第二十一次政务会议通过《政务院关于土地改革及征收公粮的指示》,在指示中提到人民法院或组织人民法庭,这样规定:

> 某些地方土匪还未肃清者,应迅速肃清土匪,尚未减租者,应即进行减租。如有罪大恶极的恶霸分子及反对农民运动、破坏土地改革的分子,省县人民政府应主动地适时地加以逮捕,送交人民法院或组织人民法庭依法审判,并处以应得之罪,不得怠慢。对于这些犯罪分子,应允许农民控告,但必须严格禁止乱打、乱杀、乱逮捕、乱处罚及戴高帽子游行等行为。如果省县人民政府和司法机关不能主动地适时地去逮捕、审判和处分这些犯罪分子,则在群众运动起来以后,就很难避免这些混乱现象的发生。②

政务院规定人民法庭作为新解放区③进行土改,惩治恶霸和反对农民运动、破坏土地改革分子的重要手段,维护新中国的社会秩序。这是新中国成立后首次提到,把人民法院和人民法庭并列在一起。

1950年6月,中共七届三中全会召开,讨论新解放区的土地改革问题,是这次中央全会的一项重要内容。毛泽东在会上作了《为争取国家财政经济状况的基本好转而斗争》的书面报告。报告提出要实现经济状况好转的三个条件:土地改革的完成;现有工商业的合理调整;国家机构所需经费的大量节俭。④ 毛泽东把土地改革的完成列为

---

① 中央人民政府法制委员会.中央人民政府法令汇编(1945—1950)[G].北京:法律出版社,1982:22.
② 中央人民政府法制委员会.中央人民政府法令汇编(1945—1950)[G].北京:法律出版社,1982:77.
③ 杜润生.中国的土地改革[M].北京:当代中国出版社,1996:297.
新解放区:系指1949年4月以后,中国人民解放军进军华东、中南、西北、西南新解放的广大尚未实行土地改革的地区。
④ 毛泽东文集(第六卷)[M].北京:人民出版社,1999:70.

第一个条件。在这次会上,审议三个重要文件:①中共中央1950年5月30日起草的《中华人民共和国土地改革法(草案)》;②刘少奇向中国人民政治协商会议第一届全国委员会第二次会议提出的《关于土地改革问题报告》;③《农民协会组织通则》。审议的三个文件都是围绕土地改革这个中心议题。中央人民政府于1950年6月28日召开第八次会议,会议根据全国政协第一届委员会第二次会议的建议,通过《中华人民共和国土地改革法》草案,并于6月30日正式颁布实施《中华人民共和国土地改革法》(以下简称《土地改革法》),将它作为新解放区进行土地改革的法律依据。

《土地改革法》涉及人民法庭的条款:

①赋予人民法庭阶级成分划分的最终决定权 ①

农村阶级成分的划分,在中共历史上先后三次颁布同一等级重要文件。第一次是1933年瑞金民主中央政府为解决土地问题公布《怎样分析农村阶级》和《关于土地改革中一些问题的决定》。第二次是《土地法大纲》颁布后,1948年5月25日,中共中央重新公布这两个文件,并在解放战争时期土地改革中加以应用。第三次是为配合《土地改革法》的实施,1950年8月4日,政务院第四十四次政务会议通过《中央人民政府政务院关于划分阶级成分的决定》(以下简称《决定》),同年8月20日,中央政府政务院将这两个文件稍加删改并加以补充公布,作为今后解决土地改革问题的文件。本次修改,为显示与以往的区别,凡系政务院这次修改的,均加上"政务院补充决定"字样,并于这两个文件外,增补《政务院的若干新规定》。

《决定》对于中国农村社会阶级的划分,中国共产党是按照经济标准,以土地财产的多少分为地主、富农、中农(富裕中农)、贫农和工人(包括雇农)。此外还对小手工业者、自由职业者、手工资本家、手

---

① 中央人民政府法制委员会.中央人民政府法令汇编(1949—1950)[G].北京:法律出版社,1982:54-55.

工工人、小商小贩、开明绅士的阶级成分划分做了特别说明。关于阶级成分的划分，在中国社会，影响深远，现实生活中这一潜在影响仍不可小觑。这一标准从历次土地改革的路线、方针、政策可以看出。中国共产党认为中国革命的根本问题是农民问题，农民问题的核心就是土地问题，几千年不合理的封建土地制度是压在农民头上的一座大山，是造成中国农村贫富差距的根本原因。要解决土地问题，必须成立农民组织，发动群众，从地主手中夺取土地，实现耕者有其田。中国共产党从红色政权、抗日战争、解放战争和新中国成立后历次的土地改革中，一直抓住这一主线，把满足贫雇农的愿望和要求作为第一要务，亲自带领农民群众进行土地改革，并利用人民法庭，打击反对土地改革的恶霸分子。如1950年8月新增补的《政务院的若干新规定》，又专门规定通过人民法庭惩治恶霸，并对恶霸进行界定，这一规定界定了什么是"恶霸"①。它与《土地改革法》的第三十二、第三十三条紧密联系，相呼应。

②法庭惩治恶霸权

各县应组织人民法庭，用巡回审判方法，对于恶霸分子依法予以审判及处分。

③法庭保护人民的财产权②

中华人民共和国成立后的《土地改革法》赋予人民法庭一系列权力，它成为人民法庭服务土地改革的有力法律武器。

---

① 中央人民政府法制委员会.中央人民政府法令汇编(1949—1950)[G].北京：法律出版社，1982：107.
  凡称恶霸，是指依靠或组织一种反动势力，称霸一方，为了私人利益，经常用暴力和权势去欺压与掠夺人民，造成人民生命财产之重大损失，查有实据者。凡恶霸分子经人民告发后，由人民法庭判决处理。

② 中央人民政府法制委员会.中央人民政府法令汇编(1949—1950)[G].北京：法律出版社，1982：54-55.

4. 1947年、1950年土地改革中的人民法庭的比较

1947年《土地法大纲》仅有16条,涉及人民法庭的有4条主要内容,它贯彻1946年《五四指示》关于人民法庭的精神,体现土地改革中的一切措施符合绝大多数人民的利益。《土地法大纲》中人民法庭的规定成为保证土地改革的实施和人民的民主权利的重要依据,从而充分调动了广大农民群众参加土地改革的积极性,为解放战争的胜利奠定基础。

1950年《土地改革法》有40条,由总则、土地的没收和征收、土地的分配等6章组成,它是根据《中国人民政治协商会议共同纲领》规定制定的,与人民法庭相关的有4条内容。

比较《土地法大纲》和《土地改革法》关于人民法庭的规定,可知:

第一,立法机关不同。《土地法大纲》是由中国共产党全国土地会议通过的,是一个大纲性质,整个是一系列条文,没有立法上的章、节、条、款、项的详细分类,严格说是指导性文件。《土地改革法》是中国人民政治协商会议提议,经中央人民政府委员会会议讨论通过,按现代法学理论,它只是国务院的行政法规,政务院是立法机关。

第二,执法机关的不同。《土地法大纲》的合法执行机关是农民大会及其选出的委员会、贫农团大会。《土地改革法》的合法执行机关是农民大会、农民协会委员会,取消贫农团。① 两部法都把执法权赋予农村的基层组织农会或农民协会,反映土地改革中,基层群众组织的作用很大,国家通过农会,控制和稳定了农村社会土改秩序。

第三,人民法庭的组成人员不同。《土地法大纲》规定,人民法庭

---

① 杜润生.中国的土地改革[M].北京:当代中国出版社,1996:288.
取消的原因是因为过去在东北、华北等老解放区实行土改时,曾组织过贫农团,但实践证明,贫农团的组织,不利于团结中农,也容易发生过左的错误。当然,不再组织贫农团,并不意味着忽视贫农在土地改革中的作用。

的组成人员由农民大会或农民代表会选举人员和政府委派的人员组成。这些人员一般是土地改革中表现积极的骨干分子、农会主任、农协主席，不要求有任何法律专业知识和技能，只要出身成分好，政治觉悟高，具有革命的热情和激情就合格。《土地改革法》的法庭组成人员标准则没有规定。

第四，人民法庭的保护职能有变化。《土地法大纲》规定人民法庭由农会或代表组成，在土地改革中，一方面保护农民的财产权。农会负责保护农民的财富，防止一切有违公平目的而任意宰杀牲畜、破坏农具、盗窃、隐瞒等破坏行为，违者由人民法庭审判及处分。另一方面，保护农民的民主权利，允许农民在各种会议上对干部行使自由批评权、弹劾权、罢免权和选举权，违者由人民法庭处理。《土地改革法》有规定保护农民的财产权，但对农民的民主权利有所改变，取消了其对干部的选举权和罢免权，对侵犯农民权利者，由人民法庭审判及处分改成"应受法律制裁"。

第五，人民法庭新增职能。《土地改革法》新增了人民法庭的决定权。对阶级成分划分时，本人有异议时，可在规定的时间内，向人民法庭申诉，由人民法庭判决处理，这里法律条文用的是"判决"二字，实际上含义就是人民法庭享有最终的决定权。决定后，立即生效，不可能再享有任何上诉权。另外一项是审判权，规定在土地改革中，各县应组织人民法庭，用巡回审判方法，审理恶霸分子和破坏土地改革的罪犯，并规定人民法庭的具体组织条例，另定之。

总之，人民法庭在解放战争时期，为稳定后方、避免土地改革中发生乱打乱杀的"左"倾行为，提供良好社会环境，为解放战争的胜利作出了贡献。中华人民共和国成立后的土地改革中，人民法庭制度防止了土地改革中农民的报复行为，维护土地改革秩序，贯彻实行了土地改革法，巩固了新生的人民民主专政政权。

第二节 1949—1952 年人民法庭的创建

一、1949—1950 年人民法庭的创建

(一) 河南省土地改革中人民法庭的创建依据

1949 年 5 月 10 日,河南省人民政府在开封成立。1949 年夏季河南①全省解放,1949 年冬至 1950 年春,中国共产党首先选择在解放时间较早和条件比较成熟的地区之一的河南一半地区进行土地改革。②

1949 年 4 月,中共河南省第一次代表会议召开,会议提出当前农村工作的中心是进行系统的社会改革——剿匪反霸、"双减"和土地改革。6 月,省委召开土地座谈会,决定以许昌地区、洛阳和郑州地区的重点乡村进行试点,9 月省委制定《河南省土地改革方案》(以下简称《方案》),《方案》规定河南省实行土地改革的具体方针、政策与方法,按"一个基点、两个阶段、八个步骤、三个关键、七项政策、四项注意"步骤进行工作。

1950 年 1 月 20 日政务院第六次会议批准河南省政府制定的《河南省土地改革条例》,2 月 7 日河南省人民政府颁布《河南省土地改革条例》。该条例属于地方性法规,早于 1950 年 6 月 28 日公布的《中华人民共和国土地改革法》。《河南省土地改革条例》共 20 条,涉及人民法庭的规定有:

①农协为合法执行机关
②阶级成分的决定权
③人民法庭的权力

---

① 指黄河以南地区,不包括原来是平原省(现在豫北的新乡、安阳、濮阳等地区),本文的河南是现在的河南区域。
② 杜润生.中国的土地改革[M].北京:当代中国出版社,1996:267.

④保护人民的财产权

⑤保护人民的民主权利

《河南省土地改革条例》吸收1947年《土地法大纲》中的人民法庭的有关规定,结合河南省解放后首次在全国进行土地改革的经验,制定首部地方性土地改革条例,条例共20条,涉及人民法庭的占5条,比例达25%,并且关于人民法庭的规定比《土地法大纲》完善,将阶级成分划分的纲领性政策转化为法律依据,并且赋予人民法庭享有阶级成分划分的最终决定权。

(二)与土地改革和"镇反"配套的人民法庭暂行条例

1.中原临时人民政府《人民法庭暂行条例》

1949年5月,河南省依据上级指示开展土地改革和剿匪反霸斗争,在剿匪反霸、"双减"的运动中,"许多地方却发生了无政府无纪律的错误,特别突出的是打人骂人和个别乱杀人的严重现象。有不少干部不但不反对群众这种自发的行动,反而采取了尾巴主义态度,而且更有自己动手打人,示意打人和组织打人的情形"①。针对这种情形,华中局(河南属华中局管辖)于1949年12月5日,公布《关于整顿干部作风,纠正乡村工作中乱打乱杀错误决定》(以下简称《决定》),要求"在群众运动中,群众开会斗争土匪恶霸及其他破坏分子时,必须提倡充分地讲理斗争方式而不应允许打人与施用肉刑。对于某些顽抗不悟的土匪恶霸及其他犯罪分子必须送交人民法庭审判处理,而不应当自行当场处理。要教育群众学会运用人民民主专政的工具——人民法庭,去镇压反革命活动,抒伸群众的正义要求。人民法庭既应允许与动员群众进行检举、控告和驳斥,亦应允许被告人自行辩解或他人代行辩解,以便教育广大群众,辨明是非轻重,恰当地处理"。"对于必须处决的罪犯,必须公布罪状,而不许秘密处死。对罪恶严重法不容宽必须判处

---

① 中共中央华中局关于整顿干部作风纠正乡村工作中乱打乱杀错误决定[J].江西政报,1949(5):39.

死刑者,应经人民法庭进行周密的实事求是的调查,获得有力证据,取得广大群众的了解与同情,依照法律程序,完成审讯与判决,并按中原人民政府规定,呈报特定的上级政府批准,然后在当地执行处理。"①

为落实这一《决定》,1949年12月15日中原临时人民政府向各省、专、县、市人民政府、各地人民团体发布《关于公布人民法庭暂行条例》(以下简称《中原暂行条例》)的命令,说明发布的目的是"为了有效发挥政府司法效能,镇压反革命及一切危害国家与人民利益的犯罪分子,并防止某些无纪律无政府的乱捕乱打乱杀人的错误现象,以资顺利而有秩序地在华中地区发动群众进行肃清土匪,打倒恶霸,减租减息,巩固人民民主专政,特制定人民法庭暂行条例,颁布之,仰我全区人民、各地人民团体、各级政府切实执行为要"②。

《中原暂行条例》是地方性规定,适用于中原临时政府管辖的区域,是一个过渡性的人民法庭暂行条例,共6章27条,第一章:总则;第二章:组织;第三章:权限;第四章:审讯和判决;第五章:判处人犯及批准没收财产的处理原则;第六章:附则。该条例在立法上没有像苏皖、东北解放区制定的条例(后面详述),指出立法的依据是《土地法大纲》第十三条。它在立法技术上采用章、条、款的技术,有总则、附则的规定,这些立法技术后来被中南军政委员会制定人民法庭条例吸收,它的内容影响到后来的《人民法庭组织通则》。

2. 中南军政委员会《人民法庭暂行条例》③

《中原暂行条例》颁行不久,中南军政委员会于1950年初,依据《共同纲领》第十七条"废除国民党反动政府一切压迫人民的法律、法令和司法制度,制定保护人民的法律、法令,建立人民司法制度"的原则,为了保障顺利地开展与完成肃清土匪、打击恶霸、进行"双减"

---

① 中共中央华中局关于整顿干部作风纠正乡村工作中乱打乱杀错误决定[J]. 江西政报,1949(5):39.
② 中原临时政府人民法庭暂行条例[J]. 江西政报,1950(1):66-68.
③ 中南军政委员会人民法庭暂行条例[J]. 江西政报,1950(2):37-39.

和土地改革,建立良好的革命秩序,特制定中南军政委员会《人民法庭暂行条例》(以下简称《中南暂行条例》),并在该条例的第二十七条规定:本条例公布后,原中原临时人民政府及各省颁布之人民法庭条例,一律作废。

《中南暂行条例》与《中原暂行条例》相比,一是《中南暂行条例》确立立法的依据是《共同纲领》,《中原暂行条例》则没有说明之。二是从条文内容上看,除第五章标题中的"处理"改为"处分"法律术语变化以外,这两部暂行条例其他章节基本一样,内容改动不大,在个别地方后者比前者更科学周密,可以将后者看成是在前者的基础上修正而成。三是效力范围由中原临时政府管辖的区域扩大到整个中南区(河南、湖南、湖北等省),提高了法律地位。四是制度设计上有细微变化,在法庭的人员组成上,县人民法庭组成人员上,前者规定为五人,后者规定为七人;在分庭的组成人员上,前者规定为六人,后者规定为九人。在判决的批准手续上,后者对县政府的审判权进行放权,将原来有期徒刑三年以上就需要省级政府批准,改为有期徒刑五年以上的审判才需要经省级人民政府批准。

因该条例立法在当时居于全国立法前列,其影响力不仅限于中南区。1950 年 3 月 24 日,最高人民法院在答复广东省人民法院《关于审级组织领导系统诸问题的指示》时就明确引用了该条例,"人民法庭问题:中南军政委员会所颁人民法庭暂行条例所指人民法庭,系土改时期审判某几种特别规定的案件的法庭。但人民法庭之任务可能扩大,其存在时期可能延长,现尚未有决定。至于各级人民法院,则为通常审判机关,审判一般民、刑案件。两者自有区别。关于人民法庭的职权和特点,可参考上述中南军政委员会公布之人民法庭暂行条例。目前中央正在拟定关于人民法庭的通则"①。

---

① 最高人民法院关于审级组织领导系统诸问题的指示,1950 年 3 月 24 日,最高人民法院法编字第 3 号,见国家法规数据库[DB]。

（三）河南省镇反和土地改革中人民法庭的创建过程

河南省土地改革先后进行了三批,每一批的土地改革都与人民法庭相关联。第一批是按照《方案》执行,在"七项政策"中,专门强调"建立人民法庭,镇压反动分子,严禁乱打乱杀";在第二批是按照《河南省土地改革条例》进行,涉及人民法庭五条具体内容;第三批是按照《土地改革法》进行,有四条内容涉及人民法庭。人民法庭制度在土地改革和镇反中,依据河南省发布的有关土地改革的规定,伴随土地改革的开展而不断完善和修正。

1. 划分阶级成分

无论是河南的土地改革条例,还是中央的土地改革法,都专门规定人民法庭对划分阶级成分享有最终决定权。实质上,土地改革的关键就是划分阶级成分,区分谁是地主、谁是富农、谁是中农、谁是农民(贫农和雇农),然后没收地主的土地、耕畜、农具、粮食及房屋,征收富农多余的土地、耕畜、农具、粮食及房屋,分配给无地、少地的农民。土地改革中,阶级成分的划分,是正确执行土地改革法的关键,也是土地改革中一场极其复杂的政治和经济斗争,是地主阶级与农民斗争关系的紧张时期,将引起农村社会各个阶层的空前紧张,使人与人之间的社会关系变得紧张和微妙。不仅地主关心,农民也关心,涉及他们的切身利益,涉及社会财富的重新分配,所以说划分阶级成分是一项很慎重的事情,关系到一个家庭的未来,关系到一个家庭中本人或几代人的命运。在土地改革运动中,如果土地等财富多而不愿交出,一旦被贴上地主、恶霸、反革命的标签,土改中是不会逃脱农民的批斗、公开场合的诉苦斗争、人民法庭的审判及镇压的厄运,人民法庭就是为农民从地主手中夺取土地的工具,是为农民撑腰,是防止地主破坏土地改革,保障土地改革秩序的有力武器。

划分的标准是《政务院关于划分农村阶级成分的决定》,类别是地主、富农、中农、贫农等。但广大的农村地区,千差万别,各地标准不尽一致,不可能完全相同。如1949年冬河南许昌县,当时县委专门举办划分农村阶级成分培训班,逐条学习讨论划分阶级成分的政策规定,结合国家的标准,制定许昌县的划分标准:没有土地或土地很少,以全部或大部出卖劳动力谋生的为雇农;有部分土地和生产工具,每年以部分时间出卖劳动力,或经营一些小本生意,以补生活不足的为贫农;有一定数量的土地,均属自家耕种,不剥削他人,也不被他人剥削的为中农;土地较多,生活较富裕,虽有剥削但剥削量不超过全家全年收入总和25%的为富裕中农;拥有较多土地,自己劳动,也雇工劳动或放有高利贷,其剥削量虽达到全家全年总和的25%,但没有超过75%的为富农;占有大量土地,有劳动能力而不劳动或只是辅助劳动,常年雇有长工、短工,剥削量超过全家全年收入总和75%以上的为地主。对划分阶级政策标准经过反复讨论之后,又把自己摆进去进行试划,如,实把自己家庭的经济状况,如,土地、人口、农具、劳力、有无雇工及雇工年限、有无放债及放债数量年限等统统讲清楚,并自我认定应属哪个阶级,最后小组评议,有争议的提交大会讨论。①任何人有权知道国家的划分标准和政策规定,当地政府也进行公开宣传,允许任何个人就自己成分或帮助别人、发表意见并反复申辩,经过当地群众讨论审议,并经榜示与批准手续,如果对自家的成分确定有争议,评定时允许本人申辩,评定后报请区人民政府批准。本人如仍不服,得于批准公布后法定期限内向县人民法庭上诉,经县人民法庭判决执行。

2. 各地探索性组建人民法庭的具体情况

在人民法庭创建中,对法庭的工作人员的标准是政治纯洁,立场坚定,作风正派,为人民群众拥护和爱戴。河南省第一、第二批土地改革中,群众热情很高,有剿匪反霸和减租减息的群众基础,土改伊

---

① 政协许昌县学习宣传文史资料委员会.文史资料(第9辑)[M].1996:7.

始,并不重视人民法庭的斗争方式,像许昌、长葛、洛阳、新安等地区的人民法庭,多半流于形式,只是在枪毙匪霸时,拿出人民法庭的招牌,同时这种形式的人民法庭,也运用得不够普遍。也有个别县起初忽视这一问题,认为人民法庭"可有可无",没有及时组建。土改开始时,看到土改条例和禁止乱打乱杀乱扣的措施,那些不法地主曾经一度气焰嚣张起来,他们钻空子,企图反抗农民的土改运动。各地普遍发生地主造谣惑众、分散隐藏和破坏生产资料、隐瞒成分、诬告干部等行为,他们之所以敢这样做,就是因为"不怕了"。洛阳县有一个地主,曾公开在大街上神气十足地讲:"现在政府不准乱打乱杀啦,你们能怎么我?"在这种情况下,一般群众对地主的嚣张气焰和破坏行为束手无策,有些区乡干部,也感觉到困难和苦闷,眼看着地主分散粮食、破坏青苗、拆房子、伐树木、卖耕畜(害耕畜)、毁农具(把新的好的农具和亲友换成坏的)不能制止。不少地区是在这种情况下,才组织起人民法庭来。如许昌五节区张潘乡因地主王鸿勋大量隐藏粮食不交,区委才到该乡组织人民法庭,群众将王鸿勋所隐藏的30多石粮食搞出来,经人民法庭公审后,判了一年半徒刑,才把地主的气焰打回去。在人民法庭这种权威的影响下,许多地方的破坏反抗行为停止了。① 人民群众通过这种斗争方式,感受到人民法庭的威力,反过来人民法庭也得到人民群众的支持和拥护,纷纷采用人民法庭的办法解决过去乱打乱杀解决不了的问题。如偃师某庄15户地主,其中13户什么东西也没有打出来,后采用人民法庭判决,15户都拿出了东西。② 人民群众通过运用人民法庭的合法斗争方式解决了某些地区乱打乱杀的问题,也打击了地主的嚣张气焰。人民法庭的普遍创建并非一帆风顺。

---

① 检查人民法庭工作的综合报告[J]. 河南政报,1950(10):24.
② 河南省人民政府土改委员会元月份土改工作报告[J]. 河南政报,1951(2):81.

河南的其他县自省颁布人民法庭暂行条例后,在禹(县)、叶(县)、鲁山(县)三县各区普遍下令建立了人民法庭,但思想上不明确,加之县内押犯过多而被拖住,有的组织起来缺乏指导也未起到作用,现(先)从形式上组织起来的有:(1)禹(县)、叶(县)、鲁山(县)三县前已普遍建立未能取消,决定选择一区为重点,经县领导创造经验。(2)宝丰在10月份始组织了两个人民法庭,并将确定的审判员派到县学习后回去工作。(3)郏县结合土改,在土改重点区二、三、四区组织人民法庭,确定以二区为重点,司法科长也曾参加了领导。(4)临颍成立了四个人民法庭,以城关区为重点,司法科长也参加领导。(5)舞阳在六区组织了人民法庭,并准备了各区人民法庭干部,但其他区尚未建立。以上七县共组织了人民法庭三十七个,都明确掌握重点,但开始工作的仍感觉无法下手,案件仍送县里处理,各县要求专署指导。①

　　实际上人民法庭组织和建立起来了,但并没有开展实际工作,应对上级检查的要求,人民法庭流为形式。

　　人民法庭的创建实际中遇到许多困难,作为土改先行的许昌专区是河南的一个具体缩影,反映当时的人民法庭创建的实况。就人民法庭的规模而言,整个土地改革过程中,河南省各级人民法院根据省人民政府的指示和镇反运动的需要,在各级人民政府有关部门配

---

① 1949年12月20日河南省人民政府司法厅通知许昌专署:你区那些县市没有建立司法机构及你区成立人民法庭数字,希于接到通知后5日内一并汇报为盼。许昌专署的回复为:顷接司法厅本月20日通知汇报县市司法机构及成立人民法庭数字,我们全区县市共15个单位,除漯河市现无建立司法机构外,其它单位都已第次地建立了,干部一般已配备了。人民法庭问题:自省颁布人民法庭暂行条例后,我区叶、鲁、襄三县各区普遍建立了,并以城关区为重点,宝丰县已建立2个重点人民法庭,舞阳县建立1个重点人民法庭,以上7县共组织了37个人民法庭,其余之县份,正在准备建立。见河南省许昌市中级人民法院档案,文书档案,案卷号2。人民法庭的数目一致,但人民法庭建立的县名称不一致,不知原因,笔者注。

合下,在全省建立了县人民法庭49个,区人民法庭354个。①

3. 人民法庭开展工作的规制

阶级成分划分和人民法庭组建确定以后,最重要的工作就是没收和征收地主的土地、农具、耕畜和多余的粮食,实现贫苦农民的千年梦想,但地主阶级不会轻而易举、心甘情愿地交出他们的财富,会采取各种各样的办法进行破坏、毁损、隐匿或转移行为。

针对这种情形,1950年4月2日河南省委书记张玺同志在河南省首届各界人民代表会议预备会第三次全体会议上作《关于河南土改中的几个问题》报告时,对农民和地主提出不同要求:

对农民提出五要五不要:要土地、耕畜、农具、粮食、房屋;不挖底财,不动浮财,不乱打乱杀,不动工商业,不动中农。对地主宣布四准四不准:要守法,要保证生产资料,要实报土地与生产资料,要劳动生产,不准抵抗,不准破坏,不准隐瞒,不准造谣。② 1950年9月20日李雪峰在中南军政委员会第二次全体委员会议上作《为完成今冬明春土地改革计划而斗争》的报告,告诉地主分子,要老老实实地服从人民政府的法令和农民协会的决定,而不要去进行反抗和破坏活动,以免遭受本可以避免的打击。对于狡猾拖赖的地主分子,可以在适当的会议上,由群众进行说理说法的斗争,根据可靠材料驳斥地主抵赖,将更能启发群众觉悟,争取多数群众,达到迫使地主服从政府法令与农协决定的目的。对于蛮不讲理的抵抗分子和应依法予以处分的恶霸分子、特务反革命分子及破坏分子,可以交由人民法庭判处。③

1950年11月16日,中南军政委员会第三十一次行政会议专门通过《中南区惩治不法地主暂行条例》(以下简称《中南惩治条例》),共16条,作为惩罚不法地主的法律依据。《中南惩治条例》对地主破

---

① 邵文杰.河南省志(第20卷)[M].郑州:河南人民出版社,1993:40-42.
② 张玺.关于河南土改中的几个问题[J].河南政报,1950(7):41.
③ 李雪峰.为完成今冬明春土地改革计划而斗争[J].江西政报,1950(10):33.

坏土地改革的转移、分散、隐瞒土地等行为,按危害的程度不同,规定不同的刑罚。

《中南惩治条例》第四条规定:

凡在解放以后,以出卖、出典、赠送、假卖、假典、假分家等方式,转移分散、隐瞒土地查有实据者,均应按土地改革法第八条及中南军政委员会关于土地改革法实施办法的若干规定第六项之规定处理。其在中华人民共和国土地改革法公布之后(河南省在河南省土地改革条例公布之后),以上述各种方式分散土地者,并加处一年以下有期徒刑。

《中南惩治条例》第五条规定:

凡在土地改革法公布后,有下列行为之一查有实据者,视其情节之轻重,处以当众悔过、劳役或一年以上五年以下有期徒刑。(1)在实行土地改革地区,以出卖、隐藏等方式分散应加没收之粮食及其他农业经济作物者;(2)拆卖出售房屋者;(3)破坏森林、竹林、果园者;(4)出卖、屠杀或故意伤害耕畜者;(5)破坏农具或农作物者;(6)故意破坏水利、荒废土地或破坏耕地土质者。

《中南惩治条例》第六条规定:

有下列行为之一查有实据者,视其情节轻重,处二年以上五年以下有期徒刑。(1)造谣惑众,挑拨农民与人民政府之间的关系,致发生严重影响者;(2)以不法行为假冒农会组织径行分配土地者;(3)挑拨离间,制造农民内部纠纷,引起宗派斗争,致人民财产损失或身体伤害者;(4)以金钱财物或其他不适当方法,进行贿赂引诱,操纵农民协会与乡村政权,破坏土地改革者;(5)以威胁、引诱、欺骗等手段,侵占农民已分得之土地财产者。

《中南惩治条例》第七条规定:

凡有下列行为之一查有实据者,处死刑、无期徒刑,或十年以上有期徒刑。(1)为首组织土匪武装或勾结匪特武装,反抗人民政府,杀害农民及工作人员或其他重大危害农民利益者;(2)为首组织或利用封建迷信团体,实行暴乱,杀害农民及工作人员或其他重大危害农民利益者;(3)阻击或暗杀农民及工作人员,因而致重伤或死亡者;(4)以爆炸放火等手段,烧毁房屋、粮食,破坏水利建设或山林,因而造成人民生命财产之重大损失者;(5)为首聚众,以强暴胁迫手段,干涉农民运动而使农民及工作人员致死或有其他重大破坏行为者。

以上为实体法的规定。

《中南惩治条例》第十五条:

本条例之执行机关,为县人民法庭及其分庭。死刑及五年以上徒刑之判决,须经省人民政府或经省人民政府特令指定之专员(公署批准,方得执行)。不足五年徒刑及减刑免刑之判决,须经县人民政府批准。①

本条从程序上规定如何实现对地主的破坏行为的处罚。

《中南惩治条例》颁行以后,为了防止不法地主逃匿城市违抗与破坏土地改革,避免各地农民随便进城市直接捕捉不法地主以致引起秩序混乱,中南军政委员会于 1950 年 12 月 1 日,向各级政府、各群众团体发布《关于土改中到城市逮捕不法地主的手续规定》,要求在土地改革中,对逃亡城市地主的抓捕要通过人民法庭正当的程序,特规定:凡不法地主逃匿在本县县城或县境以内之其他市镇者,经县人民政府批准后,由县公安局负责逮捕交回农会或人民法庭依法处理。""所逮捕带回乡村之案犯,当地人民政府或人民法庭均须公开依法处理,并公布处理结果,如系从大城市逮回之案犯,并应将其罪状及处理结果通知原逃匿居之城市人民政府,在城市中用报纸或出公告予以公布,以免只见逮捕人不见处理结果,引起各界之疑虑。②

---

① 中南区惩治不法地主暂行条例[J].河南政报,1950(12):21-22.
② 关于土改中到城市逮捕不法地主的手续规定[J].河南政报,1950(12):22-23.

这个时期的土地改革运动中,河南省依照中南军政委员会人民法庭暂行条例、惩治地主不法条例和省政府的指示,运用人民法庭,坚持重要案件经预审、复审和宣判程序,惩办了一些恶霸,镇压了一批地主恶霸分子,在广大乡村巩固了人民民主专政。经过土地改革运动的洗礼,群众的革命情绪被点燃,农民认识到"土地主人是农民","农民的穷根子是封建",人民法庭是农民获得土地的坚强后盾,没有人民法庭和农协的支持,农民是不敢分地主土地的。1950年底,河南人民法庭在工作初步总结中得出这样的结论:"人民法庭是土改运动必不可少的武器,不运用这个武器会产生两种不良现象:一种是地主肆无忌惮地反抗和破坏土改,群众束手无策;一种是农民采取乱打乱扣和变相肉刑对付他们。"①第二年的6月,河南人民法庭在工作情况汇报中分析认为:待法庭在配合反霸、反隐瞒起了很大作用以后,得到了群众的拥护,这时一般的法庭干部更进一步体会到人民法庭是制裁敌人、进行合理合法斗争不可少的组织形式和斗争武器。②河南人民法庭的总结汇报,可看出土地改革运动把农民与人民法庭联系起来,人民法庭成为农民进行土改,镇压恶霸地主的重要工具和武器。

二、1950—1951年人民法庭政策和法规的创建

正当全国性土地改革运动高涨之际,"镇反"运动也在城市展开,"镇反"运动的对象相当一部分为土地改革中逃亡地主及城乡恶霸,故农村土地改革中惩治地主恶霸以及当时的"清匪反霸"斗争亦往往

---

① 河南省人民法庭工作初步总结[J].中央政法公报,1950(24).转引刘练军.司法政治化的滥觞——土改时期的人民法庭[J].二十一世纪,2012(2):53-65.
② 河南省人民法庭工作初步总结[J].中央政法公报,1950(24).转引刘练军:司法政治化的滥觞——土改时期的人民法庭[J].二十一世纪,2012(2):53-65.

交织在一起,不易截然分清。土地改革运动中,创建的人民法庭,在"镇反"运动中也成为"镇反"运动的场所,只不过"镇反"运动中适用的政策和法规因运动对象不同在指导思想和具体措施上有异。"镇反"运动中,中央适时调整政策,制定条例。

(一)"镇反"政策的制定

1."镇反"政策的理论依据——人民民主专政思想

人民民主专政是我国的政体,它的最大特点就是对人民实行民主,对敌人实行专政。这一理论是毛泽东在1949年6月30日为纪念中国共产党成立28周年而写的《论人民民主专政》一文中提出:

> 中国人民在几十年中积累起来的一切经验,都叫我们实行人民民主专政,或曰人民民主独裁,总之是一样,就是剥夺反动派的发言权,只让人民有发言权。……人民是什么?在中国,在现阶段,是工人阶级,农民阶级,城市小资产阶级和民族资产阶级。这些阶级在工人阶级和共产党的领导之下,团结起来,组成自己的国家,选举自己的政府,向着帝国主义的走狗即地主阶级和官僚资产阶级以及代表这些阶级的国民党反动派及其帮凶们实行专政,实行独裁,压迫这些人,只许他们规规矩矩,不许他们乱说乱动。如要乱说乱动,立即取缔,予以制裁。对于人民内部,则实行民主制度,人民有言论集会结社等项的自由权。选举权,只给人民,不给反动派。这两方面,对人民内部的民主方面和对反动派的专政方面,互相结合起来,就是人民民主专政。①

毛泽东人民民主专政的思想的最早萌芽应在湖南农民运动考察报告中已经出现。在农民运动中,他要求对地主、土豪劣绅通过农会或法庭进行镇压。1927年大革命失败后,毛泽东总结失败的原因,提出著名的论断"枪杆子里面出政权"。抗日战争时期,毛泽东在《论政

---

① 毛泽东.毛泽东选集(第四卷)[M].北京:人民出版社,1991:1475.

策》一文中提出"锄奸"政策,即应该坚决地镇压那些坚决的汉奸分子和坚决的反共分子,非此不足以保卫抗日的革命势力。但是决不可多杀人,决不可牵涉到任何无辜的分子。① 1944年4月1日,毛泽东在《晋绥干部会议上的讲话》又强调这一思想观点:

  对于那些积极地并严重地反对人民民主革命和破坏土地改革工作的重要的犯罪分子,即那些罪大恶极的反革命分子和恶霸分子,判处死刑,是完全必要和正当的。不如此,就不能建立民主秩序。但是,对于一切站在国民党方面的普通人员,一般的地主富农分子,或犯罪较轻的分子,则必须禁止乱杀。②

  所以到1949年6月毛泽东提出人民民主专政理论是顺理成章。在《论人民民主专政》一文中提出:

  不这样(指不坚持人民民主专政),革命就要失败,人民就要遭殃,国家就要灭亡。

  人民民主专政就成为新中国制定"镇反"政策的重要理论依据。在"镇反"运动中,毛泽东发表许多重要指示,通过政策的方式,诠释毛泽东的人民民主专政思想,并在运动中得以实施。

  为落实判处死刑案件要经过群众,1951年5月,毛泽东在第三次全国公安会议上发表《镇压反革命必须实行党的群众路线》:

  对于有血债或其他最严重的罪行非杀不足以平民愤者和最严重地损害国家利益者,必须坚决地判处死刑,并迅即执行。对于没有血债、民愤不大和虽然严重地损害国家利益但尚未达到最严重的程度,而又罪该处死者,应当采取判处死刑、缓期二年执行、强迫劳动、以观后效的政策。

  毛泽东这些人民民主专政的思想,通过镇反运动中的指示、条例跃然纸上,在某些情况下,成为人民法庭或人民法院处理案件的直接

---

① 毛泽东.毛泽东选集(第二卷)[M].北京:人民出版社,1991:767.
② 毛泽东.毛泽东选集(第四卷)[M].北京:人民出版社,1991:1307.

依据,就是当时的"法律"。

2."镇反"政策的法律依据——《共同纲领》

中华人民共和国成立前夕,中国人民政治协商会议第一届全体会议通过《中国人民政治协商会议共同纲领》(以下简称《共同纲领》),它成为国家制定政治、经济、文化等方面方针政策的依据。其中第七条规定:

中华人民共和国必须镇压一切反革命活动,严厉惩罚一切勾结帝国主义、背叛祖国、反对人民民主事业的国民党革命战争罪犯和其他怙恶不悛的反革命首要分子。对于一般的反动分子、封建地主、官僚资本家,在解除其武装、消灭其特殊势力后,仍须依法在必要时期内剥夺他们的政治权利,但同时给以生活出路,并强迫他们在劳动中改造自己,成为新人,假如他们继续进行反革命活动,必须予以严厉的制裁。①

《共同纲领》为中央开展"镇反"运动,提供了法律依据。

(二)"镇反"运动中的人民法庭

1.人民法庭行使审判权的政策依据:《指示一》

1950年3月18日,中共中央发布了《关于镇压反革命活动的指示》(以下简称《指示一》),要求各地政府和解放军部队对于各类反革命分子进行清理和严厉镇压,绝不能过分宽容,让其猖狂。

1950年6月6日,中共七届三中全会在北京召开。在这次会议上,毛泽东还提出"不要四面出击"的斗争策略,要集中力量,"稳""准""狠"地打击国民党残余、特务、土匪反革命的首要分子,七届三中全会推动了镇反运动的深入开展。②

2.人民法庭行使审判权的程序法律依据:《人民法庭组织通则》

---

① 中央人民政府法制委员会.中央人民政府法令汇编(1945—1950)[G].北京:法律出版社,1982:7.
② 毛泽东.毛泽东文集(第六卷)[M].北京:人民出版社,1999:72.

为了落实《指示一》和七届三中全会关于镇压反革命的精神,政务院在1950年7月14日召开的第四十一次会议上通过《人民法庭组织通则》,决定以命令成立或批准成立县(市)人民法庭,作为人民法院的民事庭和刑事庭以外的特别法庭。由于新中国成立初期,地区广阔,情况复杂,新区的政权司法机制还很不健全,如果没有一种能够充分发挥群众革命积极性的组织,作为人民政府对反革命斗争的得力助手,单凭少数司法工作人员来进行此项工作,政策是无法实现的。人民法庭可以解决这种困难。人民法庭之所以必要,这正是一个重要的理由①。这是《人民法庭组织通则》公布以后,《人民日报》的《认真准备与建立人民法庭》社论中,肯定成立人民法庭的作用。同时社论也强调人民法庭的工作人员在镇反运动中坚持司法程序的重要性,社论指出:

由于广大人民群众对恶霸、土匪、特务、反革命分子与违抗土地改革法令的犯罪分子有着高度的仇恨,人民法庭的工作人员,如果不特别注意,就很容易把这种感情带到审判中去,而忽视人民法庭中必要的司法程序。故一切从事人民法庭工作的同志,一方面应有鲜明的正确的立场,另一方面也必须时刻保持十分冷静,绝不可以感情用事,自乱人民法庭的司法秩序。②

《人民法庭组织通则》共14条内容,研读其内容,是一个程序性规定,是镇压反革命和惩治违反土地改革犯罪的程序法律规范。对于镇压反革命来说,运动开始没有实体性法律规定,只是按照《共同纲领》和《指示一》开展运动,但何为反革命没有具体的法定含义。《现代汉语词典》(第6版):"与革命政权对立,进行破坏活

---

① 认真准备与建立人民法庭[J].江西政报,1950(7):127.
② 认真准备与建立人民法庭[J].江西政报,1950(7):128.

动,企图推翻革命政权的。"① 最早规定惩治反革命罪的法律,是武汉国民政府时期的 1927 年 3 月公布的《反革命罪条例》,它规定：

> 凡意图颠覆国民政府,或推翻国民革命之权力,而为各种敌对行为者,以及利用外力,或勾结军队,或使用金钱,而破坏国民革命之政策者,均为反革命行为。

而工农民主政权时期的 1934 年 4 月 8 日苏维埃政府公布的《中华苏维埃共和国惩治反革命条例》第二条则规定：

> 凡一切图谋推翻或破坏苏维埃政府及工农民主革命所得到的权利,意图保持或恢复豪绅地主资产阶级的统治者,不论用何种方式,都是反革命行为。

镇反运动的 1951 年 2 月公布实施的《惩治反革命条例》,确定反革命罪是指：

> 凡以推翻人民民主政权,破坏人民民主事业为目的之各种反革命罪犯,皆依本条例治罪。

按照当时镇反运动打击反革命的重点包括土匪(惯匪、匪首)、特务、恶霸、反动会道门头子和反动党团骨干分子,这些人都是反革命。

3. 人民法庭行使审判权的实体法律依据:《指示二》

《人民法庭组织通则》颁行后时间不长,1950 年 7 月 23 日,政务院和最高人民法院联合发布《关于镇压反革命活动的指示》(以下简

---

① 中国社会科学院语言研究所词典编辑室.现代汉语词典[M].北京:商务印书馆,1990:302.

"反革命"一词与"革命"一词是对应的,同属于中性词,革命的不一定正确,反革命的不一定是错误的。评判标准和立场不同。革命的原意是社会进化、变革或剧烈变革的意思。毛泽东在《湖南农民运动考察报告》中指出："革命是暴动,是一个阶级推翻一个阶级的暴烈的行动。"与之相对的反革命,在中国它是一个政治术语,尤其在 1950—1952 年间。1978 年制定刑法典时有"反革命罪","反革命罪"属于刑法规定的罪名之一。在 1997 年《中华人民共和国刑法》修订时,"反革命罪"一词因为不符合国情,所以在刑法中取消了该罪名,并以"危害国家安全罪"取而代之,笔者注。

称《指示二》)。

《指示二》要求各级人民政府必须遵守《共同纲领》的规定,对一切反革命活动采取严厉的及时的镇压,制定"稳""准""狠"等相关政策,而在实行镇压和处理一切反革命案件中,又必须贯彻实行镇压与宽大相结合的政策。为此,特对重要反革命分子的处理作出原则指示,所有上述各项反革命案件,经当地人民法院或人民法庭判决死刑者,其批准手续,在新解放区,由省人民政府主席或省人民政府授权之当地专署以上首长批准后执行,在东北、华北及西北老解放地区,由省人民政府或大行政区人民政府主席批准后执行,在中央及大行政区直属市,分别由最高人民法院院长及大行政区人民政府(军政委员会)主席批准后执行。上述各项重要反革命分子之判决死刑者均不得上诉。①

在不到半年的时间里,连续发布内容基本相同的镇压反革命的重要指示。《指示一》是中共中央发布的,面向中南局、华东局、西南局、西北局、华南分局、新疆分局、山东分局,并告华北局、东北局、内蒙古分局,并转各省委、区党委、市委、地委,属于党的政策;《指示二》是政务院和最高人民法院联合发布的,属于规范性法律文件,是国家的法律,具有普遍的约束力。在当时的政治语境下,政策兼有法律属性,法律和政策没有太大区别。

从两个指示的文本中,可读出:

---

① 关于镇压反革命活动的指示,见中央人民政府法制委员会.中央人民政府法令汇编(1945—1950)[G].北京:法律出版社,1982:214.
具体原则指示:一、对一切手持武器,聚众叛乱的匪众,必须坚决镇压剿灭,并将其主谋者、指挥者及罪恶重大者,依法处以死刑。二、对以反革命为目的而杀害公职人员和人民、破坏工矿仓库交通及其他公共财物、抢劫国家和人民的物资、偷窃国家机密及煽动落后分子反对人民政府的一切活动、组织或谍报、暗杀机关,应彻底破获并逮捕其组织者及罪恶重大者,依法处以死刑或长期徒刑。三、对怙恶不悛的匪特分子和惯匪,依法处以长期徒刑或死刑。四、凡勾结、窝藏上述三项重要反革命分子而情节重大者,依法处以长期徒刑或死刑。

第一,对聚众叛乱的主谋者、指挥者以及惯匪等反革命首要分子的判刑有死刑和长期徒刑两种刑罚,没有其他选择,体现党的镇反政策中"狠"的特性。

第二,对反革命案件,由当地人民法院或人民法庭判决死刑者,其批准权掌握在政府手里。人民法院、人民法庭处于并列地位,都享有对反革命案件的审判权,但审判权或司法权不独立,最终的死刑决定权由政府决定,属于行政权。

第三,各类重要反革命分子的死刑案件均不得上诉。上诉是被告的一项基本诉讼权利,文明社会或法治国家都遵循这一准则,体现了司法程序的正义性。反革命分子不享有上诉权,人民法院或人民法庭的审判就是一审终审。

4. 人民法庭行使审判权的政策依据:《双十指示》

"镇反"运动以来,各地严格按照中央的指示,开展工作。但也有不少干部没有正确把握中央的"镇压与宽大相结合"的政策,从而对"首恶必办,胁从不问,立功受奖"的原则理解不透,机械地理解一个案件中"首恶"只有一个,"胁从不问"就是对从犯不管不问,对"首恶""从犯""共犯""立功"法律概念含义不清,混为一谈,以致引起了群众的抱怨,说"国民党无法无天",共产党"宽大无边""有天无法""天不怕,地不怕,就怕政府讲宽大"。对反革命分子的案件量刑"判得轻",案件"办得慢",监狱"管得松",出现镇反中的右倾现象。当时的司法部部长史良在一份报告中提到"李铅反革命案"的案例就是判得轻的反映:

平原省安阳县的反革命头子李铅,是个双手沾满人民鲜血的家伙,在解放前曾杀害过解放军战士和民兵多人,解放后,他将枪支藏匿起来,拒不向公安机关坦白,企图潜伏作恶,当地人民发现了他的罪恶企图,设法找到了他藏匿的枪支,并将他捉住,交司法机关审判。

谁知,当地法院居然为李铅的每一次作恶都找到了一个解释方法:残杀9名干部和群众,是因为敌伪统治时期的重大矛盾,与李铅个人无关,"敌人嘛,杀人是天经地义";在孟家炉村打死解放军3名侦察员,是因为战场遭遇,是"出于自卫";北大门一民兵被害,是伪县长派李铅去,他又派别人去,所以"只负派人之责";三十里铺民兵唐用只叛变投敌,将枪支交给李铅后,反被李铅杀害,"那是唐用只自找的,与李铅无关";至于解放后藏匿枪支,那是"害了怕,不会再作恶了"。在这样一种心理支配下,这个应当被判处死刑的重大反革命犯被轻率地判了徒刑。而且由于按规定五年以上的徒刑需报上一级法院核准,县法院为了省事,只判了李铅四年半徒刑。①

法院这样的判决,放纵了反革命分子,反革命分子的气焰更加嚣张。"宽大无边"造成的后果十分严重:地主恶霸借机疯狂反扑,要挟农民归还土地;土匪武装暴乱,杀人放火,危害新生政权。时值1950年6月朝鲜战争爆发,国内国际局势复杂,为应对这种局面,1950年10月10日,中共中央又及时发布《关于镇压反革命活动的指示》(以下简称《双十指示》),由此在全国范围内开展"杀""关""管"敌对分子的活动,以巩固新生的人民政权。

《双十指示》公布后,各地人民法院、人民法庭、检察和公安机关,严格落实中央的指示,严厉镇压一切危害人民的土匪、恶霸及其他反革命分子,扭转镇反工作的被动局面,纠正镇反工作中的右倾情绪。

5. 镇反的法律:《惩治反革命条例》

为了使镇反运动健康发展,使人民法院、人民法庭或军事法庭在处理反革命案件的量刑上,有法可依,走法治之路,1951年2月,政务院政法委员会根据《共同纲领》第七条的规定,草拟《中华人民共和国惩治反革命条例(草案)》,经政务院第七十一次会议通过,于1951年2月21日公布实施《中华人民共和国惩治反革命条例》(以下简称《惩治反革命条例》)。《惩治反革命条例》规定"反革命罪"的概念及

---

① 南石.拂晓的较量——新中国剿匪与镇压反革命纪实[M].北京:中央文献出版社,2000:108.

反革命罪的11种类型,它为司法机关处理反革命案件提供了法律依据。它吸收了以前《指示一》《指示二》和《双十指示》关于镇反的政策规定,改变了镇反运动中,专门靠政策或指示打击反革命的倾向,使镇反运动最终转向依靠法律形式。

在整个镇反运动中,中央发布的指示多涉及反革命罪的实体规定,而程序方面仅公布《人民法庭组织通则》,沿袭中国法律的传统和重实体、轻程序的特点。据中南、华东、西南三大行政区不完全的统计,共有县(市)人民法庭977个,分庭3693个。各地人民法庭是在当地人民政府统一领导之下进行工作的,它在业务上受人民法院指导,在处理反革命案件时并受人民公安局指导。① 总之,人民法庭在镇压反革命、防止地主反攻倒算等斗争中,打击了在农村中长期危害人民与国家利益的地主恶霸、土匪、特务等反革命分子及违抗土地改革法令的其他罪犯,为土地改革扫清或减少了障碍,巩固了新政权。

三、1951—1952年人民法庭的设立

(一)"三反""五反"运动中人民法庭设立的缘由

新中国成立初期,在复杂的国内外形势下,中国共产党领导中国人民通过土地改革,解决农民迫切要求的土地问题,使大多数农民的生活得到改善,农村社会秩序安定。通过镇反运动,镇压一大批反革命分子,巩固了新政权。正当中国人民开始恢复国民经济建设,1950年朝鲜战争爆发,抗美援朝需要巨大军费开支,国内经济建设需要大量资金。毛泽东主席适时发出争取国家经济状况好转的动员报告,战争必须胜利,物价不许波动,生产仍需发展,提出解决经济困难的五条办法:

(1)节约兵力,整编部队,全国兵员从610万人减到465万人。

(2)精简机关,缩编人员。

---

① 做好人民法庭工作[N].人民日报,1951-11-13(1).

(3)紧缩开支,清理财政。预计1952年财政支大于收,将面临财政困难,要求各地从11月份起开展全民增产节约运动。

(4)提倡节约,严禁浪费。

(5)组织民兵,准备实行义务兵役制。

在毛主席和党中央的号召下,一场全国性的增产、节约运动迅速展开。1951年中国人民政治协商会议全国委员会分析增产节约运动时,提出:

> 目前,我们的国家,一方面担负抗美援朝及保卫远东与世界和平的神圣任务,同时又必须在原有落后的基础上进行繁重的经济、文化建设任务。增产节约的运动就是执行这两个伟大的历史任务的需要而提出的。①

在增产节约运动中,东北局关于反贪污、反浪费和反官僚主义的汇报,引起中央的高度重视。1951年11月1日东北局的书记高岗向中央作了关于开展增产节约运动,进一步深入反贪污、反浪费、反官僚主义斗争的报告,总结了东北地区的经验,列举了运动中的一些现象。如:沈阳市在部分单位中揭发出3629人有贪污行为;东北贸易部检举和坦白的赃款达5亿元人民币(旧币,下同);浪费现象和官僚主义也很严重,仅东北铁路系统积压价值上千亿元的材料而不作处理。②

在这种情形下,1951年12月1日,中共中央作出《关于实行精兵简政、增产节约、反对贪污、反对浪费和反对官僚主义的决定》,以反贪污、反浪费和反官僚主义的"三反"运动在全国正式开始。为加强对增产节约和"三反"运动的领导,中央决定成立各级节约检查委员会来具体负责,1951年12月7日,政务院会议通过由薄一波担任中央人民政府节约检查委员会(简称"中节委")主任。到1952年初,

---

① 中共党史参考资料(七)[G].北京:人民出版社,1979:152.
② 薄一波.若干重大决策与事件的回顾(上)[M].北京:中共党史出版社,2008:99.

"三反"运动进入高潮阶段,薄一波于1952年1月9日在中央、华北和京津两市的干部大会上作了《为深入普遍地开展反贪污、反浪费、反官僚主义运动而斗争》的报告,总结北京中央国家机关的"三反"情况,在报告中指出:

  从一个月的运动所发现的材料看,贪污、浪费、官僚主义的现象已经不是个别问题,已经引起广大的群众的愤怒了。根据不完全的初步材料,在政府系统二十七个单位中发现的贪污人数,共一千六百七十余人。中央公安部行政处处长宋德贵一个人即用造假条子的方法,贪污七亿元,该处副处长刘玉泽受贿一点四亿元。①

贪污、浪费和违反财经纪律的现象非常普遍,其表层原因是在贪污、浪费行为或者官僚主义作风的相当一部分政府工作人员中,与有行贿、偷税漏盗、骗取国家财产、偷工减料或者盗窃国家经济情报的五毒行为的不法资本家有着千丝万缕的密切联系。如东北人民政府卫生部医政处长李廷琳勾结私商光明药行经理丛志丰共同作弊,高价卖给公家,低价从公家买走,投机倒把,伪造发票、偷税、报假账,总计使国家损失人民币61亿余元(旧币),该药行从三年前一个很小的行商一跃为巨贾,并在天津、上海、广州等地均设有分店。② 其深层原因是新中国成立初期,国家管理和治理体制存在缺陷,有些地方政府的权力没有受到制约和监督,高度的集权使权力存在寻租空间,贪腐不可避免。经毛泽东主席的提议,中共中央于1952年1月26日发布《关于首先在大城市开展"五反"斗争的指示》,一场以反行贿、反偷税漏税、反盗窃国家财产、反偷工减料、反盗窃经济情报的"五反"运动在"三反"运动发展过程中引发出来,应势而生。

在"三反""五反"运动进入结案阶段,为保证案件的处理合法有

---

① 中共党史参考资料(七)[G].北京:人民出版社,1979:155.
② 薄一波.若干重大决策与事件的回顾(上)[M].北京:中共党史出版社,2008:115.

序,符合正当的程序正义,中央人民政府政务院分别于1952年3月24日和30日,公布实施《关于在"五反"运动中成立人民法庭的规定》和《关于在"三反"运动中成立人民法庭的规定》①,至此"五反""三反"人民法庭产生。

(二)"三反""五反"中人民法庭制定的实体规制

1.《共同纲领》

1949年2月22日,中共中央作出《关于废除国民党〈六法全书〉与确定解放区的司法原则的指示》,1949年9月29日,中国人民政治协商会议通过《中国人民政治协商会议共同纲领》(以下简称《共同纲领》)。《共同纲领》将废除《六法全书》的政策性规定上升为法律,规定:"废除国民党反动政府一切压迫人民的法律、法令和司法制度,制定保护人民的法律、法令,建立人民司法制度。"为保证国家机关的正常运作,保持工作人员的廉洁性和为人民服务,做人民公仆的本色,《共同纲领》对政府机关做了如下规定:

第十八条:中华人民共和国的一切国家机关,必须厉行廉洁的、朴素的、为人民服务的革命工作作风,严惩贪污,禁止浪费,反对脱离人民群众的官僚主义作风。

第十九条:在县市以上的各级人民政府内,设人民监察机关,以监察各级国家机关和各种公务人员是否履行其职责,并纠举其中之违法失职的机关和人员。

人民和人民团体有权向人民监察机关或人民司法机关控告任何国家机关和任何公务人员的违法失职行为。②

---

① 中央人民政府法制委员会.中央人民政府法令汇编(1952年)[G].北京:法律出版社,1982:20-24.
"三反"运动开始早,但人民法庭设立得晚,"五反"运动晚,人民法庭设立早,原因不知。

② 中央人民政府法制委员会.中央人民政府法令汇编(1949—1950)[G].北京:法律出版社,1982:4.

在废除《六法全书》以后,《共同纲领》起到临时宪法的作用,成为新中国一切法律制定的根本法。上述的规定就成为"三反""五反"运动中制定惩治贪腐和渎职的政策规定的依据。

2."三反"运动中人民法庭的政策规定

1952年3月11日政务院公布实施中央节约检查委员会制定的《关于处理贪污、浪费及克服官僚主义错误的若干规定》,第一次对贪污问题提出了统一的政策性标准。该规定提出处理"三反"运动中发现的贪污分子采取改造与惩办相结合方针,对贪污分子采取分类分级定罪处理:

(1)凡贪污未满一百万元者,只要其情节不严重恶劣,彻底承认错误,保证不再犯,一律不以贪污分子看待,并不予行政处分。……①

除此以外,还规定具体的刑罚种类及执行方法:

管制(一年至二年)、劳役改造(二年至四年)、有期徒刑、无期徒刑、死刑五种办法。有期徒刑、无期徒刑及死刑均得按情节轻重,宣告缓刑。受机关管制处分者,留在机关中戴罪工作,在其被管制期间,不叙职位并剥夺其政治权利,但给以学习机会和必要的生活供给……②

"三反"运动的核心是反对贪污,中央节约检查委员会是一个临时机构,不是审判组织③;从内容看它的规定是一个刑事法规,有刑事原则、定罪标准和具体罪名,还规定对贪污分子的审判程序,但是没

---

① 详见中央人民政府法制委员会.中央人民政府法令汇编(1952年)[G].北京:法律出版社,1982:10-12.

② 中央人民政府法制委员会.中央人民政府法令汇编(1952年)[G].北京:法律出版社,1982:10-12.

③ 1951年12月7日,政务院会议决定成立中央人民政府节约检查委员会(简称"中节委"),薄一波任主任,各地也纷纷成立节约委员会与中央的机构上下保持一致,它是一个临时政府机构,"三反""五反"运动中,"中节委"审理许多案件,行使司法审判权,笔者注。

有贪污分子的法定含义,它是一个典型的政策性法律文件,党规代替法律,起到刑法的作用。

3."五反"运动人民法庭的政策规定

"五反"运动的对象是城市的违法资本家和不法手工业者,他们不满足于正当合法经营手段,为获取非法利益,扰乱国家正常的经济秩序,在"三反"运动中,官商勾结的现象日益猖獗。为此,1952年1月26日中共中央发出了《关于在大中城市开展"五反"斗争的指示》,要求开展反对行贿、反对偷税漏税、反对盗骗国家财产、反对偷工减料和反对盗窃经济情报的斗争,并配合党政军民内部的反对贪污、反对浪费、反对官僚主义的斗争。3月5日中共中央公布《关于在"五反"运动中关于工商户分类处理的标准和方法》,首先肯定北京市委《在"五反"运动中对工商户分类处理的标准和方法》,

要求各级党委在"五反"运动中遵循过去从宽,今后从严;多数从宽,少数从严;坦白从宽,抗拒从严;工业从宽,商业从严;普通商业从宽,投机商业从严的基本原则,并把私人工商户分为守法的、基本守法的、半守法半违法的、严重违法的和完全违法的五类。①

这个"法"是广义的,包括《共同纲领》在内的财政、税收等指示、规定,如1950年《全国税政实施要则》《工商业税暂行条例》《摊贩营业牌照税稽征办法》。②

4.《惩治贪污条例》的颁行

"三反""五反"运动初期,并没有反贪惩腐、惩治偷税漏税的相应法律、法规。只是按照党的政策、指示、规定办事,坚守的是以党代

---

① 中共中央文献研究室.建国以来重要文献选编(第三册)[G].北京:中央文献出版社,1992:92.
② 中央人民政府法制委员会.中央人民政府法令汇编(1949—1950)[G].北京:法律出版社,1982:283,298,317.
本人翻阅1949年到1952年的财税法规,仅发现上面的3个与工商户有关,没有其他更具体的,所以只能理解为广义的法律。

政,以政策代替法律。运动的发展,推动法律的制定,在"三反""五反"运动进入结案定案阶段,中央人民政府在吸收以往发布的政策的基础上,于1952年4月21日公布实施由毛泽东主席签发的《中华人民共和国惩治贪污条例》。①

(1)在法律上界定贪污罪的定义,弥补了以前规定的不足。

它把贪污罪定性为"一切国家机关、企业、学校及其附属机构的工作人员,凡侵吞、盗窃、骗取、套取国家财物,强索他人赃物,收受贿赂以及其他假公济私违法取利之行为,均为贪污罪"。明确规定贪污罪的主体、具体行为,为定罪提供法定标准,克服以前的罪行擅断、主观恣意的主观归罪做法。

(2)对向一切国家机关工作人员行贿、介绍贿赂者,比照贪污罪定罪量刑。

对胁迫或诱惑他人收受贿赂者,从重加重处罚,解决了"五反"运动中的不法资本家和商人向国家机关工作人员行贿的无法可依问题。

(3)按情节轻重,规定了具体的量刑标准。

贪污数额一亿元以上者,可判处十年以上有期徒刑或无期徒刑,情节特别严重者可判处死刑;五千万元以上不满一亿元者,判处五年以上十年以下有期徒刑;一千万元以上不满五千万元者,判处一年以上五年以下有期徒刑,或一年至四年劳役,或一年至二年的管制。不满一千万元者,可判处一年以下徒刑、劳役或管制;或免刑予以开除、撤职、降职、降级、记过或警告等行政处分。

该部分吸收"三反"运动中《关于处理贪污、浪费及克服官僚主义错误的若干规定》的主要内容并加以完善,成为惩治贪污犯量刑的依据。

(4)规定了死刑、无期徒刑、有期徒刑、管制、劳役、罚金、没收财

---

① 中央人民政府法制委员会.中央人民政府法令汇编(1952年)[G].北京:法律出版社,1982:29.

产、剥夺政治权利等刑罚种类。对于不需要判处徒刑的,给予行政处分。这是对贪污犯的刑罚处罚。

《惩治贪污条例》的颁布,标志着"三反""五反"运动中立法进入新阶段。人民法庭审理贪污腐败的案件走上法治轨道,克服以前的"打虎"定罪的"人治"做法,保证国家机关的廉洁性和纯洁性。《惩治贪污条例》是新中国刑法史上惩治贪污重要的条例,是反贪治污的重要法律武器。

5. 最高人民法院司法解释:《人民法庭办案试行程序》

为实施《惩治贪污条例》,保证人民法庭的判决正确,1952年4月15日最高人民法院向各省辖市和各专署政府下发《人民法庭办案试行程序》,使处理贪污犯罪案件程序上有法可依。该司法解释分三个部分:审查与起诉;审理与判决;应注意事项。① 要求人民法庭在处理贪污案件中,由各部门节约检查委员会指定专人对各个贪污分子分别进行审查、对证、追赃,决定何者应向人民法庭起诉,何者应不起诉;不起诉者即由本机关决定处理。起诉者,应将全部材料加以整理,指定公诉代表人,制定起诉书,连同全部材料、证据送交人民法庭审理。该司法解释成为"三反""五反"运动中人民法庭惩治贪污犯罪的具体程序规定,明确规定证据的适用原则及方法,对证据不足或存疑的,坚决按无罪处理,保证当事人的合法权利。这些原则体现了人民法庭

---

① 人民法庭办案试行程序,文号:文法秘字第280号,许昌专员公署办公室,许昌市档案馆,案卷号15。

主要内容:要求对每一个贪污案件的具体处理,分为审查与审判两个阶段。审查工作包括审查与起诉,实行对被告追诉;审判工作包括审理与判决,实行对被告论罪科刑,并特别强调证据问题,指出讯问被告或询问证人,严禁逼供、刑讯与变相刑讯。重证据不重口供。被告所坦白或承认的贪污事实,应经分析研究、查封、追赃,有确切的证明方法,足以证明与真正事实相符者,才能论罪科刑,仅凭推测估计不能作为判罪的根据。人民法庭人员应直接审查研究书证、物证等证据形式与内容,如无确实的证据或证明材料证明被告有贪污行为者,应推定被告为无罪,仅有贪污嫌疑,不能判罪。……

开展审判工作,重证据,重调查研究,不轻信口供和严禁刑讯逼供,让证据说话,坚持无罪推定原则,保证每一个被告人的合法权利。

(三)"三反""五反"人民法庭的设置及职权

1."三反"运动中的人民法庭

为了处理"三反"运动中贪污分子的科刑问题以及其他应经审判程序处理的案件,中央政务院于1952年3月28日颁行《关于"三反"运动中成立人民法庭的规定》(以下简称《"三反"规定》),要求在专区以上机关中、团以上部队中成立人民法庭,在各该级人民法院和各该级军法机关领导下进行审判工作,《"三反"规定》对人民法庭人员构成及职权等作了明确规定。

(1)人民法庭的人员组成。

在人民法庭的体制上,要求各单位人民法庭均应设审判委员会,具体组成人员由审判长一人、副审判长一人或二人、审判员若干人组成之,并得设其他工作人员帮助工作。审判长、副审判长一般应由机关首长或副首长担任,审判员应吸收"三反"运动中的群众积极分子以及机关中各民主党派、无党派民主人士参加,其具体人选由成立人民法庭的各有关单位提出名单报请各该级人民政府或军事领导机关批准后,在群众中正式宣布之。

(2)人民法庭的职权。

各专区机关中团以上部队中的人民法庭有传讯、逮捕、拘押、释放并判处机关管制、劳役改造、有期徒刑、无期徒刑、死刑,以及宣告追缴赃款赃物、没收财产、剥夺政治权利、缓刑、免刑、无罪之权。人民法庭享有强制措施权、审判权和执行权。

(3)人民法庭的领导体制。

对刑事处分的批准权采取严格规定,一般采取隔一级批准制,具有此项批准权力者,最下级为专员公署(无专员公署者为省人民政府)和师一级。无期徒刑和贪污数目超过一亿元以上的贪污分子的免刑应隔两级批准,具有此项批准权力者,最下级为省人民政府和二级军区与兵团。所有判处死刑者,应分别由中央人民政府政务院及大行政区人民政府或人民革命军事委员会及大军区批准。

(4)当事人的上诉权。

对各单位人民法庭的判决,被告或原告对法庭的判决如有不服时,得于接到判决书后三日内,向各该级人民法院或军法机关上诉。①

2."五反"运动中的人民法庭设立

为处理"五反"运动中严重违法和完全违法的案件,1952年3月24日政务院通过《关于"五反"运动中成立人民法庭的规定》(以下简称《"五反"规定》),《"五反"规定》对"五反"运动中人民法庭的设置、司法职权、法庭人员的构成都作了规定。

(1)人民法庭人员构成。

《"五反"规定》对市人民法庭及其分庭的人员构成提出不同标准:市人民法庭及其分庭均设审判委员会,由审判长、副审判长、审判员若干人组成之,且均由市人民政府任命之;市人民法庭的审判长,一般由市人民法院院长兼任之;副审判长和审判员,可就有关机关和人民团体负责人及"五反"运动中的积极分子任命之。

(2)人民法庭的职权。

市人民法庭和分庭的职权不同:市人民法庭分庭,一般只受理严重违法案件,有判处退出违法所得、赔偿损失、罚金或免予处分之权。市人民法庭(或市、县人民法院)有逮捕并判处退出违法所得、赔偿损失、罚金、没收财产、剥夺政治权利、管制、劳役改造、有期徒刑、无期徒刑、死刑及酌予缓刑或免予处分之权。

(3)人民法庭的审级和执行制度。

人民法庭实行一审终审制,市人民法庭(或市、县人民法院)之判

---

① 中央人民政府法制委员会.中央人民政府法令汇编(1952年)[G].北京:法律出版社,1982:22-24.

决为终审判决。但无期徒刑及十年以上有期徒刑的判决应经市人民政府批准(由省辖市以下人民法庭或市、县人民法院判决者,应经省人民政府批准),死刑的判决,应经市(省)人民政府审核,报请大行政区人民政府或报请中央人民政府政务院批准后执行。

(4)当事人的上诉权。

上诉的案件仅限于市人民法庭分庭所做的判决,被告或原告如对市人民法庭分庭的判决不服时,得于宣判后三日内,向市人民法庭上诉。

(5)人民法庭的终审权。

关于守法户、基本守法户和半守法半违法户的审定和处理,即由各市、县节约检查委员会直接负责进行之。如工商户对于节约检查委员会之处理不服时,可请求市人民法庭(或市、县人民法院)处理之。①

该《"五反"规定》针对"五反"运动中的严重违法户和完全违法户的定罪量刑,规定了人民法庭审理案件的批准程序和执行程序。对认定守法户、基本守法户和半守法户有异议,人民法庭有最终的裁决权。中共中央的指示和政务院的规定背后突出"五反"运动中的核心阶段在于定案阶段,是守法户还是严重违法户和完全违法户,节约检查委员会或人民法庭裁定是关键。通过人民法庭这个法律平台使定案正义和公平性看得见,至少从程序上消除人民心中的疑虑。

"三反""五反"运动历时一年多,在中国共产党和各级人民政府的领导下,制定多项政策,发布众多命令,颁行法律法规,采取许多手段,运用群众运动的方式,在治国理政方面进行探索,最终选择法治轨道,颁行《惩治贪污条例》,创设"三反""五反"人民法庭,规定人民法庭人员的组成、职权和开展审判工作的程序,使运动的胜利有了法律保障。

---

① 中央人民政府法制委员会.中央人民政府法令汇编(1952年)[G].北京:法律出版社,1982:20-21.

第三节　普选时期的人民法庭

一、1953—1954年全国普选的社会背景

（一）新中国成立初期普选的社会背景

任何一个非经民选的政府都是非法的、独裁和专制的政府，它是建立在暴力和淫威之下的，是自封的政权，它剥夺了公民的基本选举权和被选举权，剥夺了公民监督国家机关和国家机关工作人员的权利，得不到社会的承认和公民的认可。中国共产党为解决政权合法性这一问题，在中华人民共和国成立以前的1949年9月21—30日，邀请各民主党派、人民团体、人民解放军、各地区、各民族以及国外华侨等各方面的代表600多人，组成中国人民政治协商会议，由中国人民政治协商会议全体会议在普选的全国人民代表大会召开以前代行使全国人民代表大会的职权。中国人民政治协商会议制定《中国人民政治协商会议共同纲领》，对有关普选作了原则性规定，设计了普选制度，但鉴于初期的客观条件决定当时不可能迅速实行普选。中华人民共和国成立后，首先要稳定人民政权，于是开展镇压反革命运动，清除和改造国民党旧政权遗留下的大批土匪、特务、恶霸及反革命分子的破坏活动。在农村，开展土地改革运动，解决农民和农村最迫切的土地问题，让农民获得土地，解决农村的贫困生活。随后党内又出现一些腐化堕落，一些人在相对和平的条件下，经不起权力、地位和荣誉的腐蚀，败坏了党风、民风和社会风气，中国共产党迅速及时开展"三反""五反"运动，力保国家机关和工作人员的廉洁和自律。经过三年的努力，条件基本具备，1953年1月13日中央人民政府第二十次会议通过《关于召开全国人民代表大会及地方各级人民代表大会的决议》。1953年1月15日《人民日报》发表《迎接普选，

实行人民代表大会制度》社论,诠释普选的重要意义。

社论称"我国新民主主义的政权建设,即将进入一个更加完备、更加巩固的阶段。这是我们全国人民政治生活中的一个新的巨大发展的开端。这个新的政治生活,在中国历史上是空前的,这只有在中国人民革命取得伟大胜利后的今天,才是可能的。在这以前,中国人民争取民主的'宪政运动',曾经历了半个世纪漫长岁月的艰苦斗争"①。

通过普选,人民可以把他们自己认为真正满意的和认为必要的人选举出来,代表自己去参加国家政权机关的工作,负责管理国家的事务,把他们不满意的和认为无必要的人选掉,可以保持国家机关的廉洁和公正,用手中选举权通过选举去鞭策不好好工作的国家机关工作人员,从而实现对国家的管理权利,履行人民当家作主的职责。

(二)《选举法》的颁行

普选最重要的是要有选举法规,制定选举制度,就有关选举的原则、选区划分、代表名额的分配、选民资格和选民登记作一些规定。

1953年2月11日,中央人民政府委员会第二十二次会议审议通过《中华人民共和国全国人民代表大会及地方各级人民代表大会选举法(草案)》(以下简称《选举法》),解决了上述问题。会上,受选举委员会的委托,时任政务院副总理,同时担任选举委员会委员和宪法起草委员会委员的邓小平对《选举法》草案进行了详尽的说明。

1953年1月13日中央人民政府委员会第二十次会议通过了《关于召开全国人民代表大会及地方各级人民代表大会的决议》,定于今年召开由人民用普选方法产生的乡、县、省(市)各级人民代表大会,并在此基础上继续召开全国人民代表大会;同时决议成立选举法起草委员会,进行选举法的起草事宜。选举法起草委员会成立后,遵照上述决议立即开始工作。我们根据人民政协共同纲领有关实行普选问题的规定,研究三年多来我国人民民主专政的实际情况,吸收苏联

---

① 迎接普选,实行人民代表大会制度[N].人民日报,1953-1-5(1).

的选举经验,并征求各方面意见,经过多次讨论和修改,拟定了《中华人民共和国全国人民代表大会及地方各级人民代表大会选举法》的草案。① 同时他还指出,"在选举法草案中,贯穿着一个总的精神,就是根据我国当前的具体情况,规定了一个真正民主的选举制度"②。

1953年3月1日,毛泽东以中央人民政府主席的名义,命令将《中华人民共和国全国人民代表大会及地方各级人民代表大会选举法》(以下简称《选举法》)公布施行。

《选举法》颁行后,中央选举委员会又发布相关文件,对选举的相关问题作了规定,保证《选举法》的落实。1953年4月3日,中央选举委员会发布《关于基层选举工作的指示》《关于选民资格的解答》,1953年4月5日,中央选举委员会公布《中央和地方各级选举委员会印章制发办法》和《选民证格式及其说明》。为配合选举工作的开展,政务院于1953年4月3日,发布《为准备普选进行全国人口调查登记的指示》,对全国人口调查登记办法和人口调查登记表填写都作了详尽的说明。

二、普选人民法庭的创建

普选人民法庭是中国共产党全面执政后,在普选中设立的一个特殊的专门解决选举权争讼问题的选举机构。民主革命时期,对于选举过程中的争讼问题,一般由当地革命政府或选举委员会予以解决。但民主革命胜利后,全国性的政权机构建立起来,各级人民法院也相继成立,解决选举争讼问题,就自然地落在人民法院身上。但普选中,对于选举争讼问题,又不是直接由当地人民法院承担,而是由本地法院抽调部分人员与当地党委、政府机构人员结合,共同组成临

---

① 中央人民政府法制委员会.中央人民政府法令汇编(1953年)[G].北京:法律出版社,1982:23.
② 中央人民政府法制委员会.中央人民政府法令汇编(1953年)[G].北京:法律出版社,1982:24.

时普选人民法庭,这是普选出现的新事物。①

(一)普选人民法庭的设立

1953年5月8日政务院第一百七十七次会议批准第二届全国司法会议通过的《第二届全国司法会议决议》,会议对普选人民法庭作了部署。决议指出,为保证普选的进行,落实选举法,防止和及时处理选举过程中可能发生的违法行为,县、市人民法院应设立人民法庭专门受理有关选举的诉讼案件。普选人民法庭的数目,各县、市根据实际需要自行确定,可以一个区一个,也可以两三个区一个,应依便利人民进行诉讼为原则。人民法庭的人员组成,除由法院现有的干部中抽调一批外,还必须由省、市、县人民政府从其他各方面抽调相当数量的能够称职的干部充任之。人民法院应抓紧对人民法庭的领导,并与司法行政机关认真地总结过去人民法庭的经验及典型选举试验的经验,给人民法庭工作人员以必要的教育。此外,人民法庭的工作人员在选举工作开始前,必须认真学习《选举法》、邓小平副总理关于选举法草案的说明及《中央选举委员会关于基层选举工作的指示》和《中央选举委员会关于选民资格若干问题的解答》等文件,以便正确处理有关选举的诉讼案件。在选举完成后,即可以此人民法庭为基础,有计划地建立与健全县的巡回法庭。②

---

① 吴继平.新中国第一次普选运动研究——以北京市为个案[M].郑州:河南人民出版社,2010:145.
实际上,普选运动中,按照邓小平在选举法草案说明中,普选案件由人民法庭处理,实际选举中,人民法院也直接受理案件,陕西省高级人民法院院长毛凤祥在《关于普选人民法庭的几个具体问题》中论述人民法庭的职权和领导关系时讲道:对破坏选举的罪犯判处三年以下有期徒刑者,由人民法庭审定;三年以上者由县人民法院判定,个别案件,人民法庭判处不当者,可由县人民法院再审。一般民事纠纷,不涉及选举问题者,交当地行政上或群众团体(调解组)和解处理。见《陕西政报》[J].1953(9):49.

② 中央人民政府法制委员会.中央人民政府法令汇编(1953年)[G].北京:法律出版社,1982:127.

人民法庭的机构可按庭长1人,审判员2至4人,书记员若干,由庭长和审判员组成审判委员会,并推选若干人民陪审员组成,实行就地审理和巡回审理的方式,便于群众行使诉权。

(二)普选人民法庭的受案范围

1.普选人民法庭受理选民资格的确权

1953年《选举法》实施,对选民资格有异议者,该法第四十五条规定:

对公布之选民名单有不同意见者,得向选举委员会提出申诉,选举委员会应在五日内作出处理之决定;申诉人如对处理意见不服时,得向人民法庭或人民法院提起诉讼,人民法庭或人民法院的判决即为最后决定。

该条规定是确认选民资格问题,是公民能否获得选举权和被选举权的基本条件,也是法律上的人格和社会人格问题,在社会上影响较大,决定一个人在本选区的社会评价、社会地位和荣誉,每一个正常的人,在新中国成立初期非常重视,事关自己及后代的名誉,这一规定不涉及法律上的权利义务纠纷。①

邓小平在《选举法》草案的说明中也强调确认选民资格要慎重,特别指出,在办理选民登记并公布选民名单之后,对公布的名单有不同意见者,得向选举委员会提出申诉,选举委员会应在五日内作出处理决定。申诉人如对处理意见不服时,得向人民法庭提出诉讼。这样就可以使基层人民政府和基层选举委员会在办理选民登记时,必须谨慎从事。草案同时规定了选民名单应在选举的30天以前公布,这样就给了申诉人以进行申诉和诉讼的充分机会,并使选举委员会和人民法庭有较多的时间,对选民资格的申诉和诉讼进行

---

① 中央人民政府法制委员会.中央人民政府法令汇编(1953年)[G].北京:法律出版社,1982:51-58.

妥善的处理。① 草案说明，申诉人对处理意见不服时，向人民法庭提出诉讼，在《选举法》公布实施时，修改为"申诉人如对处理意见不服时，得向人民法庭或人民法院提起诉讼"，增加了"人民法院"，考虑到当时有的地区设立有人民法庭、有的地区没有人民法庭而只有人民法院的实际情况，便于选民的诉讼，解决实际问题。

2. 普选人民法庭受理破坏选举的案件

根据《选举法》第九章第六十二条、第六十三条、第六十四条的规定，普选人民法庭得受理下列案件：

（1）以暴力、威胁、欺诈、贿赂等非法手段，破坏选举或阻碍选民自由行使其选举权或被选举权行为的重大案件。

（2）各级人民政府和选举委员会的人员，犯有伪造选举文件或虚报票数、隐瞒蒙混等违法行为的案件。

（3）破坏选举的违法分子，对检举人、控告人实行压制、报复行为的案件。

对这三类案件，凡设有人民检察署的地区，人民检察署应接受人民的检举和控告，或根据检察通讯员的报告，向人民法院或人民法庭提起公诉。② 人民法院或人民法庭可根据不同情况，作出三年以下有

---

① 中央人民政府法制委员会. 中央人民政府法令汇编（1953 年）[G]. 北京：法律出版社, 1982：34.

② 中央人民政府法制委员会. 中央人民政府法令汇编（1953 年）[G]. 北京：法律出版社, 1982：89.
1953 年 9 月 15 日，最高人民检察署发布《关于在全国及地方各级人民代表大会选举工作中检察工作的指示》，要求"在选举期间，凡设有人民检察署的地区，人民检察署均应密切配合选举工作，从检察工作方面监督选举法的确切执行，检举选举中的一切违法行为，以保证选举工作任务的顺利完成。（一）为保证选举法的实施，凡设有人民检察署的地区，人民检察署应接受人民的检举和控告，或根据检察通讯员的报告，对于在选举中有采用暴力、威胁、欺诈、贿赂等非法手段破坏选举或阻碍选民自由行使选举权利的违法行为者，向人民法院或人民法庭提起公诉，如有任何机关或个人对于人民的检举、控告有压制、报复之犯罪行为者，人民检察署应负责检查，并依法提起公诉。"

期徒刑的判决。

三、河南省普选人民法庭的创建

（一）山东省普选人民法庭的经验

普选人民法庭作为新生事物，各地人民法庭并没有现成的经验可借鉴。1953年第二届全国司法会议以后，全国各地人民法院进行开办人民法庭的试点，总结经验。1953年7月，中央人民政府司法部向全国各级人民法院通报山东省泰安县人民法院关于普选人民法庭试点的经验。

《通报》中说，山东省泰安县人民法院是山东省人民法院的基点（典型试验）县院。该院为了正确、彻底贯彻第二届全国司法会议决议及由山东省第四届司法会议决议，制定了一个计划。这个计划很好，它抓住了工作中心环节，布置和要求都很明确。作为县级人民法院应如何贯彻第二届全国司法会议来说，我们看到好的计划，这是第一个，特通报各级法院参考。希各级法院工作人员仔细参阅几遍，不要粗枝大叶地浏览过去。《通报》中专门提及普选人民法庭的经验，对于普选人民法庭，山东省泰安人民法院的经验："我县（泰安县）普选工作，正以一区、九区的上高乡进行基点试验，7月份拟即全面开展。为了保障普选工作的顺利进行和正确迅速地处理选举中的诉讼案件，确定做好以下工作：

1. 拿出一个院长和一个审判员参加一区普选的基点试验，要求在试点工作过程中了解并掌握选举诉讼的情况和问题的性质，积累普选人民法庭的经验，进而根据全县普选工作计划，订出建立普选人民法庭的工作计划（具体计划另定）。

2. 目前突击清理一批积案，以便普选全面开始时，拿出一批干部参加普选法庭工作。法庭撤销时即以此为基础建立巡回法庭。

3. 参加普选法庭工作的干部集中后通过领导，以法院为主的组织法庭干部进行一次关于法庭工作范围、职权、工作方法和各种手续制度的学习,以便顺利地进行工作(省院注:应同时结合处理积案)。

4. 通过普选人民法庭结合完成重点试验建立一审陪审制工作,为将来普遍建立一审陪审制打下基础。

5. 县法院应密切与各人民法庭联系,以便发现问题及时解决。并应随时予以业务上的指导。①

泰安普选人民法庭的经验之所以受到中央司法部的高度重视和推广,原因在于领导重视,制定普选人民法庭的工作计划,对参与普选法庭的工作人员进行培训,深入实际,接近群众,能及时解决普选和清理积案过程遇到的实际法律问题。

(二)河南省普选人民法庭概况

第二届全国司法会议以后,河南省人民法院按照《第二届全国司法会议决议》的指示,借鉴山东省泰安人民法院的经验,在河南各地建立普选人民法庭,进行试点。1953 年 7 月在开(封)、郑(州)等市及开封县等地开始试点摸索经验,10 月总结了各市、县的试点经验,为全省普选人民法庭工作做了准备。1954 年 2 月份全省普选开始,经过登记,全省人口共计 4421.459 万人,参加选举的选民占选民总数的 86.9%。全省 1.9498 万个基层政权单位,已普遍建立了人民代表大会制度。②各县法院在党政领导重视下,认真执行省政府"迅速建立普选人民法庭"指示,与有关部门抽出干部,建立 590 个普选人民法庭。据八个专区统计(缺郑州专区)共调配人民法庭干部 1304 人,其中专职干部(多系法院干部)1044 人、兼职干部 260 人,在普选运动的各个阶段中,法庭干部一般都积极了解情况,认真处理案件,保证了普选工作顺利进行,获得不少成绩。据 98 个县、市普选法庭

---

① 《中央人民政府司法部通报.山东省泰安县人民法院关于贯彻第二届全国司法会议决议及由山东省第四届司法会议决议的意见》河南省许昌市魏都区人民法院档案,1953 年文书处理号 4,案卷号 16。

② 邵文杰.河南省志(第 2 卷)[M].郑州:河南人民出版社,1994:330 – 331。

初步统计,受理各种有关普选案件 2.8124 万件,其中应剥夺政治权利而未剥夺或不应剥夺而剥夺政治权利的选民资格诉讼案件 2.6036 万件,占全部案件 92.4% 强,反革命分子、地主阶级分子窃取选民权,群众互相报复,干部违法破坏普选等案件 2088 件,占全部案结 8% 弱,98% 普选案件都得到及时处理。经验证明,普选运动是尖锐的政治斗争。普选法庭主要打击对象是反革命分子、地主阶级分子,严防他们窃取人民的政治权利。对人民来说是上了一堂极其重要的民主课,对不了解政策而误违法者应着重教育。只有对故意阻止他人行使政治权利,影响极坏者,才予以适当处分。①

---

① 《关于继续贯彻二届全国司法会议决议及执行 1954 年司法工作计划的报告》,河南省许昌市魏都区人民法院档案,1954 年文书处理号 4,案卷号 14。

第二章
人民法庭的运行

第一节 人民法庭的基石——《人民法庭组织通则》

人民法庭作为一个临时机构或组织,它的出现并不是突如其来的,有一个发展过程,1947年才正式出现在党的文件《中国土地法大纲》之中,1950年才有正式的法律规定其为一种制度。

一、《人民法庭组织通则》的产生过程

(一)1947年后各解放区《人民法庭条例》分析

1947年9月13日,中国共产党全国土地会议通过《中国土地法大纲》(以下简称《土地法大纲》)。《土地法大纲》中的第十三至第十五条均提到人民法庭,把人民法庭作为保证土地改革的实施、审判和处分一切违抗或破坏《土地法大纲》罪犯及保障农民及其代表在各种会议上批评、弹劾、撤换、选举政府及农民团体中的一切干部权利的机构或组织。此后各解放区政府纷纷依据《土地法大纲》之规定,制定法庭条例,落实《土地法大纲》之规定内容。

1. 苏皖边区第二行政区人民法庭组织办法①

1947年12月24日苏皖边区第二行政区公署公布实施《人民法庭组织办法》（以下简称《办法》）。《办法》从三个方面突出保护农民权利的特色，规定：

（1）人民法庭是一个临时组织，由委员七人至九人组成人民法庭委员会，委员会中，雇贫农代表应占三分之二，一般农联会会员应占三分之一；农联会会长为主任委员。人民法庭根据大多数人民意见，并经法庭委员会讨论，三分之二的委员同意，作出判决执行之，法庭的人员组成是单一的农民阶级兄弟。

（2）人民法庭在审理案件时，区别对待，地主、恶霸和破坏土改的案件是打击的重点，可以不经上级批准，农联会自己做主。对雇贫农的案件必须通过区以上农联会审查和批准，对于干部犯罪案件，必须通过区至县以上农联会审查与批准。

（3）人民法庭是广大农民斗争的场所，必须绝对保证贫雇农领导权，封建地主、反动富农、封建爪牙、顽固分子，不得参加会议，没有发言权。

2. 苏皖边区第六行政区人民法庭组织条例②

1948年2月23日，苏皖边区第六行政区公布实施《人民法庭组织条例》及办事细则（以下简称《条例》），《条例》在制度上具有一定的创新。①《条例》设立了审判委员会，这一组织后来一直被人民法院或人民法庭所承继，至今人民法院还存在着审判委员会。③ 审判委员会设立在县人民法庭，区设审判委员会分会，乡设审讯检查组，

---

① 韩延龙,常兆儒. 中国新民主主义革命时期根据地法制文献选编（第3卷）[G]. 北京：中国社会科学出版社,1981:582.
② 韩延龙,常兆儒. 中国新民主主义革命时期根据地法制文献选编（第3卷）[G]. 北京：中国社会科学出版社,1981:584.
③ 该审判委员会与现在人民法院的审判委员会性质不同，后面有具体的区分，笔者注。

人员组成依次为五至七人,委员由选举和委任产生,主席或组长互推产生,分任各项职务,人民法庭或小组成员受同级人民大会或代表会监督。审判委员会组成人员实行任期制,时间为半年,对不称职或有舞弊行为的,可即时罢免或改选之,充分发挥监督作用,使审判委员会的成员尽职尽责,恪尽职守。②审判委员会采取会审合议制,根据犯罪行为和情节轻重,实行会审,审讯后多数通过,有权判决当众坦白、赔款、罚款、劳役、褫夺公民权之有期徒刑或无期徒刑、死刑,或宣告无罪。判决后,交由政府执行。这种合议制的审判方法,可以保障判决的公平和公正,利于保护公民之权利。③设立上诉制度。对于人民法庭判决不公或违反群众意见,由农会代表人民上诉,可要求复判,或更换主审官,对于涉及个人的案件,原被告双方如有一方不服判决均可上诉,要求复审。上诉制度的设立,给予公民权利保护提供权利救济渠道。④实行审判公开原则。人民法庭在开庭审理重大案件时,把开庭的时间、地点公布,发出通知,人民可以自由旁听,经审判员允许,旁听者可以发表意见。

3. 东北解放区人民法庭条例①

1948年1月1日,东北解放区根据《土地法大纲》之规定,结合东北解放区的实际情况,发布实施《东北解放区人民法庭条例》(以下简称《东北条例》)。《东北条例》的特点:①在村设立人民法庭,由村民大会或代表大会选举六人,由区委派一人组成审判委员会,审理一切破坏或妨碍土改的案件,主席是互推制,把法庭设置在最基层。②审判委员会认为必要或者农民要求,审理案件时可实行群众公审大会。

群众公审大会在土改运动中成为一种重要的斗争形式,各地

---

① 韩延龙,常兆儒.中国新民主主义革命时期根据地法制文献选编(第3卷)[G].北京:中国社会科学出版社,1981:607.

土改和镇反运动中,纷纷采用这种方式,对地主、恶霸和反革命分子进行批斗。在苏皖边区第二、第六法庭条例中没有规定,这是首次规定。

(二)中原(中南)的人民法庭条例

中原(中南)的人民法庭条例前面已叙述,此处不再赘述。

二、政务院《人民法庭组织通则》①的颁行

中华人民共和国成立以后中国共产党就着手解决旧中国留下的不合理的土地制度②。1950年6月政务院第八次会议通过《中华人民共和国土地改革法》(以下简称《土地改革法》)。《土地改革法》第三十二条规定:

为保证土地改革的实行,在土地改革期间,各县应组织人民法庭,用巡回审判方法,对于罪大恶极为广大人民群众所痛恨并要求惩办的恶霸分子及一切违抗或破坏土地改革法令的犯罪,依法予以审判及处分。严禁乱捕、乱打、乱杀及各种肉刑和变相肉刑。人民法庭的组织条例,另定之。

1950年7月14日政务院第四十一次政务会议通过《人民法庭组织通则》,并于7月20日公布实施。《人民法庭组织通则》借鉴各解放区人民法庭条例立法优点:①人民法庭的设置和组成借鉴《中原暂

---

① 中央人民政府法制委员会.中央人民政府法令汇编(1)(1949—1950)[G]. 北京:法律出版社,1982:82-84.
② 刘少奇.刘少奇选集(下)[M].北京:人民出版社,1985:32-33.

行条例》的第四、第五条①,人民法庭及其分庭均设审判委员会,吸收苏皖边区第六行政区人民法庭组织条例的第三条内容②,此外《人民法庭组织通则》在立法上又有突破和创新,设立辩护制度和回避制度等,这些制度规定虽然简略,已经具有近代司法的某些特征。②人民法庭的性质发生重大变化,取消了乡、村一级的人民法庭,由原来的临时组织而成为行政司法系统的重要组成部分,是国家政权性质,这些是在制度上的根本改变,提高人民法庭地位和功能,使人民法庭最初来自民间和社会的最底层组织,在新中国成立后纳入国家政权系

---

① 《中原临时人民政府人民法庭暂行条例》:第四条:人民法庭以县为单位组成,一县组成一人民法庭。人口较多县可在距离较远地区设立分庭,一般以二至三个区设立一个分庭,采用巡回的方法深入乡村就审。乡村不设人民法庭。
第五条:县人民法庭由专署委任审判长一人、审判员三人(内须有司法部门干部参加),另由县的各界人民代表会议、县农民代表会议(以下简称农代会),或县的民众团体选举并经县政府加委的审判员五人共同组成之。
分庭由县政府委任审判长一人,审判员二人,另由分庭活动地区范围内之两个区或三个区分别召开区农民代表会议或区的民众团体选出审判员二人或三人(如两个区即各选二人,如三个区即各选三人),并经县政府加委的审判员六人,共同组成。
《人民法庭组织通则》规定:二、人民法庭以县(市)为单位成立之。必要时得以区为单位或联合两个区以上设立分庭,县(市)人民法庭及其分庭均得实行巡回审判。……四、县(市)人民法庭及其分庭均设审判委员会,由审判长一人,副审判长一人,审判员若干人组成之。县(市)人民法庭的正副审判长及半数审判员由县(市)人民政府遴选,其除半数审判员由县(市)各界人民代表会议或人民团体选举。分庭的正副审判长及半数审判员由县(市)人民政府遴选,其除半数审判员由设立地区的人民代表会议或人民团体(在农村中主要是农民代表会议或农民协会)选举。正副审判长和审判员均由县(市)人民政府报请直属上级人民政府审核加委。
② 《苏皖边区第六行政区人民法庭组织条例》第三条规定:本行政区暂决定县建立人民法庭审判委员会,及按区设县人民法庭审委会分会,乡设审讯检查组。
《人民法庭组织通则》规定:县(市)人民法庭及其分庭均设审判委员会,由审判长一人,副审判长一人,审判员若干人组成之。

统,成为人民民主专政国家机器的重要组成部分。

三、中南区的地方性规定和指示

（一）中南区《人民法庭组织条例》①

《人民法庭组织通则》实施后,中南军政委员会依据该通则第十三条"为适应地方具体情况,各大行政区或省,得根据本通则制定人民法庭条例,公布施行,并报请中央人民政府政务院备案。在本通则颁布前已制定人民法庭条例者,如有与本通则抵触之处,须根据本通则加以修正"之规定,修订《中南暂行条例》,于1951年1月9日由中南军政委员会主席林彪签署公布《中南区人民法庭组织条例》(以下简称《中南组织条例》)。该条例与《中南暂行条例》相比,有两个突出变化:①结构上进行调整,原来是6章28条,调整后为4章20条,取消第五章的"判处人犯及批准没收的财产的处分原则"和第六章"附则",将其内容浓缩融入前面条款,使立法显得简明、通俗。②人民法庭人员的组成,原来规定县庭由七人组成,分庭由九人组成,现在改为县庭由审判长一人,审判员若干人组成之。此外对匪特分子之死刑判决,不得上诉,对其他案件的上诉期间进行调整,由原来的七至十五天,改为判决后的十日之内。

（二）《关于在土改区迅速建立与运用人民法庭的指示》②

《中南组织条例》公布实施后,中南军政委员会于1951年1月发布《关于在土改区迅速建立与运用人民法庭的指示》,指示涉及人民法庭的有以下内容:

1. 总结过去土改地区人民法庭的经验教训

指出"有些地区适时地建立人民法庭,有效地配合群众斗争,执行了对这些不法分子的判处,确予以农民运动以巨大帮助。有些地方不

---

① 中南区人民法庭组织条例[J].江西政报,1951(8):48-49.
② 关于在土改区迅速建立与运用人民法庭的指示[J].湖南政报,1951(1):31-32.

注意建立或建立后不善于运用,对不法地主的破坏行动缺乏及时准确的处理,因而客观上就助长了农民运动本来可以避免的若干偏差"。

2. 没有建立人民法庭的地区要认识到建立人民法庭的必要性

指出"正在开展着的群众讲法讲理斗争,还必须加大人民法庭的依法审判,才能及时有效地制服地主抵抗,并教育农民群众,使用这些合法斗争形式,打击地主一切非法的破坏行为,较顺利地扫除许多横在土地改革道路上的障碍,保证农民运动的顺利进行"①。

3. 人民法庭的具体受案范畴

应集中在处理有关土地改革的案件,从而惩治不法地主、处理划分阶级、没收征收直至分配中的争议。

4. 人民法庭审判案件的程序

重要的案件须预审、复审、宣判等三个步骤,手续要简洁,形式要活泼,以能适应群众水平,保证迅速及时处理问题,把法庭审理与群众公审区别开来。

中南军政委员会发布的指示以"在土改区迅速建立和运用人民法庭"为标题,反映人民法庭制度建设起初存在的认识问题和建立人民法庭的迫切性,出现这种情况的原因在于当时:

(1)只领会了人民法庭是群众自己掌握司法形式,政策在群众中的具体执行,防止乱打乱杀,但认为乱打乱杀现象纠正了,即不用成立,如襄县没有抓紧组织而懒于政策的掌握,不了解人民法庭是较长时间内的政权组织一部分,是用来镇压反动分子活动的人民民主的工具。

---

① 河南政报,1950(12):21-22.
中南军政委员会为保证土地改革的秩序,保护人民的财富,严禁不法地主一切破坏土地改革的行为,中南区军政委员会第三十一次行政会议通过《中南惩治不法地主暂行条例》,条例共16条,涉及人民法庭仅第十五条,规定:"本条例之执行机关,为县人民法庭及其分庭。死刑及五年以上徒刑之判决,须经省人民政府或经省人民政府特令指定之专员(公署批准,方得执行)。不足五年徒刑及减刑免刑之判决,须经县人民政府批准。"

(2)对人民法庭的形式与作用不了解,认为群众条件不足不必长期成立人民法庭,叶县认为与公审大会无异,用时可临时组织,即在临时组织时,名义上是人民法庭,实则是公审大会。

(3)干部虽认为组织好人民法庭案件能够减少,但不放心人民法庭会判决案件,加之积案过多拖住下不去,组织了没法领导,仍会垮台,成立起来是任务的观点,不能进行教育群众,群众对人民法庭没认识,案件仍靠县里处理。

(4)对人民法庭干部脱离生产之干部没明文指示,县里执行不大胆,实际没指示,报销不了,专署没能抓紧这一问题解决,也影响各县的不重视。

(5)人民法庭成立犯人没法看押,中队因无明文指示,没法解决民兵团生产关系,时间长了解决不了问题。①

这些原因反映出,运用人民法庭支持土地改革,在运行过程中出现实际问题,没有现成的经验和方法,只能一面创造和摸索,一面认真体会和总结。

(三)最高人民法院中南分院人民法庭会议②

1951年5、6月间③,最高人民法院中南分院召开中南区人民法庭会议,这次会议的总结报告分四个部分:关于会议准备工作;中心问题在于总结经验;会议的意义;亟待解决的问题。

---

① 《司法工作情况与今后工作》,河南省许昌市中级人民法院档案,文书档案,案卷号1。
② 最高人民法院中南分院《关于召开中南区人民法庭工作总结会议的报告》,河南省许昌市魏都区人民法院档案,1951年文书处理号5,案卷号6。
③ 关于会议召开时间,档案记录显示1951年8月23日,与此后中南区主席林彪1951年7月24日发布的《关于人民法庭工作的指示》有冲突,林彪发布的指示是在中南人民法庭会召开以后,故根据《关于召开中南区人民法庭工作总结会议的报告》的第一部分会议准备是在本年的1、2月间,2月底发出总结提纲,然后又到基层调研准备,会议应在本年5、6月间举行。

全文一万多字,突出有几个特点:

第一,参加会议的人员具有代表性,有来自中央、司法部、公安部、中南军政委员会的,还有来自西南、西北两大行政区的代表,他们介绍人民法庭的典型经验。

第二,对人民法庭达成统一的认识,总结各地的经验,认为人民法庭:①群众在斗争的过程中,在特殊的情况下,所迫切需要的一种斗争形式。②于革命浪潮高潮时成为群众直接参加的一种专政形式。③人民取得政权后,用以教育群众掌握和运用政权,确立群众当家作主的一种组织形式。人民法庭是联系群众、依靠群众和支持群众在土改运动中完成土改任务的。①

第三,提出人民法庭群众路线的审判工作概念,认为群众路线的审判工作就是简化的司法程序和审判手续,从收案到判决,一切尽可能用最简化的方式处理,一切为了群众着想,给予群众方便,不要因为诉讼的关系来增加群众的麻烦。总结出便利群众诉讼的审判方式有四种,即就地审判、巡回审判、公审、庭审。② 这四种审判方式源远流长,在中国革命的历次土地运动中,得到不同程度的实践、运用和发展,诉讼程序简便,效率较高,群众可以口头或书面诉冤,法庭可随时开庭审判,随到随问,不拘形式,判决容易执行,符合中国乡村农民的文化习俗和生活方式,深得农民的喜欢,中国共产党正是抓住这一关键点,通过人民法庭的运作,领导人民胜利完成土地革命的任务。

---

① 最高人民法院中南分院《关于召开中南区人民法庭工作总结会议的报告》,河南省许昌市魏都区人民法院档案,1951年文书处理号5,案卷号6。此性质与人民法庭通则规定不同,人民法庭通则规定人民法庭是县(市)人民法院之民事庭、刑事庭以外的特别法庭,分类标准不同。
② 四种审判方式:就地审判、巡回审判、公审、庭审。最高人民法院中南分院《关于中南区人民法庭工作总结会议的报告》,河南省许昌市魏都区人民法院档案,1951年文书处理号5,案卷号6。

(四)中南军政委员会《关于人民法庭工作的指示》

中南人民法庭会议以后,1951年7月24日中南军政委员会主席林彪又发布《关于人民法庭工作的指示》,距1月份中南军政委员会发布《关于在土改区迅速建立与运用人民法庭的指示》仅有6个月。该指示提出六点,可概括为:①在土改完成或待进行地区,各级领导应重视和解决人民法庭遇到的一切问题。②在土地改革完成地区和将要进行的地区,强调人民法庭仍然是土地改革运动中群众直接运用的专政工具。③县(市)人民法庭及分庭的设置、审判委员会的组成,工作重点应放在区分庭。④尚未进行土地改革地区县(市)、区庭干部数额,不作硬性规定,但对干部的政治标准和来源规定了具体标准。⑤人民法庭的经费应单列出来,从而使人民法庭不因经费拘束而影响工作开展。⑥人民法庭配合人民法院和公安局解决积案。

另外该指示将《人民法庭组织通则》关于人民法庭与人民法院及人民政府之间的关系具体细化为:县(市)人民法庭应受县(市)人民政府、人民法院的领导,区分庭则受县(市)庭及区人民政府的双重领导,并须在具体业务上分别受公安部门、土地改革委员会(或土地改革工作队)的指导。专区以上政府,应指定有关机关或专人负责,经常指示、督促和检查县(市)区人民法庭工作,审查法庭的报告材料,及时总结经验,加强对人民法庭的领导,人民法庭应对其领导及指导机关切实执行请示报告制度。① 这一规定利于基层单位厘清上下级关系,便于管理,分清责任。

四、"两高"和司法部关于土改区人民法庭的指示

1951年11月13日《人民日报》刊发《做好人民法庭工作》的社论,这是1950年6月政务院公布《人民法庭组织通则》后,1950年7月21日《人民日报》发表《认真准备与建立人民法庭》社论以后的第

---

① 关于人民法庭工作的指示[J].江西政报,1951(8):112-113.

二个针对人民法庭专题社论。该社论总结一年来各地（中南、华东、西南地区）人民法庭在剿匪反霸、减租退押、划分阶级、分配果实、防止地主反攻倒算等斗争中的经验，部署我国今冬明春近一亿农业人口的地区进行土地改革，要求这些地区必须做好人民法庭工作，以适应土地改革运动的发展。社论指出，我们必须努力改进人民法庭的工作，使人民法庭在实行土地改革地区成为直接巩固乡村人民民主专政的锐利武器之一，使乡村中广大的农民群众掌握它去打垮一切敌对分子的反动气焰，发挥农民群众斗争的威力。农民自己有了这个武器，也就可以防止不必要的紊乱，就可以防止在热火朝天的反封建斗争中无意地打击了不应该被打击的人，就可以保证顺利地完成土地改革。人民法庭的工作就必须与土地改革运动密切结合，其建立时间就不宜落在土地改革之后，否则就不能及时地起到发动群众的作用。同时，人民法庭应适应土地改革运动发展的规律，针对着运动发展的各个阶段中反动势力活动的特点和农民的迫切要求，来进行自己的工作，这样才能推动土地改革运动，才能开展法庭的工作。各地人民法庭在土地改革运动中，曾抓住在土地改革的各个时期进行反抗、破坏并为农民群众所痛恨的地主恶霸予以惩处，用以打击敌人气焰和鼓舞群众的斗争情绪，推动了运动向前发展。各级党与人民政府应重视这一经验，要善于使用人民法庭为发动群众、推动运动和巩固胜利的工具。人民法庭工作者更应明确认识自己所应起的作用，更好地为土地改革的群众运动而服务。①《人民日报》社论是正确的舆论导向，是党和国家这一时期各项工作的晴雨表，它凸显在土地改革中人民法庭的地位和作用。人民法庭成为党联系群众的纽带和桥梁，是巩固乡村政权的有力武器，是战胜乡村恶霸地主，鼓舞群众进行土改斗争的重要工具。

---

① 做好人民法庭工作[N].人民日报,1951-11-13(1).

随后1951年11月16日最高人民法院、最高人民检察署和司法部联合发布《关于土改地区的人民司法机关必须大力参加人民法庭工作的指示》，它与《人民日报》社论的精神一致，再次强调在土改区要加强人民法庭的建设，把做好人民法庭的工作作为中心工作。从"两高"和司法部的联合指示中，可以看出：第一，人民法庭的组建处于初始阶段，法庭人员缺乏，要求各地人民司法机关必须协助人民法庭做好干部的准备与训练的工作，抽调可能抽调的干部到人民法庭去作为骨干力量。第二，明确当前司法工作中心，必须在土改运动中，自始至终地大力配合与协助人民法庭的工作，省级以上的人民司法机关更应努力掌握全区人民法庭工作情况，及时地总结介绍其经验教训，以指导人民法庭工作正确而全面地结合并推进土改运动。第三，各级人民司法机关，必须从人民法庭工作中，深刻体会人民司法直接地、明白地为政治服务的特性，走群众路线，以此作为必要的条件，进行人民司法建设。因之，一切准备土改与实行土改地区的人民司法机关能否主动积极地参加人民法庭的工作，应该成为考察它们政治责任心强弱与工作成绩大小的重要标志。① 从以上三点的论述可以看出，中央对人民法庭建设的重视程度和迫切心情，要求一切司法机关全力支持人民法庭的建设。

　　《人民法庭组织通则》实施后，全国已经进行土地改革或即将进行土地改革的地区的土改工作逐步纳入法制化的轨道，《人民日报》针对人民法庭的组织和建设发表两个社论，土改工作走在全国前列的中南地区发表两个指示，两高和司法部也对全国的司法机关发出指示，并把它作为考核地方工作的政绩的一项重要内容，此一时期有关人民法庭的工作成为中央和地方的中心工作，人民法庭也为土地

---

① 最高人民法院、最高人民检察署和司法部《关于土改地区的人民司法机关必须大力参加人民法庭工作的指示》，中央人民政府法制委员会. 中央人民政府法令汇编(1951年)[G].北京：法律出版社，1982：118.

改革的顺利完成起着保驾护航作用。

第二节 人民法庭的根基

一、人民法庭的性质和特点

关于人民法庭的性质,新中国成立初期的中南各地区有各种认识:有的认为公审大会就是人民法庭;有的认为没有人民法庭,一样能解决问题;有的认为人民法庭就是研究重大案件,关于日常工作还是司法部门来处理,缺乏经验,加之干部均系兼职,工作繁忙,发挥作用不大,其多半流于形式。①有些认为人民法庭只是挂一块空招牌,不需要组织也不需要工作;有些认为华北东北没有人民法庭也一样完成了土改,只要群众斗争就行了;有些地方看到人民法庭没有发挥什么作用,认为可有可无,无关紧要,有些地方认为法庭即法院,法院即法庭,无所区别。中南分院总结认为,人民法庭的性质:①群众在斗争的过程中,在特殊的情况下,所迫切需要的一种斗争形式;②于革命浪潮高潮时成为群众直接参加的一种专政形式;③人民取得政权后,用以教育群众掌握和运用政权,确立群众当家作主的一种组织形式。② 针对这些不同的认识,1950 年《人民法庭组织通则》正式确定人民法庭性质是"县(市)人民法院之民事庭、刑事庭以外的特别法庭",其一般民刑案件则不由人民法庭处理,仍由行政司法机构解决,人民法庭是政权性质,不是群众组织性质,是当地政权的一个组成部

---

① 《许昌地区中级人民法院关于年度工作报告——半年工作报告》,河南省许昌市中级人民法院档案,文书档案,1949 年 1 月至 1949 年 12 月,案卷号 1。
② 最高人民法院中南分院《人民法庭工作总结会议的报告》,河南省许昌市魏都区人民法院档案,1951 年文书处理号 5,案卷号 6。

分。① 中南分院在会议上也具体明确"人民法庭直接受人民政府的领导,同时又是人民法院的组成部分之一,是一种特别法庭的组织,统一人民法庭的领导关系应该确定:①在县人民政府领导下,凡与司法制度有关或与审判业务有关的问题,由人民法院给以指导,处理反革命的案件,由公安部门给以指导;②人民法庭是配合土改工作的,在那个地方活动应受上级土委会的指导与当地土改队取得密切联系"②。

新中国成立初期运用人民法庭解决一些具体的专门问题并不是偶然的,它是总结和吸收中国共产党成立以来历史经验的产物,它由原来的临时组织或农会斗争的方式逐渐成为国家政权的重要组成部分,经过政府宣布为人民法院之民事庭、刑事庭以外的特别法庭,地位和形式上进行变化,但内容上仍留有过去某些痕迹,使其特别之处呈现诸多方面,成为一个混合性的综合体。

(一)行政属性

政治协商会议制定的《共同纲领》要求废除国民党政府旧的司法制度,建立人民司法制度,成为新中国司法制度建立的基本原则和指导思想。据此《中央人民政府组织法》规定由政务院领导组织最高人民法院及最高人民检察署,使两高成为人民司法制度的有机组成部分。1950年《人民法庭组织通则》规定:"县(市)人民法庭及其分庭直接受县(市)人民政府的领导,同时又是县(市)人民法院的组成部分之一。"这一规定是人民法庭受人民政府和人民法院的双重领导,纳入国家政权体系。1951年9月《人民法院暂行组织条例》吸收这一规定之精神,规定:"下级人民法院的审判工作受上级人民法院的领导和监督;其司法行政由上级司法部领导。各级人民法院(包括最

---

① 《司法工作情况与今后工作》,河南省许昌市中级人民法院档案,文书档案,1949年1月至1949年12月,案卷号1。
② 最高人民法院中南分院《人民法庭工作总结会议的报告》,河南省许昌市魏都区人民法院档案,1951年文书处理号5,案卷号6。

高人民法院分院、分庭)为同级人民政府的组成部分,受同级人民政府委员会的领导和监督。省人民法院分院、分庭受其所在区专员的指导。各级人民法院院长领导并监督全院工作。庭长领导并监督庭内工作。院长、庭长得就某一案件的审判,自任主任审判员。"①新中国成立初期人民法庭及人民法院的双重领导体制,使司法成为行政的一部分,具有行政权的属性,失去司法的独立性和中立性,这一体制的惯性影响深远,至今当谈论到司法改革,受人诟病的司法权行政化、地方化与此不无关系,因历史往往是现实的源头,传统与现实不可割裂。

(二)裁判属性

人民法庭是人民司法制度的一个有机组成部分,是处理冲突纠纷的一个中立机构。司法在本意上就是第三者以公正的态度处分冲突中的事务和利益的行为②,必须保持客观中立被动的特质,不能与纠纷双方有任何法律上的利害关系,裁判结果才具有公正性,能够赢得当事人的信任。检阅土改过程中的法律规定,仅有《土地改革法》通过以后,1950年11月2日中南军政委员会发布经政务院批准《关于土地改革法实施办法的若干规定》有解决争议的规定。该规定是中南区《土地改革法》的实施细则,其中对《土地改革法》第八条作了说明,对于所有应予没收、征收之土地,在当地解放后,以出租、出典、赠送或其他方法转移分散者,应按土地改革法第八条的规定,一律宣布无效,计入应分配土地数目之内。此外,还应按下列规定处理:地主分散之土地,因被抽出分配,因而使承买承卖的农民,蒙受损失时,其损失应由地主负责赔偿。如地主确有困难,无法全部赔偿者,经乡

---

① 《中华人民共和国人民法院暂行组织条例》,见中央人民政府法制委员会.中央人民政府法令汇编(1951年)[G].北京:法律出版社,1982:105.
② 程春明.司法权及其配置——理论语境、中英法式样及国际趋势[M].北京:中国法制出版社,2009:287.

农民代表大会评议,得酌情准其少赔、分期赔偿或免赔,并得由农民协会在土地改革中另筹办法适当补偿承买、承典农民的损失。如发生争议无法解决时,由人民法庭判处之。①该条司法解释是解决土地承买、承典中赔偿权利义务的争议问题,由法庭居中做最终裁决。这是土地改革中的由人民法庭解决争议的唯一一项规定,是人民法庭的本质司法属性。

(三)群众属性

在土地改革中,人民法庭设立在基层,法庭的干部生活在群众中间,和群众的联系多,起的作用大。分庭大多数是由区农协选举三五名审判员(农民优秀的积极分子)组成,法庭到哪个乡开庭,由哪个乡农会再选三五个积极分子,做陪审员。这种组织形式很好,是名副其实的人民法庭,从联系群众方面来看,比由政府派几个干部下去办好得多,因为他们本身就是群众,他们不但熟悉群众意见,而且熟悉地主们各式各样的反动行为,使地主无空可钻。②河南省人民法院在总结人民法庭的经验时曾专门指出:人民法庭创造了人民司法和群众相结合的组织形式及工作方式,这个经验是非常珍贵的,它的最大特点表现在:①群众当选审判员,昨天还是老百姓,今天就成了法官。彻底打破资产阶级的观点,认为只有少数"有法律知识"的人才能做司法工作。②以群众直接控诉和大会诉苦的方式,代替呆板的检察官起诉、审判员询问的方式,真是内容生动真实,形式活泼严肃,每个参加公审大会的群众,都有讲理讲法的权利。③群众有权直接向法庭提出处理意见,所以它的判决成为最有权威最有教育意义的东西。④人民法庭不是和群众对立的,而其本身就是群众的组织者和领导者,因此,人虽多而不乱,既民主而又集中,秩序井然,完全改变了少数剥削

---

① 中央人民政府法制委员会.中央人民政府法令汇编(1)(1949—1950)[G]. 北京:法律出版社,1982.126.
② 检查人民法庭工作的综合报告[J].河南政报,1950(10):25.

阶级的代表镇压大多数劳动人民的伪法庭,创造了人民司法和群众结合的新方向。① 人民法庭的群众性很适合农民的习性,快捷方便,只要群众满意就行,是为民司法,不需要专业知识,不需要遵守法庭的程序规定,只需要生活常识就够了,客观事实就是法律事实,法律的严格逻辑推理显得多余,法官与农民等同了,法律职业人人可干,最高法院中南分院曾总结出群众路线的审判方式,但今天看来有悖于司法规律,不讲程序,不讲法律的专业性,法庭的严肃性和法律的尊严受损,其影响是深远的。

（四）工具属性

1947 年《土地法大纲》颁行后,1948 年 1 月 6 日晋察冀边区行政委员会颁布《关于人民法庭工作的指示》,在第一段里明确规定:"人民法庭应该是人民镇压反革命及一切危害人民利益分子的工具。"② 1949 年 12 月 15 日中原临时人民政府发布《人民法庭暂行条例》,条例规定:人民法庭的基本任务,是用司法的方法,保障政府有关社会改革的各项重要政策、法令的全部正确实施;镇压反革命及一切危害国家与人民利益的犯罪分子;保障人民民主权利;巩固人民民主专政。③ 1950 年《土地改革法》虽没有用"工具"二字,但其第三十二条

---

① 河南省 1950 年 4 月、5 月份司法工作综合报告[J].河南政报,1950(10):27.同期《检查人民法庭工作的综合报告》论述人民法庭的群众性,指出:①群众直接控告:由群众中广泛地收集材料,把地主阶级中反抗和破坏最严重的分子,向人民法庭提出控诉,找出人证物证。②群众参加审判:从群众中收集好材料之后,把被告提到人民法庭,正式公审,以群众大量诉苦的方式,实行说理说法。即由苦主当庭向不法地主申诉其以往罪恶,斥责其破坏行为,辩驳其狡赖推诿。③群众同意处理:当群众诉苦和被告坦白之后,由农会当场领导群众进行酝酿讨论,提出具体处理意见,人民法庭根据群众处理意见,即开审判委员会,讨论研究作出决定(重大刑事案件应请示上级批准)再向群众宣布,在取得广大群众拥护同意下,提出被告当庭宣告判决。

② 韩延龙,常兆儒.中国新民主主义革命时期根据地法制文献选编(第 3 卷)[J].北京:中国社会科学出版社,1981:544.

③ 中原临时人民政府人民法庭暂行条例[J].江西政报,1950(1):66-68.

的规定:"为保证土地改革的实行,在土地改革期间,各县应组织人民法庭,用巡回审判方法,对于罪大恶极为广大人民群众所痛恨并要求惩办的恶霸分子及一切违抗或破坏土地改革法令的犯罪,依法予以审判及处分。严禁乱捕、乱打、乱杀及各种肉刑和变相肉刑。"①这就是工具性的表述。其后《人民法庭组织通则》颁行后,《人民日报》社论指出,人民法庭不只是与土匪、特务、反革命分子进行斗争的武器,而且也是实现从反对减租到分配土地的土地改革的重要武器。人民法庭是一个有系统有秩序的镇压不法地主的机关,有了这样一种机关就可以避免农民自发的报复行为,使土地改革得以保持正常的秩序。② 1951年《人民日报》再次刊发社论论述人民法庭的工具性,"人民法庭是适应群众土地改革运动的需要而产生的,是支持和推动群众运动的有力工具。因此,人民法庭的工作就必须与土地改革运动密切结合,其建立时间就不宜落在土地改革之后,否则就不能及时地起着发动群众的作用。同时,人民法庭应适应土地改革运动发展的规律,针对着运动发展的各个阶段中反动势力活动的特点和农民的迫切要求,来进行自己的工作,这样才能推动土地改革运动,才能开展法庭的工作"③。1950年底,河南人民法庭在工作初步总结中得出这样的结论:"人民法庭是土改运动必不可少的武器,不运用这个武器会产生两种不良现象:一种是地主肆无忌惮地反抗和破坏土改,群众束手无策,一种是农民采取乱打乱扣和变相肉刑对付他们。"④两种极端行为使人民法庭成为专政的工具,离开人民法庭,土地改革就无法推进。

---

① 中央人民政府法制委员会. 中央人民政府法令汇编(1)(1949—1950)[G]. 北京:法律出版社,1982:55.
② 认真准备与建立人民法庭[N]. 人民日报,1950-7-20(1).
③ 做好人民法庭工作[N]. 人民日报,1951-11-13(1).
④ 河南省人民法庭工作初步总结[J]. 中央政法公报,1950(24). 转引刘练军. 司法政治化的滥觞——土改时期的人民法庭[J]. 二十一世纪,2012(2).

(五) 临时属性

中华人民共和国初期的人民法庭存在时间都不长，担负不同的具体任务，为完成具体的目标而设置，目的性很强。土改时期，设置土改人民法庭，土改结束之后，这种人民法庭被解散或撤销。对此《人民法庭组织通则》第一条就明文规定："人民法庭任务完毕已无存在必要时，由省及省以上人民政府以命令撤销之。""三反""五反"运动时期，政务院于1952年3月发布《关于"三反"运动中成立人民法庭的规定》，规定"各单位人民法庭于'三反'运动结束和审判任务完毕后，由各该级人民政府和军事领导机关以命令撤销之"。同样政务院关于"五反"运动中成立人民法庭，规定"市人民法庭及其分庭于'五反'运动结束和任务完毕后，由市人民政府以命令撤销之"。普选时期的人民法庭存在时间就更短，基层选举委员会完成任务后，选举委员会即行撤销，依附于普选的人民法庭就自然消失。

新中国成立初期的人民法庭是社会转型环境下治理社会和改造社会的特殊产物，人民法庭成为社会变迁的一个缩影，负载艰巨使命，显示多重属性。

二、人民法庭的任务及案件管辖范围

人民法庭的具体任务各不相同，土改和镇反时期是运用司法手段，对阴谋暴乱、破坏社会治安的恶霸、土匪、特务、反革命分子及违抗土地改革法令的罪犯，予以惩治和打击，以巩固新生的人民民主政权，顺利地完成土地改革。"三反"时期为惩治"三反"运动中贪污分子，保障国家机关的清正廉洁，维护国家机关的声誉。"五反"时期法庭的任务按照中央的要求，凡工商户违法案件较多之市，需设立人民法庭，以保障"五反"运动顺利完满。普选时期是保护普选秩序的稳定和普选的顺利完成。

管辖是诉讼的一个重要制度，可以确定哪些案件由司法机关受理，哪些案件由政府机关或其他部门管理，实现合理的社会分工，提高处理社会矛盾的效率。但新中国成立初期,我国诉讼制度不健全,重实体,轻程序,使人民法庭受理的案件具有混合的多元性,依据各个时期司法的任务和相关规定,确定人民法庭对案件的管辖范围。

(一)受理土改和镇反特有案件

人民法庭管辖有关恶霸、土匪、特务、反革命分子的案件,对于普通的刑事和民事案件,以及特别复杂需要长期侦查才能决定的案件,应交普通法庭和公安机关去处理。人民法庭应依照政府颁布的条例来进行工作,不得任意处理罪犯。除了人民法庭和治安机关外,其他的人民团体和机关不得拘留、审判和处理罪犯。各级人民政府应用大的注意力去帮助人民法庭,并加强与训练人民法庭的干部,使人民法庭能够担负起自己的任务,否则,土地改革的秩序就有不能很好保持的危险。①

(二)受理土改中部分财产纠纷案件

中南军政委员会依据中南具体情况,对《土地改革法》作出司法解释来解决纠纷问题,特规定"地主分散之土地,因被抽出分配,因而使承买、承典的农民蒙受损失时,其损失应由地主负责赔偿。如地主确有困难,无法全部赔偿者,经乡农民代表大会评议,得酌情其少赔、分期赔或免赔,并得由农民协会在土地改革中另筹办法适当补偿承买、承典农民的损失。如发生争议无法解决时,由人民法庭判处之"②。

(三)受理划分阶级成分案件

《土地改革法》第三十一条明确规定关于划分阶级成分的争议,有权最终做出裁决的是县人民法庭:"划定阶级成分时,应依据中央人民政府颁布的划分农村阶级成分的决定,按自报公议方法,由乡村农民大会、农民代表会,在乡村人民政府领导下民主评定之。其本人未参加农民协会者,亦应邀集到会参加评定,并允许其申辩。评定

---

① 刘少奇.刘少奇选集(下)[M].北京:人民出版社,1981:46.
② 中央人民政府法制委员会.中央人民政府法令汇编(1945—1950)[G].北京:法律出版社,1982:126.

后,由乡村人民政府报请区人民政府批准。本人或其他人如有不同意见,得于批准后十五日内向县人民法庭提出申诉,经县人民法庭判决执行。"①中共河南省委书记张玺同志于 1950 年 4 月 2 日在河南省首届各界人民代表会议预备会第三次全体会议上的讲演专门提到,"慎重正确地划分阶级,这是一个重大政策,是执行没收分配的基础。划分阶级时应吸收本人参加,允许申辩,并于不服评定时可上诉人民法庭。划分阶级按讲、划、评、批准四步执行缺一不可"②。

（四）受理贪污分子的案件

"三反"运动的人民法庭管辖案件为贪污犯罪分子,对贪污分子的具体标准中央节约检查委员会在《关于处理贪污、浪费及克服官僚主义错误的若干规定》和《惩治贪污条例》中有明确规定,至于浪费及官僚主义的处理则按行政方法,没有运用刑法的手段。

（五）受理工商户的案件

"五反"运动人民法庭受案范围是工商户中严重违法和完全违法的犯罪分子。

（六）普选人民法庭的受案范围

普选人民法庭的受案范围前文已经叙述,在此不再赘述。

三、人民法庭的诉讼原则

人民法庭作为中华人民共和国初期特殊的审判组织,在法制不完备的情况下,在基本的诉讼中,应遵守人民法庭组织通则规定的基本原则,确保司法基本公平的实现。

（一）重证据、禁刑讯原则

《人民法庭组织通则》第五条规定:"县（市）人民法庭及其分庭

---

① 中央人民政府法制委员会.中央人民政府法令汇编(1945—1950)[G].北京:法律出版社,1982:54-55.
② 关于河南土改中的几个问题[J].河南政报,1950(7):41.

受理案件后,应认真地进行调查证据,研究案情,严禁刑讯。在审判时,旁听的人经允许后可以发言,但必须保持法庭的秩序。"这一规定要求人民法庭的审判人员要有严肃谨慎的态度,严防草率从事,反对主观擅断,重口供,轻证据,严禁刑讯逼供,全面地实事求是地查找证据、认定证据,对被告有利或不利的事实证据,均应分析判断,以求审判上所认定的事实,确切地符合于真正的客观事实。审判人员要联系群众、依靠群众、实事求是、调查研究,不能先入为主,凭感情或阶级仇恨轻易判案,要让证据发挥作用。必须把系统的侦查、审讯、号召坦白和群众调查等各方面所得的材料加以综合研究,根据政策法令与群众的正确要求,予以判决。

如许昌姚××惯匪结伙抢劫并曾吸食毒品窝藏小偷恶霸一案。被告人犯数种罪行,对社会危害极大,先后七次共谋合伙携带枪支、刀具等凶器抢劫他人香烟、布匹、金银首饰、棉衣棉被、粮食等民生必需的财物;非法持有毒品并吸食毒品多年,屡教不改;盗窃他人财物并窝藏赃物和小偷,在当地影响极坏,扰乱人民生活。司法机关在侦办案件过程中,遵循这一原则,调查证据,从档案看,证据中被害人的控告的材料、被告人的供述,达到前后一致,既有证据材料,又有具体的司法审讯过程,落实该原则,具体案情材料如下:

被害人的控诉材料——被害人陈述

一、被抢人王×甲

本人被抢情况如下:(1)次数:共7次。

(2)被抢失物:

第一次为中央币四百万元,小女嫁衣等物,其它物不详。

第二次黑皮袄一件,被子六条等。

第三次破衣等。

第四次孩子玉石首饰及零碎衣服等。

第五次妇女棉衣裤等。

第六次麦子并老母亲送老衣。

第七次麦子共有300斤。

(3)匪徒:陈××、刘××、张×甲、高××、张×乙(其它化装面貌辨别不出)

具报告人王××于许昌才解放时本人由樊城经商,回家住兴隆街65号,被本市惯匪姚××、陈××、高××、张×甲、刘××、张×乙曾向我家连续抢7次,抢去东西计有被子、衣服、首饰、麦子等物,并将本人全家老幼任意毒打,像这种不法之人,请求人民政府法办,实为德便。

谨呈

许昌市公安局

控告人 王×甲

1952年元月8日

二、王×乙材料

具控诉人王×乙,先住文昌街24号,于1948年6月被匪徒姚××、王×丙等七人到民家即用手巾将口握住,先说查户口,手中拿有手榴弹,吓住民不叫动,随后将民之衣服20件,大衣一个,被子三条,中州票二百元全被该犯抢去,为此控诉,请人民政府依法办理。

谨呈

许昌市公安局

控诉人 王×乙

1952年元月8日

三、杨×控诉

具控诉人杨×,住文昌街20号,于1947年6月14日晚突有匪人姚××、张×甲、刘××、张×乙等18人共持步枪、刀四把,先到屋里,四人均有抢,将民之大哥及弟妹打的八天不能起床,把金留子两个计重一两,又金子三钱,被子五条、单子三条、白洋布四丈八、银洋四块、衣服大小 29 件、银镯子三对,以上各物统被抢去,为此提出控诉,万请人民政府依法办理。

谨呈

许昌市公安局
控告人　杨×
1952 年元月 8 日

审讯笔录:

问:姓名、年龄、籍贯、家情、职业?

答:姚××,小名,姚×男,29 岁,住许昌市聚奎后街 1 号,家有一妻二子一女我,共吾人,有瓦房 9 间,我以前干家行,现在劳动组为业。

问:谈你历史?

9 至 18 岁在上学,初中肄业,二年皮厂学徒,当老师二年。35 年 8 月干皮行至解放后,又卖牛肉三个月(38 年),抬煤一年,后干劳动组至被扣。

问:你的亲戚朋友?

表兄马××,宰牛,住一道街,刘××卖牛肉,张×甲、王×丙(磨头)、温××、张×、顾×、张×乙,我们共 7 人同伙抢劫。

问:你参加过什么反动组织?

没有。

问:谈你错误?

1. 解放拉锯时(夏天),有顾×、我们(除张×乙外)6 人在大中街南北胡同路西一家抢得哈德门烟十大条,黑蓝洋布五匹,花洋布头百余尺,单夹棉衣共 14 件,四合一皂两打,肥皂 20 多块,袜子 16 双,毛巾 60 根。牙刷 14 把,银洋两个,是张×叫我去的,去时有顾×一支十子连,王×乙一支长枪,跳墙进去开的门,张×甲一支快抢,我带一根梢子棍,不知道温××带的啥。进院后,我在大门口看着张×在院里,顾、王、温、张×甲喊各家屋门说是查户口,拿出东西我背着,到我家分的,我分五丈多黑洋布,碎步头四丈多,哈德门烟两大条,袜子6双,毛巾10条,衣服3件,四合一皂6块,在奎楼街碰见打更的躲起来。

2. 还是三七年六七月间,抢文昌街南头路东姓杨的,去有张×甲、王×乙、张×乙我们四人。是王×乙叫去的,王拿长枪,张×甲拿橛把,张×甲俺俩都没有枪,抢得粗布被子一条,三大拐洋线(白色),一块银元,七件衣服,我们一齐从东墙跳进院,张×乙喊门,也是说查户口,东西也是在我家分的,我分一条被子,两件衣服,一拐线,银洋是王×乙拿去的,这时街口就有百姓站岗了。

3. 同上时间抢北大街南口路东一家,是温××叫去的,有王××、张××、顾×、温××。我和一个不认识的共六人,只见王××、顾×有枪,顾×从房上进院,开门后,他们进去,我在门口,屋后说啥我不知道,抢的有三丈白洋布,一斤多各色杂线,捆米白洋线,衣服十件,也是到我家分的,我分三大拐白洋线,两件衣服,五尺多白洋布。

4. 抢仁厚街付××家是王×丙摸的底,去的有他们六人,我没去,抢的水月牌纸烟10条,哈德门130多盒,黑虎塘一盒多,肥皂20多块,冰糖一斤多,洋火10封,衣服七八件,也是到我家分的,我分洋火六封,冰糖一斤多,二十盒哈德门,水月烟2条,两件衣服。

5. 最后我同他们一起去抢文昌街南头路东一家,有王×乙、张×甲俺三个,没抢成,被撵回来,我手上还被砍了一刀。

6. 又一天晚上,我同张×甲、温××,我们三个去城西一个庄上,说的是敲诈人家钱,叫去配人数,到城西八里和庄,叫我在庄边等着,张、温二人进庄,后由张×甲喊我并跟出一人,出庄往东约四五十步(步)远,张×甲就打那人一枪,我就跑了。到底不知他们弄的是啥事。

7. 又一次,顾×、王×乙、张×乙、张×甲、海××共六人,准备抢塔湾北边小罗庄,刚出了东南城脚过去城壕,听到庄上有枪响,就跑回来了。

8.抢大钟街时,碰见了奎楼街有个打更的,我们给他们送去四块布,经我手交给李××了,开始他不要,我强给他了。

9.他们抢东西共在我家分四次,走时也多是在我家聚合齐,原是我家卖老海哩。

10.38年夏天,我家北面姚××家的瓦房被雨淋塌,他父亲被砸死,我偷背他两根檩条,卖钱四次老海吸了。

11.解放后拉锯以后,我当保长卖报告条,每张300元,我卖的200元,孙×曾给我过好,共约合现在洋四万元。

12.我家房子在38年后赁给偷鸡的马××、黄×、王×三人,他俩常在我家吸毒。还有一个闯亮子的小偷名张××,偷东西,有时我替他卖,他吸我的老海,1950年夏在我家住过7天,我窝藏小偷。

13.我在民国35年吸毒到解放后于1949年冬,在塔湾戒烟后随没瘾,但还不断吸食。51年过春节在家吸毒又被扣戒烟所三个月,出来入劳动组后没吸过。这次我在街上被管制着,第二派出所于51年10月10日晚将我扣送来的,我想是因为我罪恶大才又扣我的,恐小错误还会有想不到的,下去再好好反省。

姚××

又如展××一案。被告人犯有私藏枪支、倒卖枪支、贩卖毒品、受贿、抢劫、杀人和造谣惑众多种罪行,影响极坏。该案比较复杂,涉及众多证据,被告狡猾抵赖,司法机关先后六次进行审讯,取得的证据有书证、证人证言、群众揭发的事实材料,在证据面前,被告得以认罪。①

---

① 河南省许昌市魏都区人民法院档案,刑事卷,(1949—1988),土匪反革命案,第662号。

具体证据和审讯如下：

1. 派出所出具的书证

马××：

据展××之子谈出，他父展××在鲁山是干的伪协军旅长，在干这以前曾在官十一匪部干过游击队长。

特此证明

许昌市公安局第二派出所
(1951) 6、1

2. 证人证言：

展××叫罗××买一支盒子，给潘××个八音盒，别的没有小手枪。

郭××
(1951) 6、11

3. 展××的材料

A、展妻供出

1941年展××在临颍干伪巡警至次年麦罢才不干，那时候展的表哥（王××）在那干巡官，展在那里共收了人家送的蓝色帐子一个，绒毯子和其他一些物件。光展的小孩就是有几千元的礼物，当时的地价每亩仅卖八九十元，展在那里共置有30多亩地。

1945年展在鲁山有四五个月未回来，他供称是，卖了一个壮丁，身价一千元，据反映可能是做土匪生涯，不过没有确实的证据。

日本投降时，展在学巷街当甲长和第二甲长魏××与南乡的申××（外号又称张××），向省里送了一批新兵，人数约有一连多（即一百余人）。

吴××在许昌专署任专员时，展在伪专署担任一名付官，是为了来往跑生意有势力。少纳国税。

拉锯时在反共"剿匪"第五支队——××部当土匪，居十四区丈地一带,向过路人进行劫路。经马××(土匪已死)手向家内送回中央票一百万元。

拉锯时,由南乡的一个匪徒潘××,因抢了一头牛,他和曾在26旅当过便衣的罗××(现在住奎楼街南头打铁)每人使(敲的意思)人家四万元。

伪剿匪第五支队全×部垮台时,展隐藏匪枪一支,后经罗××手给他换了四石五斗麦子。

拉锯时,展和第二组长魏××将伪第五行政区专区范×和展××的二个队长(一个叫廉××)及以下石××等十余人隐藏魏××的楼上,使匪徒以换便衣二次,他们都带有枪,后有魏××的二妹子(真)将他们送往南乡她老娘家,以后魏将枪支和东西昧下,假说是解放军搜走了。在伪十一师二次来许时胁迫下,才将东西交还一部分。

B、除展妻供出外,群众反映出展之罪恶事实

当展充当伪专署付官时,即霸占学巷街周××的房子两间,后展当了甲长,计有三年之久,不给周的房租,因周的女人向展要了一次房钱,展就开口大骂,×你娘,打听我姓展的,住谁的房子打过钱,你是个啥东西,当周的妻子还了一句,展上去打他几耳括,当时并又将周的四个孩子从床上仍在外边,周的小女孩到现在还有一个未有完全痊愈。

许昌第一次解放时,西关枪打的一遍叫声,展手拿着灯笼上边用红字写着:肃清××,他手中拿着棍子挨户的叫,你们为啥不将门口挂上肃清灯,并又说,保长等着要款,你们抗款不交,妈那屁,都是八路的坐地探子,并说,你这家人准备着,将来也得给你杀光。

在26旅到许昌时,因派学巷街郑××烙馍,郑××稍微去慢了一点,展过去就是几耳括,并将郑××的户口去掉,说不愿好好的干活,你的都是八路嫌疑。

展私自将学巷街耿××的小车推跑,后来叫耿请客(耿是个靠推

小车吃饭的),耿为了要小车,就马上送了两盒烟,展吸了后,结果又说不知道,小车从此无了踪影。有次展想老海就向耿借了伪钞18万元,以后耿找展要钱,展不但不还反而又打了耿几耳括子。第一次许昌解放时,耿是个穷人,因拾了一个油桶,后卖了10元钱,展向他硬硬要去5块。

48年3月间,26旅进入许昌,展又当了便衣,有马××、罗××等七八个人,不断地陪26旅活埋人,有一次在四八年的三四月间的一天,展××等人从西关带出五六个人,用绳子捆着走,走到南门西边,用手枪枪毙了,展××打了一个(他的干儿子孙某亲眼看到),后来又指给他的同学看,这是俺干的大事。打后,展到家说,以后咱街(指学巷街)谁当了八路军的坐地探子,叫他也活不出学巷街南门(即枪毙的意思),这是学巷街人人共知的事情。26旅在许昌时,展当便衣,同罗××一齐到学巷街孙××家,手拿匣枪找孙××说孙发了大财,展当时带有6个人,每个人都拿枪,向孙要东西,当时没要走什么,就到南关抢一个姓谢的商车的四个车轮。后展又带着6个人回到孙家说,孙小弟是个八路便衣,孙家被逼没法给他们弄了八十元钱,算了事。这时展胸上佩有国防团的胸章,这是26旅的特务组织,后展又被任伪学巷街保长,他派学巷街白书文打城墙做工,连做了三天,为家庭生活向展保长要求换一下,展说白是八路军的积极分子,不但骂了一顿,打了几耳括,并且将白书文送往26旅,到了又挨了一顿打,几乎被26旅活埋。

26旅在许昌时展当保长因派了该街丁××的修城之款,那时丁家连吃的都没有,展逼着丁很去打墙,后丁实在被逼无法只好将自己回家的男孩卖给本街的周××,得价一千二百元,拿了二百元给展,后本街坊看着丁家太可怜,给丁家凑合了二百元,让丁去将孩子赎回来,展听说以后,即出头干涉,不行,谁家卖出东西还兴回,逼着丁家写了字据按了指印,结果孩子卖给本街的周××了。

赵××是学巷街的木匠,当许昌初次解放时,给大队做了些梯子及马鞍子等,后来26旅进了许昌,展在该旅当便衣,说赵是领导着给我们做梯子叫攻打郑州、开封的罪魁,展即带领便衣将赵××抓到26旅,由展出头作证明,说赵是八路军的坐地探子,是八路军的积极分子,当晚就要将赵××活埋,由赵向该旅长苦苦哀求,申诉自己是个木匠,家中得依靠自己等等,才被免去性命的危险,未得活埋。

法庭先后六次查证核实证据,以下为审讯情况。

审讯笔录:
第一次

问:姓名、年龄、地址、家情、职业?

展××,又名××,男,38岁,原籍河北宁津县人,现住学巷街18号,打土坯为生,有三口人,妻子、女、我,无地无房。

问:社会关系?

马××(已死)、刘××(南队人,卖布)介绍我到全司令部全××大队长部下当勤务。罗××在学巷街打铁,是我小孩的干父。魏××开饭店,同伙跑行商,同张××(磁州人)跑淮阳毒品,李××(郑州人)来许昌卖毒(品),我给他卖过。

问:出身历史?

6岁死母,8岁来郑一年,9岁在家拾粪卖菜,到十二三岁上学一年多,15岁到高阳同河纱厂,学徒三年,19岁到天津澧河工厂二年,22年以前,到郑州裕丰纱厂,到26年,该厂迁移,我在一马路开小杂货铺到30年,跑桐油在叶县被汤匪军打啦,我害病在叶县月余,后南阳人王××(临颍警察队长)回南阳碰到我,给我5000元,叫我到临颍当警士八九个月,弄有二三十亩地,到了34年把地退回去,换五六石麦,合一千多斤,当资本由上海、徐州、汉口等地跑行商,一直到许昌解放,卖电石,37年5月18日,干××部游击队,当勤务,带一支二八手枪,该部在北乡打败,我落二把手枪带到城里,交罗××

卖了,给卖了五石麦,没几天××又叫我到临颖城里,又给我个小八音,我把枪交给大石桥潘庄的潘××,后经他交给专署武工队,我因此被扣两月多。当年10月从专署出来,卖米面馍、火烧二、三个月,给开封的二合公赶汽马车,到年底腊月回来,在家里当小组长,并打坏卖,到被捕。

问:政治面貌?

民国22年经焦工程师介绍入青帮,拜郑州太康路姓张的约三四十岁的为老师。

问:你有啥错误?

在临颖干警察,剥削老百姓,自己买地20多亩。

解放后,干××部游击队,弄两支手枪没向政府交(罗××给卖一支)。

跑过十两烟土,给人家卖过一次老海。(35年)

临颖伪镇长张××在本街吴××家住我没报告。

展××
(1951)4、13

第二次审　复审展××

问:你对昨天晚上的会议思想认识如何?

我想着光害怕,怕群众杀我,群众不冤枉我,我过去是有错误的人,我诚恳接受,我不敢再离开政府,怕群众杀我,想叫往家里去信查历史,只要政府不杀我,我就好好改造。

问:把你的错误谈谈?

1. 解放后,37年春26旅来又走,我跟××部当警务(游击队),5月18日至6月初一日,共12天,在城北二十五、六里尚集北十里地天主寺庙给解放军28团打仗,天明5点钟打1个半钟头,游击队打败,伤腿四个人,解放军没伤一个人,我是想弄点钱回家,发个洋财,结果我被翻墙跌着腿,我把二把盒子枪、子弹两粒,先藏到谷子地,等解放军走后,我把枪放到油坊柴庄党部王××徒弟家,我回城了,找罗××卖五石麦,弄回来交给他。

2.6月初,王××给我说,赵队长××部跑到南乡,他同我都走了,××又给我双背八音一支,子弹一粒,叫我跟他走,当天晚上9点多,有情况,他又跑啦,我装作解手,没跟他去,我住大石桥桥东王庄,我到潘××家把枪交给潘××,他后来叫牵牛去,我在外放哨,牵二头牛,他给我二斗麦,我背回来,牛卖了,他又给我送来两块铜洋,牛是他卖的,我不知道在什么地方卖,钱是罗××给我。

3.37年3月间,××部张××、全××二人带12人在南门外枪毙伪省政府统计调查室的四个人,都是冒充的,是游击队擦膀子,狗咬狗,××弄一个山西造的大子盒子,还有个大印,那四个人都是蛮子,穿的很阔。那时我没有枪,不过我在那里说"老百姓,往里头挤弄啥"那时,我认识全××,是马××、刘××介绍的,后来有认识张××,那时我想干,才联络上,到5月18日后,我才正持干上。

4.吸人家纸烟,欠老赵家一千元,李××三元银元,周××家两石麦(房租)。

5.当组长领30斤小米,自己吃了。

6.平时好给木匠铺玩,打过张××家,用拳,拿斧子准备砍死吴狗,吴老四婆说好话。

7.26旅在这,我同孙××、赵××,在南关扒汽车轮,罗××是便衣,找着我要汽车轮三个。

8.给白××要态度,打他

9.丁××20万元是我收的,王××要过去,用了,没还大家。

10.丁××家的一包麦子是我偷回家吃了。

11.借耿××家20元没还。

12.经常好给人家斗嘴,耍态度。

问:你下去再好好反省错误,也要帮助别人反省,立功赎罪!

是!

展××
5.23

第三次　复审展××

问:你又想起什么问题?

1. 周××是我当甲长时的保长,解放时他存有公家麦很多,他放到澡堂后北边小院里现在街政府住那地方,反正很多。王××接他保长,完全听他的话。

2. 程××伪镇长,不断带民工去修河,是学巷街绅士。

3. 牛××过去也是干事人。

4. 王××非利不办。

展××
5.29

第四次　复审展××

问:你存大同街的毯子是从哪里来的?

是××与南关伪警局配合起来剿那游击队(枪毙那四个人)时,南关伪警局一个席巡官弄了三个毯子,我要他要了一个,存到大同街,除毯子外,还有两个小布衫,解放后我没敢要,到我当组长时,我去要,他说是有主了,给我弄了伪币两万元,布衫就没有给我。

问:剿那游击队时你参加了?

是早起剿的,干后枪毙的,枪毙人后我去的,是席巡官叫我寄放那里。

展××
5.30

第五次　复审展××

问:你又反省出有什么问题?

没有。

问：你在鲁山干过什么事？

33年10月，我在鲁山任日本豫鄂边区绥靖公署皇协军旅长，王×是正的，我是副的，是王×在漯河找到日伪师长洪××派俺的，没有干，俺们来往淮阳跑烟土，曾带一支德国造二把盒，是借宋××的枪，后来还他啦。

问：当时有谁？

袁××、宋××，还有十几个。

问：你在干日伪旅长前都干过啥？

在临颍干过警察。

问：王×是个干啥？

他是正旅长，经宋的介绍，我给他当副旅长，我们都跑烟土，我跟他到鲁山组织人，共四匹马，短枪7支，我们去时共10人，被鲁山高××打垮，就跑烟土去了。

问：你干伪旅长前除警察外，你都干过啥，后来怎样？

没干过别的，如查出来我干过，可用刀碎我，以后国民党鲁山县政府扣我11天，经吴××兄弟吴××说，我化金子6两、米、衣服等被放出来。

展××

6.1

第六次　复审展××

问：你家存有啥东西？

有一个金戒指二钱重，

问：你现在说你究竟犯的啥错误？

对不起人民，剥削人民，耍态度，干游击队，伪皇军，跑烟土，私卖枪支，抢人家牛。

问：你这次在押期间犯什么错误？

思想有顾虑，怕死，没好好坦白，隐瞒自己错误。

问:你好好反省坦白你的错误,争取宽大处理?
是。

展××
6.11

法庭经过六次审讯,查证展××的供述与证人证言、群众的控告等证据吻合,达到事实清楚,证据确凿,可以定案的程度。法庭六次审讯,展现具体的司法实践过程,凸显人民法庭的审判工作以事实为根据,以法律为准绳,贯彻《人民法庭组织通则》的精神。

(二)辩护原则

辩护原则是近代资产阶级革命时期提出和建立的诉讼原则,也是世界各国法律普遍公认的原则,1948年联合国大会通过《世界人权宣言》,第十一条就规定:"凡受刑事控告者,在未经获得辩护上所需的一切保证的公开审判而依法证实有罪之前,有权被视为无罪。"这一规定成为各国国内法确立辩护制度的重要根据。孟德斯鸠在他的《论法的精神》一书中也讲到辩护权,他指出:"在政治宽和的国家里,一个人,即使是最卑微的公民的生命也应当受到尊重。它的荣誉和财产,如果没有经过长期的审查是不得剥夺的;它的生命,除了受国家的控诉之外,是不得剥夺的。……国家控诉他的时候,也必定要给他一切可能的手段为自己辩护。"①中华人民共和国成立以来,有关辩护权在人民法庭条例有零星规定,1949年12月15日中原临时人民政府发布《关于公布人民法庭暂行条例》,其中第十七条规定:

审讯判决应依下述步骤执行:审讯:一切案件,首先进行审讯。审讯时应邀请当地有关之人民团体代表列席旁听或陪审,并给予发言权;同时应允许被告及其辩护人提出理由和反证。对重大案件之审讯须经预审、复审、终审三个步骤。终审时如有必要,可举行公审,

---

① [法]孟德斯鸠.论法的精神[M].张雁深,译.北京:商务印书馆,2004:90.

公审时,人民得自由参加,进行充分控诉。①

这是首次规定被告及其辩护人享有辩护权,但对辩护人的资格、条件、辩护人的权利和义务、何人可以充当辩护人没有具体详细的规定。1950年中南军政委员会通过《人民法庭暂行条例》也规定辩护权,内容与中原临时政府规定相同,只是将"允许被告及其辩护人提出理由和反证"改称"允许被告及其辩护人提出申辩和反证"②,使语言更准确。同年7月政务院公布实施《人民法庭组织通则》,完整确认该权利,其规定:"县(市)人民法庭及其分庭审判时,应保障被告有辩护及请人辩护的权利,但被告所请之辩护人,须经法庭认可后,方得出庭辩护。"③1952年关于"三反""五反"运动中成立人民法庭的规定中就不再有关于辩护权的相关规定。

从该条规定和以上比较,本规定显得更加完善严密。

第一,被告聘请辩护人的时间是在法庭审判阶段,既不是在庭前侦查阶段,也不是像前两个规定是审讯阶段,即预审、复审和终审三个阶段,把时间确定在审判阶段。

第二,被告有自行辩护的权利,也有聘请他人辩护的权利,被告人享有自主选择权。

第三,对被告聘请之人资格虽没有具体要求,法庭有审查权,被告聘请之人必须经法庭审查、批准和认可,方可进行辩护。这些人应该是农会干部或负责人、农民代表或者是农村的积极分子、妇女代表,而恶霸、地主或其他出身不好的人或者反革命分子被排斥在辩护人之外。

---

① 中原临时人民政府关于公布人民法庭暂行条例[J]. 江西政报,1950(1):66-68.
② 中南军政委员会人民法庭暂行条例[J]. 江西政报,1950(2):37-39.
③ 中央人民政府法制委员会. 中央人民政府法令汇编(1945—1950)[G]. 北京:法律出版社,1982:83.

尽管对辩护权规定比较完备,在当时的法治环境下,辩护权只是一种书本上的权利,在司法实践中,无论土改法庭、"镇反"法庭、"三反""五反"法庭,还是普选法庭,这一规定没有得到很好的实施。人民法庭担负政府推进社会改造的工具,人民法庭不是作为一个独立的司法机构,其没有独立的司法权,不是居中裁判的角色。诉讼中,所谓的原告、被告的地位基本恒定。原告大体上是贫雇农、农会代表或各项运动的积极分子,他们是一个阶级的特殊代理人,是经济上处于被压迫地位弱势一方群体,迫切需要翻身解放,寻找救星和帮助,求得政治和经济上翻身。被告是地主、恶霸分子、匪特分子、反革命分子和破坏土地改革法令的不法分子、贪污分子。原被告之间不是个人之间的利益冲突,而是一个阶级和另一个阶级的斗争。人民法庭的人员组成是农会干部、积极分子,判决采取民主集中制的办法,要让群众满意,辩护权的设置成为虚置,况且在特殊的政治环境下,担任辩护人,为地主等人进行辩护是危险的身份。

(三)人民法庭权力集中原则

人民法庭作为基层的审判组织,鉴于新中国成立初期特有的司法体制,使人民法庭的权力呈现出集中的态势。这种态势在中南区的人民法庭诸条例都有显现,影响到人民法庭组织通则。1949年12月15日中原临时人民政府发布的《人民法庭暂行条例》规定:"人民法庭及分庭有权直接检举匪霸分子、犯罪分子及违抗社会改革的不法分子,依法审判与治罪。""人民法庭及分庭有权依法逮捕拘禁被告人和判决被告死刑、徒刑、罚款、劳役、赔偿、没收财产、当众悔过或宣布被告无罪。"[①]此后中南军政委员会的《人民法庭暂行条例》都规定

---

① 中原临时人民政府人民法庭暂行条例[J].江西政报,1950(1):66-68.

这一基本相同内容①,使人民法庭及其分庭对被告(匪霸分子、犯罪分子等不法分子)享有控诉权、逮捕拘禁权和审判权,使本来由不同机关公安、检察和法院配置的国家司法权力,由一个人民法庭集中享有,缺乏监督和制约,而1950年《人民法庭组织通则》将人民法庭的权力更加细化和完善,增加了部分监督内容,其规定为:

县(市)人民法庭及其分庭有权逮捕、拘禁并判决被告死刑、徒刑、没收财产、劳役、当众悔过或宣告无罪。

县人民法庭及其分庭所判决之死刑、没收财产及五年以上徒刑的批准权,属于省人民政府(或省人民政府特令指定之专员公署),死刑由省人民政府主席(或省人民政府特令指定之专员)以命令执行之。不足五年的徒刑及宣告无罪之判决的批准权,属于县人民政府。

市人民法庭及其分庭之判决的批准权:属于大行政区直辖市者,前项规定的属于省人民政府的批准权,由大行政区人民政府(军政委员会)行使之,死刑由大行政区人民政府(军政委员会)主席以命令执行之;属于省辖市者,适用县之规定。②

《人民法庭组织通则》的这款规定,增加了上级政府部门对下级法庭判处徒刑的有效监督权,改变了人民法庭判刑权力过大缺少监

---

① 《人民法庭暂行条例》:第十条:县人民法庭及分庭,有权直接检举匪霸分子,违反社会改革的犯罪分子和不法分子,依法审判与治罪。
第十一条:县人民法庭及分庭,有权依法逮捕、拘禁被告人和判决被告死刑、徒刑、罚款、劳役、赔偿、没收财产,当众悔过或宣布被告无罪。见《江西政报》1950年2期第37—39页。
《中南区人民法庭组织条例》:第十条:人民法庭有权直接检举匪霸分子、反革命分子和破坏土地改革法令的不法分子,依法审判。
第十一条:人民法庭有权依法逮捕、拘禁和判决死刑、徒刑、劳役、罚款、赔偿、没收财产、剥夺政治权利、当众悔过或宣告无罪。见《江西政报》1951年第8期第48—49页。
② 中央人民政府法制委员会.中央人民政府法令汇编(1945—1950)[J].北京:法律出版社,1982:83.

督的局势,使人民法庭的办案人员更加谨慎。缺失是人民法庭的司法权和政府的行政权更加集中,司法之独立性过度依赖行政权。此后政务院《关于"三反"运动中成立人民法庭的规定》和《关于"五反"运动中成立人民法庭的规定》都承袭这一内容。

（四）上诉原则

上诉是当事人双方不服一审法院的尚未生效判决、裁定,请求上一级法院进行重新审判的行为。上诉权是公民在诉讼中依法享有的基本权利,也是公民寻求权利救济的手段。任何法治国家的法律都规定该原则,它是人类法治文明的基本要求。

中华人民共和国成立初期的人民法庭对这一原则有所规定,为便于比较,列表于下：

单位	名称	内容
中原临时人民政府	《人民法庭暂行条例》（1949.12）	人民法庭及分庭所作判处,原告和被告如不服时,得于法定期间内,提出要求复审,或向上级政府司法机关上诉。（第13条）①
中南军政委员会	《人民法庭暂行条例》（1950）	县人民法庭及分庭之判处,原告和被告如不服时,可于法定期间（限期一般规定为七天至十五天,特殊情况时,可酌情延长）上诉。一般案件县人民政府之判处,即为最后之判处。但凡属省人民政府（或省人民政府特令指定之行署、专员公署）批准权限内之案件,可向省人民政府或专员公署上诉,但以上诉至省人民政府为止。上诉于专员公署者,由专员公署司法科受理判处。以专员命令行之。上诉于省人民政府者,由省人民法院受理判处,以省人民政府主席命令行之。（第13条）②

---

① 中原临时人民政府人民法庭暂行条例[J].江西政报,19509(1):67.
② 中南军政委员会人民法庭暂行条例[J].江西政报,1950(2):37-39.

续表

单位	名称	内容
中南军政委员会	《人民法庭组织条例》（1951.1）	人民法庭对匪特分子之死刑的判决，依前条丙款规定批准执行，不得上诉。人民法庭关于土地改革中划分阶级成分的争执案件，依《土地改革法》第三十一条规定之手续判决后即须执行。人民法庭之其他判决，当事人如有不服时，得于判决后十日内要求县（市）人民政府指令县（市）人民法庭复审，对复审之判决，如仍有不服时，得向上级人民法院提起上诉，但对上诉复审的判决即不得再行上诉。（第13条）①
政务院	《人民法庭组织通则》（1950.7）	县（市）人民法庭及其分庭对匪特反革命分子之死刑的判决，按本通则第七条规定批准执行，不得上诉。县（市）人民法庭及其分庭关于土地改革中划分阶级成分的争执案件，依《土地改革法》第三十一条规定之手续，判决后即须执行。县（市）人民法庭及其分庭之其他的判决，被告或原告如有不服时，得于判决后十日内，要求县（市）人民政府指令县（市）人民法庭复审；对复审之判决如仍不服时，得提出上诉。（第8条）②

1949年12月15日中原临时政府的《人民法庭暂行条例》关于上诉原则规定非常简略。

第一，上诉主体是原告或被告，没有具体的上诉理由；接受上诉的主体是政府司法部门，当时中原临时政府还没有人民法院，只有政府部门的司法科，司法科承担二审的任务。

后面三个关于人民法庭的上诉问题，由比较可以看出：都规定有

---

① 中南军政委员会人民法庭组织条例[J].江西政报，1951(8)：48-49.
② 中央人民政府法制委员会.中央人民政府法令汇编(1)(1945—1950)[G]. 北京：法律出版社 1982：83.

复审期限,但是复审的期限不同,分别为 7 至 15 天、10 天、10 天。如对复审不服,得以提起上诉。但上诉期限,并未规定。

第二,对匪特反革命分子的死刑案件不许上诉,一审终审。死刑是剥夺被告人生命权的最严厉的刑罚,由人民法庭一审判决后不准上诉。剥夺被告人的上诉权,既不合情理,也不合法理。

第三,设置复审前置程序,对于上诉的案件,先由县、市人民政府指定人民法庭进行复审,如对复审结果不服,得以提起上诉。

下面结合许昌市魏都区人民法院档案材料就案件复审及上诉相关问题做一研究。① 该案被告方××任伪保长,犯有贪污、敲诈及吸食毒品罪,许昌市政府判处 5 年有期徒刑,许昌专署复审后,判处 7 年有期徒刑,送往大西北进行劳改,1952—1953 年司法改革运动中,群众检举,许昌市人民法院判处无期徒刑,河南省人民法院许昌分院审查后改判 7 年有期徒刑。具体司法过程如下:

案件基本情况:

案由:恶霸

收案日期:51 年 1 月 18 日　　　结案日期:1951 年 2 月 26 日

被告:方××

审判人员:

市长:闻×

科长:丁×

书记员:孙××

结案情形:判处 5 年有期徒刑,专署改判 7 年有期徒刑

被告的犯罪事实材料:

方××——民国 28 年当伪保长,到民国 32 年当伪镇长,罪恶事

---

① 河南省许昌市魏都区人民法院档案,刑事卷(1949—1988),第 433 号。档案显示该案是由行政人员组成的法庭,是独任制的形式。

实:

1. 抓兵:有的抓三次,抓去的验不上,回来仍抓,有的连续三次,二次很多,黄×甲,儿子被抓走了,卖了二亩地,儿子死在外边,老头也气饿而死。

2. 讹诈——抓兵、逼粮、逼款都是他讹诈地、金钱的方式,出兵钱不起和粮不起均将地及房产卖给他,黄×甲为出兵卖了5亩地,房子也被方××拔去。黄×乙为抓兵逃难,一家失散,亡六七口,七八年不敢回家,父亲被方××诬偷门扇梆打死。黄×丙因种庙地交不起租,弟兄几个的地全被夺取,黄×丁交不起粮被扣,家人吃麦苗、树皮。

3. 全西关被其逼死或逃亡者无法计数,只黄门一街共被逼死、抓走逃亡即170余人,群众说起来,无不痛恨咬牙,就连胞弟也在斗争大会上给他诉苦讲理,其在伪镇长讹诈霸占之财产,解放后被其吸毒品挥霍完。

许昌市政府、公安司法合议庭审讯笔录:

问:姓名、年龄、籍贯、家情、职业?

方××,又名××,原籍西关南后街,门牌号15号,家有一妻三子五口人,草房两间,干煤行。

问:本人历史?

12岁父死后,当于21岁后,换洋钱8年,民国21年当保长,到(民国)33年3月不干了,让给黄×。4月初八老日过来跟大车到老日投降,后又当南博爱镇副镇长勘丈员,到35年7月辞职不干,干煤行到现在。

问:谈谈错误?

1. (民国)34年10月开始吸毒,直到这次到戒毒所被断时,过去每天能吸二三分,没钱时喝烟花,最近喝4000元,另外吸两小包,没卖过。

2. 当保长抓壮丁黄×戊、黄×己、黄×庚、黄×、黄×辛共五人,还有黄×壬共六人，都是穷人。

3. 打过黄×癸、黄×子二人，为偷盗，用洋车带打的。

4. 王××家的猪吃我豆叫包我绿豆，不计多少。

……

方××口供
(1951)年1月13日

许昌市政府刑事判决书（复审）

事由：为判决恶霸保长方××有期徒刑5年由

公诉人：许昌西关农会①

被告：方××，又名××，男，42岁，西关南后街15号人

右列被告为恶霸保长一案由我西关农会全村经过群众说理斗争，提起公诉，送交本府，业经本府审理终结判决如左

主文：查被告方××，历任伪保长，贪污敲诈欺压群众并一直吸毒，破坏我社会秩序，犯伪恶霸破坏社会秩序罪，判处有期徒刑5年。经呈奉许昌专署法刑字第549号指令改判徒刑7年，本府于3月16日，重新宣布执行。

事实及理由：该被告系流氓出身，自民国30年以来，历充我市西关伪保长及南博爱镇副镇长，除拉丁拉夫逼车勒逼粮款，忠实为国民党政府服务外，并贪污肥己，勒索敲诈欺压群众之事实不计其数，现我群众喊冤愤怒对其诉苦多达数十人，该犯并在解放前后一直吸食毒品至被押之时，似此敌伪恶霸，违法破坏社会秩序之徒，应即惩办以申法纪。

基于以上事实及理由特判决如主文

---

① 公诉应该是检察机关，在没有检察机关的情况下，根据司法解释是由公安机关代替，轮不到农民协会。

如不服本判决限于宣判之日起 5 日内上诉于许昌专署

　　　　　　　　　　　　　　　　　市长　闻××
　　　　　　　　　　　　　　　　　1951、1、26

附许昌专区复审令①

许昌行政区专员公署指令　法刑字第 549 号

事由:为改判恶霸毒品犯方××7年徒刑由

呈卷均悉。查方××曾任伪保长、副镇长,贪污勒索,拉丁逼款,打骂群众,吸贩毒品,解放后仍不务正业,以贩毒为生涯,经群众检举控诉,该市政府判处该犯 5 年徒刑,本署审理研究,依其解放前后各种罪行合并改判该犯 7 年徒刑,仰具令遵行为要。

此令

　　　　　　　　　　　　　　　　　附原(原)卷
　　　　　　　　　　　　　　　　　1951、3、16
　　　　　　　　　　　　　　　　　专员　马××

司法改革运动中群众又控告该案被告,认为原判 7 年太轻,要求判无期徒刑。

许昌市人民法院呈稿

事由:为呈请改判恶霸伪镇保长方××无期徒刑由

我市于 51 年 2 月 26 日判决恶霸犯方××有期徒刑 5 年,经呈奉许昌专署,51 年 3 月 11 日法刑字第 549 号指令改判为有期徒刑 7 年,并已调该犯赴大西北执行徒刑。现在司法改革运动中,经群众提出意见,重新检举和揭发出该犯的罪恶事实,由本市司法改革委员会办公室指定专人进行调查,整理材料,一一核实,计有群众黄×丑、黄×寅等 22 人诉苦控诉,经群众讨论,民愤极大,一直要求对该犯重新判处死

---

① 作者自己加注。

刑,立即执行。我院经研究,该犯自充保长以来,大肆刮掠群众买地20亩,马车两辆,骡子六匹,又雇人种地,剥削穷人劳动力,上升为地主阶级,其个人又吸毒品,娶过两个老婆,横霸一方,曾逼死人命赵××、黄×癸等15条之多,其中赵××又系勾匪枪杀以及其他敲诈勒索危害群众,事实很多,群众极其痛恨,因此,拟将该犯改判无期徒刑,以资纠正错误,平息民愤,是否有当?特附判决书原卷宗一份,呈请。

谨呈
马兼院长
副院长

附卷宗及判决书

兼院长　闫××
副院长　傅××
1953年元月5日

许昌市人民法院刑事判决书　法刑字第7号

公诉人:许昌市第四区政府(代表西关南后街群众)

被告:方××,又名××,男,本市西关后街15号人

被告犯罪事实及判决:被告方××,系流氓出身,自民国30年即充当伪保长刮掠群众,于32年灾荒时期大肆买卖土地20余亩,马车两辆,骡子六匹,雇人种地赶车,其本人已完全成为地主兼恶霸伪保长身份,日寇投降后该犯即又充当南关博爱镇副镇长,耀武扬威,欺压群众,曾娶妾两次(均已脱离)并吸食毒品,横霸一方,镇反时期,扣押审讯中,不肯彻底坦白,仅判5年徒刑,经专署改判7年,送大西北执行劳改。司法改革中间,群众又提意见,经调查证实材料,该犯罪恶事实如下:

(一)民国33年,勾结土匪贾××枪杀群众赵××一名,又前后以抓壮丁逼粮索款,诬害群众黄×癸、黄×卯母亲、黄×辰母亲等计有15条人命之多(情况详见调查材料),抢抓壮丁逼粮逼款走后,至今没有

下落死活不明的有黄×寅儿子、黄×亥父亲等事实,人命很多。

（二）刮掠群众,强迫贱卖土地20余亩,灾后硬不许回赎,气死黄×丙父亲,王××家一条猪刚到他地头跟,还没有吃着庄稼,就罚出绿豆两石,用黄×辰车轴下盘不给钱,又把黄×辰扣押伪镇公所,一天打三顿,有用洋车胎打黄×丑、黄×癸等,此类事实,笔难尽述。

（三）解放前后一直吸食毒品至扣押时,存心提前把地卖完,破坏土地改革,为了危害群众,竟把其所卖地内井口封住,不让取水饮食,并威吓群众说,现在还是老子的天下,把水井封住,都干死完你。该犯罪恶事实很多,民愤极大,省法院改判7年,以严法纪。

兼院长　闫××

副院长　傅××

1953年1月5日

司法改革运动中调查的证据材料:

群众检举方××的罪恶事实与要求

方××,干伪镇长,在民国31年年景,伪政府发的救济粮,和黄明甲长把持着,只许亲亲朋友吃或喂牲口,贫苦人应得八升的,只叫吃半碗,把群众饿死的很多,又为拉壮丁逼死很多人命,独霸一方。在民国33年,赵××跑门子和他对头啦,他勾结土匪贾××把赵××打死了。根据恶毒事实,群众要求坚决杀掉,为民除害,具体罪恶如下:

1. 黄×丑控告方××,在43年他的门丢了,可是方要说黄×丑和黄×癸二人偷取,并将二人毒打一顿,因此黄×癸气死了,一条命。

2. 黄×子控诉方××、张××二人,第一次抓儿子壮丁,没验上,后又把儿子抓去,现在没下落,民国29年,他还说,抓走儿子呢后,给120元,现在还未给一个。……以下还有20项罪恶。

根据方××的罪恶事实,西关全体群众都要求杀。

调查人　尚××

1952、11、3

河南省人民法院许昌分院指令　法刑字第 185 号

事由:为改判恶霸犯方××一案 7 年由

呈卷均悉:查该县(市)呈送复核恶霸犯方××一案,原审判处无期徒刑,经审查委员会研究,改判其 7 年徒刑,仰接指令遵照执行为要。

此令

附原卷乙宗

公历一九五三年元月

河南省人民法院许昌分院印

兼院长　边××

副院长　于××

该案被告一审被判 5 年有期徒刑,按照规定①判处 5 年以上有期徒刑,其批准权属于省人民政府或由省人民政府指令之专员公署,后经专员复审改为 7 年有期徒刑。专员复审后,在判决书后面有"如不服本判决限于宣判之日起 5 日内上诉于许昌专署",表明该判决属于复审判决。此后被告并未上诉,由执行机关送往大西北进行劳动改造。1952 年 7 月第一次司法改革运动中,群众揭发该案被告,许昌市人民法院遵循群众意见,走群众路线,又将该案被告判处无期徒刑,呈请河南省人民法院许昌分院复审,许昌分院经研究改判 7 年有期徒刑。

通过该案可知:第一,上诉与复审不同,上诉是当事人的一项诉

---

① 中央人民政府法制委员会. 中央人民政府法令汇编(1)(1949—1950)[G]. 北京:法律出版社,1982:83.

《人民法庭组织通则》规定:"县人民法庭及其分庭所判决之死刑、没收财产及五年以上徒刑的批准权,属于省人民政府(或省人民政府特令指定之专员公署),死刑由省人民政府主席(或省人民政府特令指定之专员)以命令执行之。不足五年的徒刑及宣告无罪之判决的批准权,属于县人民政府。

市人民法庭及其分庭之判决的批准权:属于大行政区直辖市者,前项规定的属于省人民政府的批准权,由大行政区人民政府(军政委员会)行使之,死刑由大行政区人民政府(军政委员会)主席以命令执行之;属于省辖市者,适用县之规定。"

权,可以行使,也可以放弃。复审是政府司法系统内部的工作机制,只要是判处死刑或5年以上的有期徒刑,必须进行复审。如当事人不服复审,有权上诉。如果当事人对复审没有异议,则发生效力。

第二,复审是行政权力,是上诉的前置程序,上诉仅仅是个人权利。

第三,该案反反复复,诠释新中国成立初期的上诉制度运作的独特性和再审程序启动的随意性。

第三节 人民法庭的审判

一、人民法庭对案件的受理

人民法庭成立后要开展审判工作,首先是立案,要有案件的来源,方可进行下一步工作。立案的来源主要是人民群众对地主、恶霸、土匪、特务、反革命分子等的控告、检举或者揭发,"三反"运动中查获的贪污分子,"五反"运动中的严重违法户和完全违法户以及司法机关发现的其他案源。法律明确规定"县(市)人民法庭及其分庭受理案件后,应认真地进行调查证据,研究案情,严禁刑讯"①。据此法庭受理案件后对接收的一切材料,要进行审查,然后决定哪些案件要受理,哪些案件不需要受理,对于不予受理的案件,要说明原因。当时人民法庭受理案件的程序简略,并不像现在程序法律规定很严格。各地有不同做法,中南区采取分工协作的方法,他们创造了人民检察员制度,向法庭提供案源材料,实际上人民检察员承担的是法庭受理案件后的侦查职能。

二、审理方式

开庭审理就是人民法庭及其分庭在由当事人及其诉讼代理人参

---

① 中央人民政府法制委员会.中央人民政府法令汇编(1)(1949—1950)[G].北京:法律出版社,1982:83.

与下,查明案件事实,依据法律作出裁决的行为。这一时期的开庭审理共同点是首先询问罪犯姓名、年籍、成分、性别、住址,然后询问其出身简历、家庭情况、土地、房屋等财产状况,以便使参加庭审或公审的群众进一步了解被告人一贯历史,联系整个罪恶事实,为群众以后的诉苦活动做一番准备。至于庭审方式,以土改和"镇反"时期最为典型,可概括为:

(一)法定的审判方式——巡回审判

土地改革时期,人民群众对人民法庭还没有认识,农村恶霸地主及反革命分子气焰嚣张,人民群众热切盼望政府撑腰。政府设置巡回法庭,巡回法庭巡到时群众就敢于起来控诉,进行斗争,群众就不害怕恶霸地主的压迫和威胁了,这种做法是最有教育意义的。时间上,巡回审判根据土改地区的不同情况,定期或不定期组织人民法庭及其分庭的审判人员到案件的发生地进行巡回审判。《人民法庭组织通则》第二条规定:"人民法庭以县(市)为单位成立之。必要时得以区为单位或联合两个区以上设立分庭,县(市)人民法庭及其分庭均得实行巡回审判。"

(二)群众路线的审判方式

"群众路线,是我党的根本政治路线和组织路线,它是共产党在革命时期战胜一切反动派的一条重要经验。如今,它也被纳入法律中去,要求人民群众协助司法机关,甚至可以直接将政策和法令交给群众去处理具体案件。在这种群众司法、人民司法下,法律知识的专业化、法律运作的独立性和法律思维的独特性都在国家权力的改造下消失了"[1],但是却创造了群众路线特有的审判方式。群众路线的审判方式是人民司法制度的组成部分,在新中国司法制度史上占据重要地位,是中国共产党人在司法实践中结合中国农村社会和传统文化

---

[1] 李龙,汪习根. 新中国法制建设的回顾与反思[M]. 北京:中国社会科学出版社,2004:235.

创造的适应中国国情的独特的处理案件的方式。历经历史检验,在中国革命的不同发展阶段,不断完善和丰富,逐渐发展成为一种深受群众欢迎和熟悉的审判方式。它简化司法程序和审判手续,从立案到判决,一切尽可能用最简化、群众喜闻乐见、没有过多繁琐程序的方式,一切为群众着想,给予群众方便,不因为诉讼的关系来增加群众的麻烦,改变过去坐堂问案、程序复杂的审判方式。政府一再要求坚持群众路线,强调"案犯从群众中来,必须再回到群众中",审判工作必须与群众路线紧密结合。这种审判方式在当时的时空条件下,具有较强的生命力,产生很大的社会效益,推动了社会的迅速转型。

1. 群众公审

"所谓群众公审既不同于公开审判,也有别于公开宣判,是边区司法机关为了落实群众路线所摸索出来的一种特殊形式,它是在出事地点,由司法人员和出事地点的或出事单位的群众代表共同审判的一种方式。在审判中,群众的意见对判决结果会产生一定的影响。"①这是陕甘宁边区时期对群众公审的界定。到新中国成立以后,这一审判方式已经发生变化,重心转移,由人民法庭最终决定。最高人民法院中南分院在总结这一审判方式时,认为公审即群众参加的公开审判,这种公审的方式的进行,是由法庭决定、准备和主持的,参加庭审的群众,必须遵守法庭规定的秩序。一般公审的案件,应经过法庭的选择,对当地群众比较有教育意义,对群众有较大的影响而为群众所注意和关心,群众团体或群众可以直接推选陪审员参加陪审,群众可以依照法庭规定按次发表意见,但审判必须经过审判长、审判员和陪审员共同讨论评议决定,并请示人民政府批准。这与过去游击战争时代的所谓"群众公审",一切由群众决定的方式不同。过去群众直接行动的群众公审,是以法庭为主发动群众参加的公开

---

① 侯欣一. 从司法为民到人民司法——陕甘宁边区大众化司法制度研究[M]. 北京:中国政法大学出版社,2007:242.

审判。法庭就是依据政策法令结合群众正确的意见作出判决,在判决宣布时,可以取得群众的拥护。①

2. 就地审判

所谓就地审判就是哪里有案件发生,法庭就到哪里去进行审判。因为人民法庭处理的主要是有关土地改革的案件,土地改革的实际工作是在区乡,人民法庭的实际工作也在区乡,案件也就是在区乡中发生的,因此,在县(市)设立人民法庭外,许多地方一区设立一个分庭,分庭再组织几个审判组,一直派到乡村去进行就地审判。就地审判的好处是直接联系群众,深入到群众中间去,更容易调查了解案情,搜集证据,案件的审判是依靠群众和结合群众,收效最大,群众一见到人民法庭到自己的乡村来工作时,就高兴得很,这种深入群众和支持群众的就地审判,是群众最欢迎的。②

这三种审判方式是新中国成立后在土地改革和镇压反革命运动中人民群众创造的审判方式,契合农村的土改的实际情况,成为农民斗争和取得土改胜利的有力武器。随着法治的健全,"三反""五反"及"普选"时期人民法庭的规定中就不再采用这种审判方式。

三、审判人员的职权分工

根据《人民法庭组织通则》的规定,县(市)人民法庭及其分庭均设审判委员会,由审判长、副审判长、审判员若干人组成之。在司法实践中,各地人民法庭根据实际情况的需要和开展工作的便利,加强审判组织,提出分工要具体,各有各的责任。人民法庭应由审判长、副审判长、审判员、检察员、书记员等组成,此外再配备因工作需要的工作人员。审判长和审判员组成审判委员会,检察员可以列席,书记

---

① 最高人民法院中南分院:《人民法庭工作总结会议的报告》,河南省许昌市魏都区人民法院档案,1951年文书处理号5,案卷号6。
② 最高人民法院中南分院:《人民法庭工作总结会议的报告》,河南省许昌市魏都区人民法院档案,1951年文书处理号5,案卷号6。

员负责会议记录。讨论案件时由审判长根据政策法令结合群众正确的意见,作出一致同意的决定,具体分工:

1. 审判长和副审判长负责领导法庭的行政和审判工作,掌握政策法令,具体解决问题,计划、指示、督促、检察并总结工作,主持审判委员会,教育干部。

2. 审判员对审判工作负责,受理案件、研究案情,收集材料证据,进行审判,提出处理意见,宣判后将材料整理,总结经验。

3. 人民检察员的工作,根据各地试行的体会,人民法庭是需要人民检察员协助工作的,同时也是人民检察制度新的创造。人民检察员的工作是检察地主、恶霸、反革命分子破坏土改的案件,检举干部违法、贪污、腐化、包庇等犯罪行为,代表人民向人民法庭提起控诉。群众控告的案件,应予以审查;协助搜集材料证据,确定案件的真实程度,提供合理的意见。倘若对法庭判决的案件认为不当时,也可以说明理由向上级提出意见给上级再行审查。

4. 书记员负责案件的记录、登记、调查案件、搜集证据、整理材料、保管档案及有关于审判的协助工作。①

最高人民法院中南分院关于人民法庭审判人员的分工,科学合理,符合司法规律,保证法庭判决的公平,保证司法公正。从理论上讲,每个法庭开庭,无论合议制还是独人制,至少应该有书记员参加,以防审判人员自审自记自判,恣意枉法。

四、对个案判决书的分析

在研究材料的收集过程中,通过许昌学院党委副书记汪庆华教授的介绍,在开封找到火电厂退休工人张洪军②先生。他的爱好是私

---

① 最高人民法院中南分院:《人民法庭工作总结会议的报告》,河南省许昌市魏都区人民法院档案,1951年文书处理号5,案卷号6。
② 张洪军.开封火电厂退休工人,私人收藏家收藏,以下案例除另外标注外均为张洪军提供,原件附录于后。

人收藏,但他不懂法律,也不懂这些法律文书的价值,仅仅作为个人爱好。通过走访,他收集的法律文书保守估计有千份之多,满满的十几个档案盒子。笔者将其收藏的新中国成立初期法律文书结合研究需要进行挑选,分成以下几类,便于对比分析。

(一) 二审判决书

在翻阅、拍照的过程中,仅发现一份二审判决书。该案上诉人原审被告谢××1937年参加革命,与日寇作战中受伤,1946年退伍,定居河南郑州,开旅馆兼做生意,勾结恶霸,散布政府不发伤残津贴等谣言,违反纪律,判处徒刑5个月,被告不服河南省人民法院1951年6月16日第一审判决关于其勾结恶霸,包庇毒犯小偷及乱搞女人案件,向最高人民法院中南分院上诉,中南分院上诉驳回,维持原判。具体判决书如下:

最高人民法院中南分院刑事判决

一九五一年上予第298号

上诉人即被告:谢××,男,年41岁,河南汝南人,退伍革命军人

被告因勾结恶霸,包庇毒犯小偷及乱搞女人案件,不服河南省人民法院一九五一年六月十六日第一审判决,提起上诉,本院判决如左(下)

主文:上诉驳回。维持原审以谢××勾结恶霸、包庇毒犯小偷,并乱搞女人,处以徒刑五个月劳动改造的判决。

事实和理由:谢××于一九三七年参加革命,在晋绥边区二旅三二团任上士,与日寇作战,曾受伤,一九四六年退伍,初住洛阳,后到郑州安家,开旅馆带饭店,与逃亡地主王狗及济源张姓合伙做生意,并于恶霸周姓合伙经商,后该恶霸被其本县公安局抓去,又未经请示批准,与暗娼王××结婚,并包庇毒犯小偷刘××在县旅馆居住,更乱说河南群众不按规定发给残废金及鞋补费和停止其供给等谎言,经荣军促抚处送交河南人民法院判处谢××徒刑五个月劳动改造,

他不服上诉到院。

被告谢××,犯罪事实,有河南省人民政府民政厅及郑州市人民政府市政局材料,可以考证,而谢××有所承认,自愿受刑事处分,以为退役军人违犯纪律者戒。该谢××过去参加革命部队,作战受伤,其后退役家居,自应爱惜过去光荣历史,成为守法生产模范,乃勾结地主恶霸,包庇小偷无赖,并破坏荣军学校威信,综其犯罪行为,完全丧失了一个荣军的立场,原审判处徒刑五个月,已属从轻处理,上诉没有理由,故予驳回。望好好接受判决,深加反省,以求改造,特此判决。

一九五一年九月二十九日
最高人民法院中南分院刑事庭
兼庭长 刘××
审判长 汪××
学习审判员 李××
书记员 李×

最高人民法院中南分院印

监印 杨××

通读该判决书,可以看到,一是中南分院的二审判决书中没有显示河南省人民法院的一审判决具体文号,文书有点瑕疵;二是整个判决书没有一条具体的法律条文出现,具体驳回上诉,依据是什么,没有说明;三是合议庭的组成人员来自三个层次,兼庭长是行政方面,审判长是审判方面,学习审判员应该是实习或见习,不够审判员的资格,临时组成合议庭,不太严肃和规范。整个判决书法律程序语言较少,大多是事实性的描述,不像现在的法律文书严谨、规范。

(二)人民政府的判决书

人民政府的判决书很有特色,不同于人民法院和人民法庭的判决,参见如下:

1.登封县(今登封市)人民政府

该案被告周某,出身土匪家庭,任伪保长,犯杀人、贪污罪,被判五年有期徒刑,剥夺公权(政治权利)三年。具体判决如下:

登封县人民政府判决书

法刑字第　号

被告人:周××,男,四八岁,住大冶区东村人

右判匪霸犯一案,经本府审理判决如左(下)

主文:查匪霸犯周××,素以土匪出身,后任伪军连排长,又在本村任保长等职,恃其权威,压迫群众,霸占剥削,异常讹诈,判处该犯有期徒刑"五年"褫夺公权"三年"。

事实:1.该犯同徒(通土)匪首张××时亲手杀死王五、耿七、吴佛元等数人(系二十年前的事)

2.贪污粮款八十万元,贪污三百四十八万元,粮食另外数目尚未确定。

3.任煤窑经理剥削二人工资计铜元一千串,麦子四百余斤。

4.霸占周××九亩,窑一空,讹诈银币拾八元,麦子一百五拾斤。

理由:据该犯亲本运作之恶迹,法应亟(极)刑,念该犯有坦白之心,判处徒刑以作长期改造,故判如主文。

副县长　王××
科长　唐××

登封县人民政府印

公历一九五〇年　月　日

2.单县人民政府

该案被告程某,地主家庭出身,新中国成立初期搞复辟活动,被判无期徒刑,后改判五年有期徒刑,具体判决书如下,非常简略:

单县人民政府刑事判决

被告:程××,男,年54岁,地主出身,地主成分,本县四区韩庄人,自幼在家依靠剥削为生,群运时被斗,46年乘我军北撤时进行复

辟,被告于我军反攻后即潜逃在外地,47年乘我政策宽大之际返家,后又复辟,要张××等户地10余亩,均给群众的树19棵。据此于1951年5月23日,判处被告有期徒刑10年,后经本院分院审查认为被告1946年所剩粮食已还给群众,会长张××被拒,与被告没有多大关系,根据被告于1949年复辟地10亩,树木19棵之犯罪行为,故撤销原判改判被告有期徒刑5年。

县长　张××

司法科长　吴××

单县人民政府之印

1952年7月18日

3. 许昌县人民政府①

被告郑某,历任伪职,依仗权势,贪污肥己,坑害群众,被判有期徒刑一年。具体判决事实和理由如下:

许昌县人民政府刑事判决书

被告人姓名:郑×,男,68岁,许昌县第六区河街村人,贫农。

被告简历和罪状:被告郑×,历任伪兵班长、特务长、连长、付官、掌旗官及付寨长等职。任伪职时计贪污洋面两包、草200斤、马料52斤,车一辆、驴一头,并吃新兵空名6个。又于民国卅六年,因伪县长李×于被告当连长时当过被告书记。被告母亦曾当过蒋贼介石之保姆。被告即仗其威风,将公家筑炮楼之砖,自盖楼房,并将其子郑××顶国民兵团付官之空名,得薪肥己。以上事实,均经本府调查属实,被告已供认不讳。

判决:被告郑×,历任伪职,仗势贪污,坑群肥己,又因其母当过蒋贼介石之保姆及伪县长李×系前被告当连长时之书记,被告即仗其威风,坑害群众,本府为保护群众利益,依法判处被告有期

---

① 《许昌县文史资料》第三集(内部资料),政协许昌县学习宣传文史资料委员会,1989年10月。

徒刑一年。

此判

如不服本判，可于送达本件之次日起，十日内提出上诉书。上诉于河南人民法院许昌分院。

代付县长　裴××（印章）
公元 1951 年 8 月　日判决

人民政府的三份判决书的欠缺，一是没有刑事判决的文书标号，像登封县（今登封市）仅有"法刑字第　号"，实际上没有标注，单县和许昌县的判决书根本就没有这些字样。二是判决书中的事实和理由叙述极简单，如单县的判决书，没有突出判决的具体事实理由和法律根据。三是判决书落款没有书记员名字，落款时间不具体。四是判决书内容和标题差异，如单县政府的判决书，标题是人民政府的刑事判决，主文中出现"本院分院"字样，前后不一致。最后许昌县人民政府的判决书是一人审判，没有人民政府的印鉴，是代副县长的私章，且"付"是通假字，严格说，该判决书没有法律效力。值得注意的是许昌县政府的判决书出现"上诉期限和上诉法院"的救济方式，也表明县政府的判决是一审判决，当事人应享有上诉的权利。

（三）人民法庭的判决

1. 李某贪污案

该案被告李某，在开封火车站工作，利用职务之便，大肆贪污，"三反"运动中被群众揭发，狡猾抵赖，被三反人民法庭判处劳役一年。具体判决如下：

开封市三反人民法庭铁路分庭判决书

贪污犯李××，现年 23 岁，地主出身，平原省封丘县人，现任开封车站站卸供应社事务员。

左(下)列贪污犯经本法庭审判,如左(下)

主文:

该犯贪污装卸工用血汗换来的装卸费,计人民币壹仟零九十万元,性质严重恶劣,依照惩治贪污条例第三条及第四条四、七、九、十一项,应处劳役改造壹年。

罪恶事实及判决理由:

(一)解放前在郑州装卸供应站充当封建把头之牙爪,依势压迫剥削工人。

(二)解放后仍继续其罪行,贪污工人的装卸费,曾于四八年十一月开始,使用零额不找的勒索手段共贪污人民币二百七十四万元。五一年九月份,贪污十个车的装卸费八十六万一千元。五一年十月份贪污十一个车装卸费人民币壹佰四十万零六仟元。五一年十一月份贪污三十一个车的装卸费人民币三佰零一万一千元。五一年十二月份贪污二十八个车的装卸费人民币壹佰七十三万八千元,总计壹仟零九十余万元。

(三)三反运动中,态度蛮横狡猾,曾捏造是非,嫁祸于人,经群众帮助将其罪行逐条指出,该犯还是抵赖抗拒至死不唔,仅承认贪污二百七十四万元又不能尽量退赃,性质恶劣,民愤甚大,应依法判处如主文。

审判长　王××
副审判长　袁××
开封市三反人民法庭铁路分庭印

公历一九五二年六月　日

2. 王某贪污案①

该案被告王某,贫农成分,利用担任营业员、商情员的职权,勾结

---

① 许昌专员专署办公室《关于生产救灾、度荒改革工作报告、典型通报及有关犯罪人的处分决定》,1952年2—12月,许昌市档案馆,全宗25,案卷号15。

奸商,贪污受贿,给国家造成重大损失,被判劳役一年,没收非法所得。

河南省许昌专区人民法庭判决书

法字第　号

公诉代表人:吕××　许昌专区人事科长

被告:王××,年31岁,河南叶县人,贫农成分,商人出身,于1948年投机参加革命,历任新舞商店营业员、许昌专署商情员等职

主文:

贪污犯王××判处劳役一年,追交贪污财物。

事实与理由:

被告王××,利用职权,勾结奸商,共同作弊,从中受贿,以给回扣报假帐及以坏货顶好货,以多报少等手段,共贪污财物折合人民币一仟二佰八十九万园(其中有关开国前的三佰零三万零四佰七十园,开国后的九佰八十四万五仟八佰园)将贪污所得除投资一部與私商合夥经商外,其余该犯给其家庭享用,因贪污致使国家资财遭受损失达四亿园之巨,且在"三反"运动中,消极抵抗,不肯老实认罪,据以上事实,本庭根据中央节约检查委员会关于处理贪污浪费及克服官僚主义错误的若干规定中对贪污分子处理办法第四项之规定,认为该犯贪污情节严重,且带有一贯性,故开国前的贪污亦检追查,合并处理,复根据中华人民共和国惩治贪污条例第三条第三款之规定,故判决如正文,以资教育。

公元一九五二年五月卅日

审判长　马××

副审判长　吴××

边××

河南省人民法院
许昌分院部

如不服本判决于接到此件后三日内向河南省人民法院许昌分院声请上诉。

3. 林某贪污案

被告林某,担任伪职,利用职权,贪污公款,欺压百姓,"三反"运动中被群众控告,被法庭判处有期徒刑五年。具体事实和理由如判决书:

河南省开封市城郊区人民法庭刑事判决

刑字第 67 号

被告林××,男,67 岁,住本区孙李唐庄,地主,在押

右列被告因恶霸一案经本庭审理判决如左(下)

主文:

被告林××欺压群众造谣破坏,贪污肥己,应处有期徒刑五年,剥夺政治权利如刑期

事实及理由:

林××,曾任蒋匪保长补给站副站长等职。被告任保长时,一九四八年使群众在该村西边桥工拆去整正砖,给匪保安队盖炮楼,碎砖(半截)二十余车为被告占用,匪保安队走后,被告将砖完全拆卖自肥,并在我军解放开封蒋匪撤退时,将后门学校用的木板、水桶、缸锅等搬到家中为被告全部占用。同年强迫翟××、李××、杨××众生等参加白枪会说:"你们谁不入会,抓兵先抓谁。"一九四九年政府号召群众搞副业生产(多养猪、鸡、鸭)呈到政府登记,这时被告从中造谣说:"你们可不要去登记,如果登记了,每个鸡子向你要个鸡蛋",又对杨×说:"国民党过来,我是有办法,解放这几天,可到把你的脑筋灌死了,你咋不听我的话呢。"今年实行土改,被告即逃外,在反霸期中,被该村群众从潼关捕回。

上面事实,经群众控告,本庭调查及审讯被告且属实,在查被告充当蒋匪保长直接危害人民,为当蒋匪,贪污公物,欺压群众,解放后仍不悔过自新,竟又造谣破坏威胁群众,土改开始时,被告即畏罪潜逃,后经群众捕回,更可见其贼人胆虚,罪恶属实,应依法论处,予以

适当教育,使其悔过自新,特为判决如主文。

一九五一年六月十日

本件证明与原本无异

审判长　陈××
审判员　纪××　　开封市城郊区
　　　　　　　　　人民政府印
书记员　陈××
一九五一年十二月十一日

由上可知,人民法庭的判决书相对于人民政府的判决书内容显得规范,明显的是叙述事实和理由比较详细,判决书中出现引用法律条文作为判决的规定,如"依照惩治贪污条例""依法论处""中央节约检查委员会关于处理贪污浪费及克服官僚主义错误的若干规定",出现"本件证明与原本无异"的法律文书规范语言。合议庭的组成出现"审判长、审判员、书记员"专业术语。许昌专区人民法庭的判决书中显示有"公诉代表人"[①]字样。不足的是判决书题目和最后的法庭印鉴不符,如"河南省许昌专区人民法庭判决书"印鉴是"河南省人民法院许昌分院部","河南省开封市城郊区人民法庭刑事判决"印鉴是"开封市城郊区人民政府印"。另外像开封城郊人民法庭的刑事判决结尾出现两个时间,无法解释。判决书生效时间如何起算,易产生歧义,牵涉到被告人刑期的执行和政治权利的剥夺期限。

(四)人民法院的判决

1.李某恶霸案

该案被告李某,长期横行霸道,欺压群众,镇压反革命运动中,人民法院依法判处李某有期徒刑三年。具体判决情况如下:

---

① 具体规定见《人民法庭办案试行程序》,文号:文法秘字第280号,许昌专员公署办公室,许昌市档案馆,案卷号15。

河南省开封市人民法院刑事判决

刑字第888号

被告李××,男,年60岁,开封人,流氓,住本市维新街三号

右列被告因恶霸案件,经本院判决如左(下):

主文:

李××,恶霸,压迫群众,处徒刑三年。

事实及理由:

被告是一个土棍恶霸,横行霸道,不断用手打头碰脚踢等方法殴打群众,曾挟私怨将单××打的头破血流,又将曹××的水果摊踢了并打曹一顿,解放后,仍不悔改,又殴打白××,李××,周×等。五〇年夏又殴打推粪工人李××。当群众劝他购买公债时,他骂说"这种坏种装龟孙,叫我买公债,不看看八路军能占几天"等语,造谣惑众,应以惩反条例第七条第三款之精神,处徒刑三年。此判。

一九五一年十月三十一日

审判处长　李××

副处长　张　×

审判员　任××

书记员　陈××

本件证明与原本无异

河南省开封市
人民法院印

公元一九五一年十二月

2. 陈某恶霸案

被告陈某系伪军出身,贩卖毒品(老海),危害群众,被人民法院依法判处有期徒刑六年,剥夺政治权利五年。

河南省开封市人民法院刑事判决

刑字878号

被告陈××,男,年三十岁,开封人,住三民胡同三十四号,在押

右列被告因恶霸一案经本院审理判决如左(下)

主文：

陈××欺压群众，贩卖老海，处徒刑六年，剥夺政治权利五年

事实与理由：

被告陈××系伪军出身，后在匪防疫会当股员、匪警处服务股股员，曾经卖过老海，经常欺压群众，于一九四七年夏挟嫌勾结匪稽查处队长田××踩了吴××两脚，吴××因之吞金寻死，被告不但不理，反说："没有关系，如果死了，我给她丈夫再娶个活的"，后经别人救过来了。又放账给哈××，因为利钱算错了，把哈××打了九个耳光，又因看打牌把崔××打了一顿，又放帐给马××，因为叫别人转付利钱，致被打骂，综上以观，该被告实属恶霸，应依法惩治，予以适当之教育，冀其改过自新，特为判决如主文。

一九五一年四月二十六日
河南省开封市人民法院审判处

本件证明与原本无异

处长　李××
副处长　张　×
审判员　孙××
书记员　陈××

河南省开封市人民法院印

一九五一年十二月十一日

3. 反革命案件——孙某案

被告孙某系特务，搜集情报，报告匪帮政府，进行反革命活动，依据《惩治反革命条例》判处有期徒刑五年，剥夺政治权利同刑期。具体情况如下：

河南省开封市人民法院刑事判决

刑字第856号

被告孙××，男35岁，开封人，住本市老君堂27号，在押

右列被告因反革命案件，经本院判决如左(下)

主文：

孙××进行反革命活动，处徒刑五年，剥夺政治权利五年。

事实与理由：

被告系国民党特务，曾在洛阳蒋匪第一战区长官部受特务训练，一九三九年在匪第三集团特务队当队员。一九四七年充蒋匪开封刑警队组长等职，经常赴杜良寨一带侦查我军情况，报告匪帮政府，截击我方部队，破坏革命，应依惩反条例第七条第三款之规定，特为判决如主文。

一九五一年九月十八日

本件证明与原本无异

院长　张××

审判处长　李××

副处长　张　×

书记员　陈××

河南省开封市人民法院印

一九五一年十二月十一日

张某案：

被告张某，担任蒋匪大队长、营长、保安司令，开封解放时曾逮捕共产党员，后混入革命队伍，镇反运动中，进行反动党员登记时被发现，人民法院依法判处有期徒刑五年，剥夺政治权利五年。事实和理由如判决书：

河南省开封市人民法院刑事判决

刑字第859号

被告张××，男，三十三岁，考城县人，市税务局职员，现住本市保定巷四十一号，在押

右列被告因反革命一案，经本院判决如左(下)

主文：

张××捕押革命人员，破坏革命处有期徒刑五年，剥夺政治权利

五年

事实及理由：

被告过去曾在蒋匪军27师充当排长。一九四二年在日伪军开封警备队充分队长，中队长。一九四五年充蒋匪河南保安第五团大队长，营长。开封解放前充匪保安司令科员，一九四九年混入我市税务局充检查员。被告于一九四六年八月充匪保安团营长时，率领匪军与我豫皖苏军区独立团对抗，又被告的匪部在杞县北白秋集盘踞时，率队在黄砦逮捕我克威县共产党员（县府秘书）周××同志及爱人，并将周同志的三把手枪搜去，将周同志押送于匪保安司令部转匪郑州绥靖公署（现已脱险）。被告于反动党团登记时，均不肯坦白，遂经公安局逮捕交本院法办。

上述事实，以(已)调查确定，经讯，被告供认不讳。

查被告过去率匪军与解放军抵抗，又逮捕共产党员，破坏革命，登记时又不肯坦白，蓄意隐瞒。兹为保持革命队伍的纯洁，应依惩反条例第七条第三款及第九条第四款之规定，予以惩治，特为判决如主文。

一九五二年　月　日

本件证明与原本无异

院长　张××

书记员　李××

一九五二年七月八日

河南省开封市人民法院印

4. 特务案件

被告李某系军统特务，受过专业训练，经常刺探情报，进行反革命活动，镇压反革命运动中，隐瞒事实真相，后被揭发，人民法院依法判处有期徒刑15年。判决事实和理由如判决书所述：

河南省开封市人民法院刑事判决

刑字 247 号

被告李××,年36岁,开封市城郊区人,住六里庄街1号

主文:

李××军统特务,刺探我军情报,破坏革命,处有期徒刑十五年

事实及理由如下:

该犯于民国二十四年入陇海路工务处职工教练所受训,毕叶(业)任道棚夫、司韧夫、上士父书等职。一九四〇年入军统特务汗(汉)中训练班受训后,任军统西安站予组组员,一九四二年入财政部查辑干部训练班受训,在华北军委会办公处任交通工作。一九四四年任平汉策反组组员,四五年任调查室久书股父书,四九年任敌十五军中尉书记,十二月成都起义,学习三个月返藉生产。该犯任父书时曾缮写过土改大纲,报告敌省府和保密局。一九四九年奉调查室二二任刘匪茂令,缮写签请刘匪茂思逮捕高门关庙内由洛阳逃来的难民十余名(以共产党嫌疑为名),又曾刺探蒐集缮宅我军情报,冀鲁豫边区及豫皖苏边区之兵,为配备表,报告给敌省府及保密局。该犯经常刺探我党政军情况,破坏革命事叶(业),在反动党团登记时,又不彻底登记,隐瞒罪恶,据惩治反革命条例第六条一款及七条三款之规定处有期徒刑十五年,特此判决。

一九五二年六月　日

本件证明与原本无异

院长　张××

审判员　苏　×

书记员　李××

河南省开封市
人民法院印

一九五二年七月七日

人民法院的判决书比人民法庭的判决书更加规范,法律文书的编号填写完整,格式正确,文书的落款印鉴符合规定,"本件证明与原

本无异"在判决书上显示,合议庭的人员组成符合规定,均有书记员。不解的是判决书后有两个落款时间,前后时间有间隔,最长的7个多月。另外,合议庭的成员是按照行政职务列入,院长、审判处长、副处长,这一点不如人民法庭判决书显得专业化,符合司法规律,反映司法行政化的特点。

(五)专员公署会道门案①

该案被告众多,长期纠集在一起,利用会道门在多地进行反革命活动,诈取钱财,企图推翻人民政权,人民政府依法对他们进行严惩。具体判决详情如下:

许昌行政区专员公署刑事判决书

刑判字 第 号

为反动会道门时××等24名判决由　　1950年12月22日

原告:许昌专区公安局

被告:

时×× 男 年45岁 住许市北大街五胡同5号

师×× 男 年32岁 住许昌奎楼街1号

沈×× 男 年39岁 住许市西大街24号

李×甲 男 年38岁 住许市榆柳街4号

王×甲 男 年61岁 住许市清虚街43号

李×乙 男 年47岁 住许市清虚街花园

潘×× 男 年47岁 住许市奎楼街1号

王×乙 男 年54岁 住许昌市西大街114号

董×× 男 年39岁 住许昌市西大街122号

易×× 男 年40岁 住许市奎楼街1号

---

① 许昌市魏都区档案局,全宗号1,目录号1,案卷号86。

韦×× 男 年50岁 住许市市场前街32号
李×丙 男 年32岁 住许市市场前街74号
杨×× 男 年19岁 住许市清虚街花园
雷×× 男 年43岁 住许市文化街80号
张×甲 男 年33岁 住许市西大街24号
庞×× 男 年42岁 住许市文化街5号
牛×× 男 年49岁 住许市西大街77号
朱×× 男 年44岁 住许市西大街85号
赵×× 男 年29岁 住许市西大街24号
张×乙 男 年51岁 住许市西大街75号
张×丙 男 年52岁 住许市西大街95号
李×丁 男 年57岁 住许市衙前街11号
高×甲 男 年53岁 住许市清虚街79号
高×乙 女 年43岁 住许市西大街92号

上列被告等为组织反动会道门(一贯道),经本署审理总结分别判决如下

主文:

被告 时××、师××、沈××、李×甲、王×甲、李×乙、潘××、王×乙、董××、易××、韦××、李×丙、杨××等13名反革命罪犯判处死刑。

被告 雷××,犯反革命罪,判处有期徒刑三年

被告 张×甲、庞××犯反革命罪,判处有期徒刑二年

被告 牛××、朱××犯反革命罪,判处有期徒刑一年

被告 赵××、张×丙犯反革命罪,判处有期徒刑半年

被告 李××、高×甲、高×乙、张×乙教育释放(交保)

事实与理由:

被告 时××、师××、沈××、李×甲、王×甲、李×乙、潘×

×、王×乙、董××、易××、韦××、杨××等24名,一贯利用反动会道门——一贯道组织进行反革命活动,局(据)不完全统计,近二年来在许昌、长葛、鄢陵、洧川、密县、通许、新政、尉氏、扶沟等受其愚弄、欺骗参加反动组织者四千余人,骗取群众财物仅五〇年四月中即达黄金十一万两,银元三百九十八元,人民币九百四十二万多元,银首饰四十一两多,其它(他)粮食布匹等物资不计其数。

查该犯等以职业作掩护,诈取民财,从事反革命活动,大肆造谣破坏,宣传第三次世界大战,污蔑人民政府,企图颠覆人民政权,恢复反动统治,甘心与人民为敌,实为国法难容,依据共同纲领第七条①之精神,将该犯等据其罪恶轻重,分别判决于主文。

此判

专员　马××

公历1950年12月22日

该份判决书比较典型,涉及被告人数众多,判处刑罚种类有死刑、有期徒刑、教育释放(交保),从形式上,应该是判决书,有被告、事实、理由和判决的法律根据,符合判决书的构成要素。但是,法庭的人员仅为专员一人,没有书记员,没有法院或行政区专员专署的印鉴,又不太合乎法律规定。文书内容语言不合逻辑,如24名被告全部列出,就不需要"等"字,还有错字"局",应该是"据"。但最大的优点在于中华人民共和国刚刚成立,没有颁行《惩治反革命条例》的情

---

① 中央人民政府法制委员会.中央人民政府法令汇编(1945—1950)[G].法律出版社,1982:7.
《中国人民政治协商会议共同纲领》第七条:"中华人民共和国必须镇压一切反革命活动,严厉惩罚一切勾结帝国主义、背叛祖国、反对人民民主事业的国民党革命战争罪犯和其他怙恶不悛的反革命首要分子。对于一般的反动分子、封建地主、官僚资本家,在解除其武装、消灭其特殊势力后,仍须依法在必要时期内剥夺他们的政治权利,但同时给以生活出路,并强迫他们在劳动中改造自己,成为新人,假如他们继续进行反革命活动,必须予以严厉的制裁。"

况下,为惩治反动会道门反革命罪犯,在判决书直接引用临时宪法《共同纲领》的条文作为法律依据,在众多判决书中应该是首次,开时性宪法文件作为法被引用、宪法司法化的先河。

综上,分类列举各种各样的判决书,不可能穷尽,也没有必要。这些不同主体作出的判决书从法律角度看优点与不足并存,反映当时司法的实际状况和判决书多样化的特点,总体上看是法律文书逐步由不完善、不规范向逐步完善规范的方向发展,司法水平日渐提高。

第四节　人民法庭的案件执行

执行是人民法庭运行的一个重要过程,是依照人民法庭的法律文书,由执行机关将其内容强制当事人履行的行为,它是法律权威性和严肃性的体现。中华人民共和国成立初期,法制不健全,土改和"镇反"时期,政务院颁行全国的《人民法庭组织通则》对于人民法庭判决的执行未明文规定。没有规定,但判决的案件仍需执行,各地标准不一样。"三反""五反"运动时期,法制逐步健全与完善,在政务院决定成立人民法庭的规定中对法庭或法院的判决执行作出规定。由于人民法庭审理案件所处的时期不同,执行的状况也不同,现分述之。

一、1949—1950年人民法庭案件的执行

保障土地改革法令的实行和社会秩序的稳定是摆在新中国面前的重要议题,政务院决定以人民法庭的司法方法,借助刑罚的手段,惩治恶霸、土匪、特务、反革命分子。对于一切破坏新政权的犯罪,县(市)人民法庭及其分庭有权判决被告死刑、徒刑、没收财产、劳役、当众悔过或宣告无罪。对判处这些刑罚如何执行,《人民法庭组织通则》没有具体规定。

河南的执行情况从所隶属的中南区《人民法庭工作总结会议的报告》，可读出执行的情况：人民法庭宣判后，如当事人逾期不申请上诉，即照判决执行。因为判决都是经过人民政府审查批准的。执行后再按规定呈报复核。判决死刑的，应以人民法庭的名义出布告宣布罪状，交由公安机关负责执行，在执行前一定要"验明正身"以免导致杀错人。徒刑的执行，送交县的监狱，财物没收，交由当地政府、农协执行。① 由此看出，死刑案件由公安机关执行，徒刑由当地监狱执行，没收财产由政府和农会执行，其余当众悔过、宣告无罪应由人民法庭执行。

从河南许昌地区中级人民法院的司法档案可看出当时的执行情况：

全区10个县建立自新学艺所，一般都组织犯人生产、劳动改造，结合当时全国财政经济困难，又遇到灾荒，进行生产自救，劳动改造的方式：纺织、卷烟、石印、编席、磨豆腐、粉房、泥水工、挖煤、运输、出零工及农业耕地等。

譬如：

1. 临汝五个月的纺织生产共织布165匹，纺花26万斤，排织布净经172个，计盈人民币1600,000元。耕地收秋粮1910斤，耕菜节约菜金人民币500,000元。

2. 舞阳水泥工在石印盈利人民币十二万捌仟余元，出工节余粮八百零四斤，打柴三万余斤。

3. 叶县自修监所24间，全用犯人可省三千个工，给各机关作工二千八百余，25天打草二万余斤，卷烟19箱。

4. 郾城石印三个月盈利人民币三十七万元，出工赚粮五百三十斤。

---

① 最高人民法院中南分院：《人民法庭工作总结会议的报告》，河南省许昌市魏都区人民法院档案，1951年文书处理号5，案卷号6。

5. 襄县每天磨红薯五百斤,出粉条五十斤,所出渣滓犯人可吃,结余粮食未计算,赚粮千余斤。

6. 禹县除运输、磨豆腐、打铁做农具、挖煤及耕地卅五亩等。①

这种执行方式既配合克服当时国家整个财政困难,又培养锻炼了犯人劳动习惯和生产技术。犯人经改造好后,回归到社会上也解决了就业问题。

二、1951—1952 年人民法庭案件的执行

对于"三反"运动中,依照法律判处机关管制、劳役改造、有期徒刑、无期徒刑和死刑的执行,"三反"运动中人民法庭的规定:各单位人民法庭的判决依下列规定执行:

1. 判处机关管制者,一般由本机关执行,但亦得送交政府或部队指定的机关执行。

2. 判处劳役改造者,应送交政府或部队指定的机关执行。

3. 判处有期徒刑、无期徒刑和死刑者,移交当地人民法院或军法机关执行。

4. 判处有期徒刑缓刑改用机关管制者,由本机关执行,改用劳役改造者,按本条乙款处理;判处无期徒刑缓刑或死刑缓刑者,移交当地人民法院或军法机关关押,并强迫劳动。②

"三反"运动中关于对犯罪分子判处刑罚的执行规定,在新中国成立初期人民法庭执行问题方面是最完整、最详细、最具体的。而到"五反"运动时,对人民法庭的判决执行情况,仅仅规定市人民法庭及

---

① 《许昌地区中级人民法院关于年度工作报告司法工作情况与今后工作》,许昌地区中级人民法院档案,文书卷,案卷号 8。

② 《关于"三反"运动中成立人民法庭的规定》,见中央人民政府法制委员会. 中央人民政府法令汇编(1952 年) [G]. 北京:法律出版社,1982:23。

其分庭的判决,均送交市人民法院执行。①

三、1953—1954年普选案件的执行

至于普选人民法庭中案件的执行,因普选案件的特殊、时效性和单一性,案件执行较快,具体见后面本章第五节的个案论述。

第五节 人民法庭的个案分析

从中国现代史或革命史的角度看,中华人民共和国成立初期,先后经历土改运动、"镇反"运动、"三反""五反"运动、司法改革运动、普选运动,以往法律史的研究也遵循这一历史沿革,分析人民法庭法制度的规律。但是从司法档案来看,在土改和"镇反"时期,人民法庭或人民法院受理的案件统计情况,二者并不是泾渭分明地将历次运动区分开来,而是按照案件统计分析研究。下面以许昌市魏都区人民法院保存的1952年全年的案件统计分析。②

一、宏观上案例分析

以反革命案件为例,选取近一整年。从类别分析,具体参见下列表格:

---

① 《关于"五反"运动中成立人民法庭的规定》,中央人民政府法制委员会. 中央人民政府法令汇编(1952年)[G].北京:法律出版社,1982:21.
② 许昌市魏都区人民法院档案,文书处理号1,案卷号3。

反革命案件收结月报表①

许昌市人民法院　　　　　　　　　　　　　　　　　　　　1952年1月份

	上月旧存案件数	本月新收案件数	本月终结案件数	月末未结案件数	本月确定判决被告人数	宣告无罪者	宣判有罪者													
							死刑立即执行	死刑缓期2年执行	徒刑								缓刑	剥夺政治权利管制	教育释放	
									无期	十五年以上	十年以上	七年以上	五年以上	三年以上	一年以上	一年以下及拘役				
甲	1	2	3	4	5	6	7	8	9	10	11	12	13	14	15	16	17	18	19	20
1.合计	5	6	5	6			1			1						1				5
2.汉奸战犯																				
3.特务间谍		2		2																
4.政治土匪首惯犯																				
5.反动党团骨干分子	1	1	1	1									1							1
6.反动会道门																				
7.恶霸	1		1										1							
8.地富翻把及破坏土改																				
9.封建把头	1	1	1		1															
10.其它	2	2	2	2													1	1		2

月末未结案件中自受理日起：二月以上者　　　三月以上者　　　六月以上者　　　一年以上者

备注：负责人：闫春圃　　核表人：　　制表人：

报送日期1952年1月30日

---

① 表头是许昌市人民法院，其一，许昌市并非现在的许昌市，是当时许昌专区下辖的一个市，现在行政区划演变为许昌市魏都区。其二，是人民法院而不是人民法庭，按照政务院、最高人民法院《关于镇压反革命活动的指示》，对于反革命案件，当地的人民法院或人民法庭可判决，原表头就是这样设计的。

反革命案件收结月报表

许昌市人民法院　　　　　　　　　　　　　　1952年2月份

	上月旧存案件数	本月新收案件数	本月终结案件数	月末未结案件数	本月确定判决被告人数	宣告无罪者	宣判有罪者												
							死刑立即执行	死刑缓期2年执行	无期	徒刑							缓刑	剥夺政治权利管制	教育释放	
										十五年以上	十年以上	七年以上	五年以上	三年以上	一年以上	一年以下及拘役				
甲	1	2	3	4	5	6	7	8	9	10	11	12	13	14	15	16	17	18	19	20
1.合计	30		30				2		1		1					1					6
2.汉奸战犯	1		1																		
3.特务间谍	5	1	2	4			2														2
4.政治土匪匪首惯犯	4	1	1	4								1									1
5.反动党团骨干分子	2	2		4																	
6.反动会道门	1			1																	
7.恶霸	7	1	1	7					1												1
8.地富翻把及破坏土改																					
9.封建把头	1			1																	
10.其它	9	1	2	8													1		1		2

月末未结案件中自受理日起：二月以上者　　　三月以上者　　　六月以上者　　　一年以上者

备注：负责人：闫××印章　　核表人：张鸿达印章　　制表人：施松木 印章

　　　　　　　　　　　　　　　　　　　报递日期1952年3月4日

反革命案件收结月报表

许昌市人民法院　　　　　　　　　　　　　　　　　　　　　　1952年3月份

甲	上月旧存案件数	本月新收案件数	本月终结案件数	月末未结案件数	宣告无罪者	宣判有罪者													
						死刑立即执行	死刑缓期2年执行	徒刑								缓刑	剥夺政治权利管制	教育释放	
								无期	十五年以上	十年以上	七年以上	五年以上	三年以上	一年以上	一年以下及拘役				
	1	2	3	4	5	6	7	8	9	10	11	12	13	14	15	16	17	18	19	20
1.合计	30	5		35																
2.汉奸战犯	1			1																
3.特务间谍	4			4																
4.政治土匪匪首惯犯	4			4																
5.反动党团骨干分子	4			4																
6.反动会道门	1			1																
7.恶霸	7	3		10																
8.地富翻把及破坏土改		1		1																
9.封建把头	1			1																
10.其它	8	1		9																

月末未结案件中自受理日起；二月以上者　　　三月以上者　　　六月以上者　　　一年以上者

备注：负责人：闫××　印章　　核表人：张××　印章　　制表人：施××　印章

报递日期1952年4月4日

反革命案件收结月报表

许昌市人民法院　　　　　　　　　　　　　　　　1952年4月份

甲	上月旧存案件数	本月新收案件数	本月终结案件数	月末未结案件数	本月确定判决被告人数	宣告无罪者	死刑立即执行	死刑缓期2年执行	无期	十五年以上	十年以上	七年以上	五年以上	三年以上	一年以上	一年以下及拘役	缓刑	剥夺政治权利管制	教育释放	
	1	2	3	4	5	6	7	8	9	10	11	12	13	14	15	16	17	18	19	20
1.合计	35			35																
2.汉奸战犯	1			1																
3.特务间谍	4			4																
4.政治土匪匪首惯犯	4			4																
5.反动党团骨干分子	4			4																
6.反动会道门	1			1																
7.恶霸	10			1																
8.地富翻把及破坏土改	1			1																
9.封建把头	1			1																
10、其它	9			9																

月末未结案件中自受理日起：二月以上者　　　三月以上者　　　六月以上者　　　一年以上者

备注：负责人：闫××　印章　核表人：张××　印章　制表人：施××　印章　报递日期1952年5月8日

反革命案件收结月报表

许昌市人民法院　　　　　　　　　　　　　　　　1952年5月份

	上月旧存案件数	本月新收案件数	本月终结案件数	月末未结案件数	本月确定判决被告人数	宣告无罪者	宣判有罪者												
							死刑立即执行	死刑缓期2年执行	无期	徒刑						缓刑	剥夺政治权利管制	教育释放	
										十五年以上	十年以上	七年以上	五年以上	三年以上	一年以上	一年以下及拘役			
甲	1	2	3	4	5	6	7	8	9	10	11	12	13	14	15	16	17	18	19	20
1.合计	55	3		58																
2.汉奸战犯	1			1																
3.特务间谍	4	3		7																
4.政治土匪匪首惯犯	4			4																
5.反动党团骨干分子	4			4																
6.反动会道门	1			1																
7.恶霸	10			10																
8.地富翻把及破坏土改	1			1																
9.封建把头	1			1																
10.其它	9			9																

月末未结案件中自受理日起：二月以上者10　　三月以上者15　　六月以上者13　　一年以上者

备注：负责人：　　核表人：　　制表人：　　　　报递日期1952年5月31日

革命案件收结月报表

许昌市人民法院　　　　　　　　　　　　　　　　　　　　　　1952年6月份

	上月旧存案件数	本月新收案件数	本月终结案件数	月末未结案件数	宣告无罪者	本月确定判决被告人数	宣判有罪者												教育释放	
							死刑立即执行	死刑缓期2年执行	徒刑								缓刑	剥夺政治权利管制		
									无期	十五年以上	十年以上	七年以上	五年以上	三年以上	一年以上	一年以下及拘役				
甲	1	2	3	4	5	6	7	8	9	10	11	12	13	14	15	16	17	18	19	20
1.合计	38	3	8	33						1	1	2	1	1					2	8
2.汉奸战犯	1			1																
3.特务间谍	7		1	6	1						1									1
4.政治土匪匪首惯犯	4		2	2	2							1	1							2
5.反动党团骨干分子	4		1	3	1														1	1
6.反动会道门	1			1																
7.恶霸	10	1		11																
8.地富翻把及破坏土改	1			1																
9.封建把头	1		1	1									1							1
10.其它	9	2	3	8	1										1	1			1	3

月末未结案件中自受理日起：二月以上者　　三月以上者　　六月以上者　　一年以上者

备注：负责人：　核表人：　制表人：施××印章　报递日期1952年6月30日

反革命案件收结月报表

许昌市人民法院　　　　　　　　　　　　　　　　1952 年 7 月份

甲	上月旧存案件数	本月新收案件数	本月终结案件数	月末未结案件数	本月确定判决被告人数	宣告无罪者	死刑立即执行	死刑缓期2年执行	无期	十五年以上	十年以上	七年以上	五年以上	三年以上	一年以上	一年以下及拘役	缓刑	剥夺政治权利	管制	教育释放
	1	2	3	4	5	6	7	8	9	10	11	12	13	14	15	16	17	18	19	20
1.合计	33	4	14	23										1				11	2	14
2.汉奸战犯	1		1																	
3.特务间谍	6	4		10																
4.政治土匪匪首惯犯	2			2														2		2
5.反动党团骨干分子	3		1	2										1						1
6.反动会道门	1		1																	
7.恶霸	11		7	4														6	1	7
8.地富翻把及破坏土改	1		1																1	1
9.封建把头																				
10.其它	8		3	5														3		3

月末未结案件中自受理日起：二月以上者　　三月以上者　　六月以上者　　一年以上者

备注：　负责人：　　核表人：　　制表人：施××印章　　报递日期 1952 年 7 月 31 日

反革命案件收结月报表

许昌市人民法院　　　　　　　　　　　　　　　　　　1952年8月份

甲	上月旧存案件数	本月新收案件数	本月终结案件数	月末未结案件数	本月确定判决被告人数	宣告无罪者	宣判有罪者												
							死刑立即执行	死刑缓期2年执行	徒刑							缓刑	剥夺政治权利管制	教育释放	
									无期	十五年以上	十年以上	七年以上	五年以上	三年以上	一年以上	一年以下及拘役				
甲	1	2	3	4	5	6	7	8	9	10	11	12	13	14	15	16	17	18	19	20
1.合计	23	2	2	23														2		2
2.汉奸战犯	1			1																
3.特务间谍	10			10																
4.政治土匪匪首惯犯		1		1																
5.反动党团骨干分子	2			2																
6.反动会道门	1			1																
7.恶霸	4		1	3														1		1
8.地富翻把及破坏土改		1		1																
9.封建把头																				
10.其它	5		1	4														1		1

月末未结案件中自受理日起：二月以上者　　　三月以上者　　　六月以上者　　　一年以上者

备注：本月管制恶霸一名，伪军官一名。　负责人：　核表人：　制表人：陈××印章

报递日期1952年9月1日

反革命案件收结月报表

许昌市人民法院　　　　　　　　　　　　　　　　1952年9月份

甲	上月旧存案件数	本月新收案件数	本月终结案件数	月末未结案件数	本月确定判决被告人数	宣告无罪者	死刑立即执行	死刑缓期2年执行	无期	十五年以上	十年以上	七年以上	五年以上	三年以上	一年以上	一年以下及拘役	缓刑	剥夺政治权利管制	教育释放	
	1	2	3	4	5	6	7	8	9	10	11	12	13	14	15	16	17	18	19	20
1.合计	23		23																	
2.汉奸战犯	1		1																	
3.特务间谍	10		10																	
4.政治土匪匪首惯犯	1		1																	
5.反动党团骨干分子	2		2																	
6.反动会道门	1		1																	
7.恶霸	3		3																	
8.地富翻把及破坏土改	1		1																	
9.封建把头																				
10.其它	4		4																	

月末未结案件中自受理日起：二月以上者　　三月以上者　　六月以上者　　一年以上者

备注：请将本月新收的及本月处理的统计一下。老陈：本月新收的三名都转原籍，其他本月没有处理按上月统计即可。负责人：闫××　　核表人：　　制表人：陈×× 印章　报递日期1952年10月2日

反革命案件收结月报表

许昌市人民法院　　　　　　　　　　　　　　　　　　　　1952 年 11 月份

甲	上月旧存案件数	本月新收案件数	本月终结案件数	月末未结案件数	本月确定判决被告人数	宣告无罪者	死刑立即执行	死刑缓期2年执行	宣判有罪者 无期	徒刑 十五年以上	十年以上	七年以上	五年以上	三年以上	一年以上	一年以下及拘役	缓刑	剥夺政治权利管制	教育释放
	1	2	3	4	5	6	7	8	9	10	11	12	13	14	15	16	17	18	19	20
1.合计	23			23															
2.汉奸战犯	1			1															
3.特务间谍	10			10															
4.政治土匪匪首惯犯	1			1															
5.反动党团骨干分子	2			2															
6.反动会道门	1			1															
7.恶霸	3			3															
8.地富翻把及破坏土改	1			1															
9.封建把头																			
10.其它	4			4															

月末未结案件中自受理日起：二月以上者　　　三月以上者　　　六月以上者 14　　　一年以上者 9

备注：负责人：闫××　　核表人：　　制表人：陈××　印章　　报递日期 1952 年 12 月 9 日

反革命案件收结月报表

许昌市人民法院　　　　　　　　　　　　　　　　　1952年12月份

	上月旧存案件数	本月新收案件数	本月终结案件数	月末未结案件数	本月确定判决被告人数	宣告无罪者	宣判有罪者												
							死刑立即执行	死刑缓期2年执行	徒刑								缓刑	剥夺政治权利管制	教育释放
									无期	十五年以上	十年以上	七年以上	五年以上	三年以上	一年以上	一年以下及拘役			
甲	1	2	3	4	5	6	7	8	9	10	11	12	13	14	15	16	17	18	19	20
1.合计	23		23																	
2.汉奸战犯	1		1																	
3.特务间谍	10		10																	
4.政治土匪匪首惯犯	1		1																	
5.反动党团骨干分子	2		2																	
6.反动会道门	1		1																	
7.恶霸	3		3																	
8.地富翻把及破坏土改	1		1																	
9.封建把头																				
10.其它	4		4																	

月末未结案件中自受理日起：二月以上者　　　三月以上者　　　六月以上者14　　　一年以上者9

备注：负责人：闫××　印章　核表人：制表人：陈××　印章　　报递日期1953年1月3日

注：本系列表格，缺10月份，原档案没有。

从以上档案的表格中看出,土改案件和"镇反"案件是混同的,并且从表中还可看出:

第一,案件的罪名、种类为汉奸战犯;特务间谍;政治土匪、匪首、惯匪;反动党团骨干分子;反动会道门;恶霸;地富反霸及破坏土改;封建把头和其他共 10 种。依据《惩治反革命条例》的规定①,除特务间谍罪和反动会道门以外,其余均不在条例规定的罪名之列,不属于法定罪名,都是按照社会性语言或政治性语言命名罪名。表格中统计反映整个一年中非法定罪有 32 人,法定罪特务间谍罪有 3 人。

第二,从刑罚上看有宣告无罪者、死刑立即执行、死刑缓期二年执行②、徒刑、缓刑、剥夺政治权利管制、教育释放 7 种。依据《惩治反革命条例》规定的刑罚有死刑、徒刑(无期徒刑和有期徒刑)、剥夺政治权利、没收财产,显然法律的规定与档案上统计的刑罚种类有差异。

出现上述"表达"与"实践"的背离③,说明这一现象不仅仅在民

---

① 中央人民政府法制委员会.中央人民政府法令汇编(2)(1951)[G].北京:法律出版社,1982:3-5.
《惩治反革命条例》第 3—13 条界定反革命罪类型,各种罪名有如下行为:即凡有勾结帝国主义;策动、勾引、收买公职人员、武装部队或民兵进行叛变;持械聚众叛乱;间谍或资敌;参加特务或间谍组织;反动会道门;抢劫、破坏公私财产和公共设施;反革命投毒杀人;伪造公文证件;煽动群众对抗政府、制造谣言;偷越国边境;聚众劫狱;窝藏包庇反革命行为。
② 何柏生.论新中国独创的法律制度[J].法学,1997(11):10-14.
死刑缓期二年执行简称死缓,该制度创立者是毛泽东,最早在我国的运用是在 1951 年的镇压反革命高潮中。毛泽东认为死刑犯人也有轻重之分,有些不杀不足以平民愤,有些虽犯了死罪,但民愤并不大,对这两种死刑犯应有区别:对前者当然应执行死刑,而对后者,应采取"判处死刑,缓期二年执行,强迫劳动,以观后效的政策"。死缓制度最初仅适用于判处死刑的反革命分子,以后扩大到判处死刑的普通刑事犯罪分子。
③ 黄宗智.清代的法律、社会与文化:民法的表达与实践[M].上海:上海书店出版社,2001:2.

事法律制度上有,在刑事法律制度上也存在,这一现象在许昌专区的档案中也可得以证实,详见以下附表。探讨其原因在于新中国成立初期,一是人民法庭等司法机构的人员大都是区长、公安或司法科长兼任,没有专职审判人员,司法人员短缺[①],法律专业知识不足,对法律语言理解不准确,出现以生活知识或生活技能代替法律技术,将生活用语或政治性用语当作法律专用术语使用。二是"镇反"运动使然。《惩治反革命条例》施行以后,《人民日报》刊发《再论镇压反革命必须大张旗鼓》的社论,指出"目前在镇压反革命的工作中,小手小脚和畏首畏尾的思想作风还没有得到普遍的彻底的纠正"[②],号召各地大张旗鼓地开展镇压反革命运动,调动司法干部积极性,而对司法的严肃性、法治的统一性和公正性缺乏兼顾。

参见以下5个附表[③]。下面表格是当时判决书的一种写法,当时《惩治反革命条例》于1951年2月已经颁行,罪名与法律规定明显不尽一致。如勾敌反革命杀人犯、反革命杀人督促犯、同谋杀人犯、惯匪同谋杀人、惯匪主谋杀人、杂特、封建流氓、伪保长、窝匪、汉奸、恶霸造谣、街霸等,都是政治性或者社会生活用语罪名。在《惩治反革命条例》中没有规定。此外,这是一种表格式的对犯人的处分决定(类似判决书),有姓名、性别、年龄、个人成分、籍贯、住址、经历、主要犯罪事实及处理意见的项目,一目了然。缺陷是缺乏说理和法律依据部分,反映司法真实情况,是法律文书的一种新形式,是一种探索。

---

① 比如河南省法院全省只有500多人,依照1950年6月中南军政委员会司法部的规定,河南省应有司法干部1313人,尚缺475人。《最高人民法院中南分院视察河南法院报告》,许昌市魏都区人民法院档案,文书处理号5,案卷号6。
② 再论镇压反革命必须大张旗鼓[N].人民日报,1951-04-28(1).
③ 许昌专员专署办公室《关于生产救灾、度荒改革工作报告、典型通报及有关犯罪人的处分决定》,1952年2—12月许昌市档案馆,全宗25,案卷号15。

表一

案别	勾敌反革命杀人犯	从犯同左	反革命杀人督促犯	同左	同左	同左
姓名	芦××	芦××	马×	杨××	马×	任××
别名	××					
性别	男	男	男	男	男	男
年龄	三十六	二十九	六十	五十八	四十	五十二
个人成分	伪保长	伪书记	保丁	伪保长	保丁甲长	保丁
籍贯	本市	本市	本市	许昌县	本市	许昌县
住址	聚奎后街十一号	兴隆街九号	兴隆街龙王庙	本市兴隆街六十一号	兴隆街五十号	住本市文昌街十八号
经历	伪保长数年	伪保书记数年	曾任伪警察保丁数年	曾当伪甲长	曾当保丁甲长	曾当兵三年及区丁（二年）镇丁（一年）保丁数年
主要犯罪事实	1. 四八年正月十三晚，芦××主谋勾结伪匪26旅以查户口为名强迫马×、任××等分班负责捉到穷人头杨××、丁××、张××等，三人被活埋，刘××被扣押后花钱释放。2. 芦××主谋勾匪打死段×，曾因经常敲诈被扣四次不放。3. 芦××并指使芦××写状攻告穷人积极分子4. 芦××以鸣（口）收铜子交伪政府(解放后)。	1. 曾吸食毒品数年2. 终天帮助保长催粮逼款等3. 拉锯时期受保长芦××指示，因系协保长领伪匪26旅抓穷人头杨××（活埋）	抓穷人头丁××时，该犯被付保长王××叫去手提灯笼照路	该犯当保丁兼甲长于四八年春受保书记芦××保长芦××指示以查户口名义跟随其抓我穷人头丁××、张××（活埋）	1. 该犯当区镇保丁五六年之久，一贯帮助统治阶级向穷人逼粮要款2. 四八年春在保长指示下同保长率匪军抓我穷人头杨××（已活埋），但该犯事先不知道
处理意见	政府初步意见	判处死刑呈请批准	判四年徒刑	教育释放（因系协徒分子）	同左	同左	因已坦白悔过，交群众管制

表二

恶霸	同谋杀人犯	同谋杀人主犯	惯匪同谋杀人	惯匪主谋杀人
李××	李×	申××	彭×	叶××
××	××	××	××、××	
男	男	男	男	男
六十	三三	四十五	三十六	三十七
恶霸	兵痞	伪甲长	惯匪	伪军官
本市西关	本市	河北阳武县	临汝南关	舞阳
北九曲街十六号	白庙北区街8号	本市白庙北区街15号	本市铁路街128号	本市白庙北区街8号
历任伪镇长联保主任	曾当兵五年	曾干小商及日伪甲长	曾干伪游击队及日伪皇协军	曾在伪军当兵及班排长共十年后住白庙
主要犯罪事实	1. 同谋杀人筹款一千五佰万给黑枪手 2. 三七年四月窝藏大匪首杨之周及藏枪 3. 勾结匪特首李××（已毙）乡长曹××欺压群众	1. 与叶犯同谋集匪杀人三名 2. 自供强奸妇女五个（群众控诉十五个） 3. 派款敲诈群众不计其数	1. 与叶匪同谋杀人亲自用绳捆寇、许三人 2. 三二年五月在临汝当土匪曾抢牛一头、羊一支，衣服等物，烧民房八间 3. 三七年同张×甲（已毙）抢张×乙牲口一头并打张×乙父一枪未死 4. 吸毒欺压群众，其老婆是劫来的	1. 卅七年四月主谋杀寇×甲、寇×乙，许××全家三条人命 2. 解放后窝藏包庇匪特盛××（已毙），结拜匪特李××（已毙） 3. 解放时收留伪散兵并代藏枪支电话机等 4. 解放后仍勒索群众财物，群众对其极多愤恨
	判刑十年	判刑十年	判处无期徒刑呈请批准	判处死刑缓期执行呈请批准

表三

惯犯、抢劫、偷盗	造谣破坏	恶霸	政治土匪反革命	杀人抢劫
胡××	黄××	李××	展××	温××
××	××	××	××	××
男	男	男	男	男
卅三	四五	五八	三八	
惯匪	恶霸伪保长	恶霸伪保长	土匪	恶霸
许昌县八区狗张村人	河北省武清县人	南阳人	河北宁津人	宝丰李庄
本市西关铁路122号	本市大同街209号	本市西关街225号	本市烟巷街18号	本市北九曲街
曾任胡宗南匪部排及26旅匪小炮排当兵	青帮分会,历任保长及保代表、铁叶公会理事长、河北同乡会委员等	历充伪乡丁及保长十五、六年	历任伪警、大日伪付旅及全斌部下	历以经商为名
1.解放后干伪26旅小炮排,曾用便衣敲诈群众数次。2.前后抢掠许田靳庄耕牛一头,近又挖洞盗烟于叶八次之多(每次八十斤以上)偷粮行及群众小麦数百斤,抢劫其它财物不计其数。3.一九五〇年二月十八日正劫西关华记烟行时被我逮捕。	1.解放后充铁叶(业)公会理事长时,累次制造并积极传播谣言进行煽动破坏。2.工会法明(命)令颁布后,直停发工资对抗工人并以吹嘘敌人声势威胁工人。3.本市将解放时以伪保代表资格挨门收过群众与伪专署掠夺军粮难以数计。4.在伪保长任内为反动政府要麦要粮派丁及抓人数名顶该保壮丁,派款肥己,勒索迫害群众。	1.抓丁××(孤子)当兵三次,逼死丁父及丁姐。2.敲诈款洋壹百二十八元银币。3.强奸妇女四个。	1.解放后在全斌匪部与我作战,并抢劫群众打骂群众等事实难以数计。2.隐藏枪支,资助敌人。	1.替26旅带工修城经常打骂民工。2.去年抢劫引龙街王××等。3.解放前勾结伪镇保长打死程的。4.和伪26旅同谋抓我群众积极分子郭××致被匪军害死。
处十年徒刑	处刑十年	处刑十年	处刑十年	判刑十年

表四

抢劫　敲诈	恶霸	封建流氓
马××	郭××	郑××
××	××	
三〇	四七	五六
匪中队长	恶霸、伪保长	商人
本市	社旗镇	临汝人
南关大同街五号	本市北大街汪公词二号	本市西关大街一六一号
伪警士、行商解放前卅五年人伪西安绥靖公署教导队中队长	自民国二十七年任保长至解放	历作小商
1. 吊打韩××（为曹警）敲诈伪币八十万元。 2. 敲诈群众钱款不计其数。 3. 霸占马××老婆。 4. 纵兵抢劫申××及用刺刀刺郭××又抢劫百余万元。 5. 解放后吸毒破坏社会秩序。 6. 窝藏勾结特务盛江彬。	1. 26旅在时以通八路为名抓马××等二人，使其受刑出款。 2. 给26旅收麦五十四石。 3. 打骂群众很多，如打焦××。 4. 贪污款九百万元。 5. 为逼款扣押群众四人。 6. 修城墙经常罚民工跪。	1. 号称"八大闯王腿"之一，经常仗势欺压群众 2. 强奸妇女共五人（包括十四岁幼女及其自己的闺女儿媳） 3. 持枪威胁吴××并骂街
判刑十年	判刑七年	判刑七年呈请批准执行

表五

案别	杂特	伪保长	伪保长	伪保长	汉奸	窝匪	伪军官反革命	恶霸造谣	街霸
姓名	罗××	程××	李××	王××	王××	赵××	王××	张××	丁××
别名									
性别	男	男	男	男	男	男	男	男	男
年龄	38	37	72	51	34	38	44	55	47

续表

案别	杂特	伪保长	伪保长	伪保长	汉奸	窝匪	伪军官反革命	恶霸造谣	街霸
个人成分	杂特	伪保长	伪保长	伪保长	汉奸	伪甲长	伪军官	地主	街霸
籍贯	许昌县	本市	本市	本市白庙	湖后	本市	临颍石桥区	许□□南县王庄	开封
住址	本市学巷街90号	学巷街75号	西关大街161号	白庙北区街25	公安存役街6号	□□街12号（文字不清）	北关九街100号	文明街11号	文化街27号
经历	曾当伪26旅便衣	曾任伪保长及镇队长	曾当伪保长二年	当保长前后2年	曾任伪书记事	曾当伪中长	历任伪军班排连长及机枪中队长等职	做生意、伪口长	开估衣铺曾当为保长
主要犯罪事实	1.该犯当便衣二十天，回吕同天，争回群众，分得果实并替伪军起枪一支。2.又和土匪勾结卖枪一支。	1.吸食毒品贩卖毒品嫖女人 2.现无职时，贩卖毒品	1.当保长派粮抓丁，如群众运迟时打骂和扣。2.诱奸女人三个但均系一年前的事。	派粮款大车抽丁已经群众说理斗争并坦白悔改	一贯吸食毒品不务正业曾偷盗等	窝藏匪特何得志不向政府报告。	1.许昌第一次解放时任伪军保安团机枪中队长分兵把守北面与西北面与我顽抗。2.战场被俘教育以后，经常吹嘘其守城打仗有胆。	1.49年2月在文明街竹竿铺造谣。2.□借□范氏30□麦一万五千九价不还 3.辱骂曹××家里	1.贪污公债 2.死媳妇仗势在街上收钱26万 3.强奸女子2个 4.曾用当铺放高利贷
处理意见	政府意见	群众管制	群众管制	群众管制	同左	交群众管制	教育释放	群众管制	群众管制	群众管制

二、微观上案例分析

（一）土改和"镇反"个案为例分析

按照《人民法庭组织通则》的规定，恶霸案件应由人民法庭管辖，但政务院、高法指示人民法院或人民法庭均可处理。仍以方××为例，被告在一审中由政府判处5年徒刑，后经许昌专署复审改为7年徒刑，送往大西北进行劳动改造。第二次司法改革运动中，群众检举控诉，人民法院审查讨论后判无期徒刑，河南省人民法院许昌分院经审查判为7年有期徒刑。

方××案大体情况见前面叙述，从本案我们可以分析：

(1) 从案件性质上看，该案属于刑事案件。

第一次公诉是由许昌西关农会充当公诉人，向许昌市人民政府提起公诉。第二次公诉是许昌第四区政府（代表西关南后街群众）向许昌市政府提起。公诉应当有公诉书，司法卷宗里应有拘留证、逮捕证等法律文书，档案显示没有，只有判决书。按照刑事法律规定，刑事案件分为公诉案件和自诉案件，公诉案件是由享有公诉权的国家司法机关代表国家依法向法院提起公诉追究被告人的刑事责任。提起公诉有两个基本条件，一是有犯罪事实，二是需要追究刑事责任。犯罪事实是由侦查机关依法侦查，甄别犯罪事实与客观事实（罪恶事实），然后通过公诉机关，由公诉机关向法院提起，法院依据该犯罪事实，追究被告人的刑事责任。犯罪事实与罪恶事实不同。该案中显示有罪恶事实，是由不享有公诉权的西关农会、第四区政府行使司法机关的权力。依据《中央人民政府最高人民检察署暂行组织条例》第三条第二款之规定："对反革命及其他刑事案件，实行检察，提起公诉。前项二、三两款之职权，在下级检察署尚未设立的地区，得暂委托各该地公安机关执行，但其执行检察业务时须受上级检察署的指导。"按照此规定，当时没有建立地方检察署的公诉权的行使应是当地的公安机关。农会、区政府行使公诉权，充当公诉人,产生越位或错位问题。

(2)被告人是否享有上诉权。

根据《人民法庭组织通则》规定,反革命案件判处死刑,不许上诉。但对于县人民法庭及其分庭所判决之五年以上徒刑的批准权,属于省人民政府(或省人民政府特令指定之专员公署)。对省府或专署批准后的案件下级法庭或法院判决后,被告人是否享有上诉权,前后两份判决书不尽相同。第一份判决书,在结尾部分写有"如不服本判决限于宣判之日起5日内上诉于许昌专署",表明被告享有上诉权,上诉期限法定为10日①,本案判决书却规定为5日。第二份判决书就没有写被告享有的上诉权利的条款,再审是一审不是终审,应该享有上诉权,而该被告被剥夺了上诉权。依据当时的规定终审判决的决定权属于省人民政府或特令指定之专员公署,不是再审一审法庭。

(3)被告的公民权状况。

从案卷中反映出,本案被告第一次被判刑后,已经到大西北进行劳动改造,服刑期满释放,就获得人身自由,成为正常合法公民。司法改革运动第二次会议后,群众认为被告第一次判刑太轻,进行检举揭发,重新控告。许昌市第四区政府代表西关南后街群众向政府提起公诉,司法改革委员会指定人员调查(并非侦查),人民法院再次进行判决,判刑7年。先后两次被起诉,两次被判刑,都是7年。本来第一次判刑后,被告已赴大西北服刑,审判程序已经结束,平息当时的社会矛盾,司法达到稳定社会秩序的目的。司法改革运动中,没有再审机关启动司法程序,仅有群众的意见,再审程序就启动,被执行人又变成被告,判刑7年,但刑罚如何执行,原来执行过的刑期是否应该

---

① 中央人民政府法制委员会.中央人民政府法令汇编(1)(1949—1950)[G].北京:法律出版社,1982:84.
县(市)人民法庭及其分庭之其他的判决,被告或原告如有不服时,得于判决后十日内,要求县(市)人民政府指令县(市)人民法庭复审;对复审之判决如仍不服时,得提出上诉。

减去,在当时没有刑法、刑事诉讼法的情况下,如何处理,档案资料没有显示。另外司法改革运动中,群众检举的犯罪事实,是新发现的犯罪事实,还是原来的犯罪事实重新提起,不得而知。这就反映当时中国的人治环境下,运动风声一紧,任何犯过罪或者有污点的人,特别是被贴上地主、恶霸、匪特等反动分子标签的人,在运动中,首当其冲,会再次成为人民心中的斗争目标,成为社会的替罪羊和牺牲品。

(二)对"三反"运动时期的案例情况分析——以许昌地区为例

发端于1951年11月,以"反贪污、反浪费和反官僚主义"的"三反"运动历经10个多月,到1952年10月18日安子文向政务院周恩来总理作了《关于结束"三反"运动和处理遗留问题的报告》的汇报,宣告结束。报告称"全国县以上党政机关(军队除外)参加'三反'运动总人数为三百八十三万六千人,共查出贪污分子和犯错误的一百二十万三千人;其中共产党员十九万六千多人。贪污一千万元以上的十万五千九百一十六人。贪污分子和犯贪污错误的人中,已做处理一百零七万八千多人,尚未处理的十二万五千多人"。"全国被贪污的赃款赃物多达六万亿元,已退回二万亿元。'三反'运动中全国打出一千万元以上的贪污分子最高数为二十九万二千多人,现在剩下十五万五千人。"在"三反"运动的定案过程中,各地人民法庭依据政务院关于"三反"运动中成立人民法庭的规定,按照中央节约检查委员会《关于处理贪污、浪费及克服官僚主义错误的若干规定》《惩治贪污条例》、中央节约检查委员会《关于追缴贪污分子赃款赃物的规定》,"判刑事处分的三万八千四百零二人,其中机关管制的一万七千一百七十五人,劳动改造的一万一千一百六十五人,判处有期徒刑的九千九百四十二人,判处无期徒刑的六十七人,经中央和大行政区批准判处死刑的四十二人(内有杀人犯五人),死刑缓刑九人,共计五十一人"①,在贪污犯

---

① 中共中央文献研究室.建国以来重要文献选编(第三册)[G].北京:中央文献出版社,1992:386–387.

中,党员的比例达16%。就河南省许昌专区而言,在"三反"运动中,处理的各种贪污分子,按照贪污数额的多少、罪行的轻重,比较典型的有以下几类:①

1. 贪污千万元以下判处缓刑的二人

(1)贪污犯杨××:曾任区长、专署科员等职。在舞阳任区长时,接受地主贿赂,与地主共同勾结土匪,勒索敲诈群众,贪赃枉法,盗窃治淮煤,贩卖煤油等总计贪污人民币七百一十七万七千元,全经查实。情节极为严重恶劣,群众愤恨,在"三反"中狡猾抗拒坦白,经确凿的人证物证证明,才勉强承认一部分,但仍不肯彻底坦白。按中央《关于处理贪污、浪费及克服官僚主义错误的若干规定》对贪污分子处理办法第一条"乙"项规定,判处有期徒刑一年,缓期执行,交机关管制,并追缴全部赃物赃款。

(2)贪污犯刘××:商人出身,一九五零年十二月潜入许昌粮食公司,任营业员,利用职权,收受奸商贿赂,出卖国家经济情报,刘犯个人从中盗窃国家资财三百零五万零二百元,使国家损失达一千一百余万元,全部查实。该犯在"三反"中狡辩抵赖,顽强抗拒坦白,依据《中央处理贪污政策对贪污分子的处理办法》,判处有期徒刑一年,缓期执行,劳役改造;并追缴全部赃物赃款。

2. 贪污千万元以上判处机关管制的二人

(1)贪污犯乔××:曾任许昌市总工会秘书。一九四八年与奸商永成职工厂经理尹××、联运站赵××及伪保长苗×等勾结受贿共折人民币六十万元,并帮助赵××敲诈市民银元三十块。一九四九年六月在车站主谋组织庐××等集体贪污铁路工人救济粮小米一万斤。另加其他方面的贪污,该犯自一九四七年开始至现在贪污受贿折人民币一千零九十五万五千六百八十元。三反中,不肯自动坦白,

---

① 河南省许昌市档案馆,全宗号15,卷宗号48。

经确凿的人证物证的对证,才哑口无言,低头认罪。现退出赃款八百一十三万三千八百一十元。根据中央政策,对该犯贪污应追查到省城解放之日,判处机关管制一年,并追缴全部赃款。

(2)贪污犯张××:曾任百货公司门市部主任。从一九四九年至一九五零年共贪污一千四百三十七万三千二百元。其中省城解放后至开国前贪污一千三百四十四万元,开国后贪污九十六万九千一百元。张犯贪污系一贯的,极为严重恶劣,仅其在襄县公管粮店工作时即利用职权与奸商勾结盗窃国家粮食(小米)一万一千四百四十四斤,折人民币一千一百四十四万四千元,迄今仍在奸商商号入股。"三反"中再三顽抗、拒不坦白,但在确凿的人证物证的证明下,才低头认罪,然仍不肯积极退脏(赃)。以上贪污事实全经查实。根据中央政策规定,判处机关管制一年,并追缴全部赃款。

3. 贪污千万元以上判处劳役改造的二人

(1)贪污犯王××:曾任专署工商科商情员。一九四九年三月至一九五零年×月在舞阳公管新舞商店工作时,利用职权勾结私商于收购粮食中以坏货顶好货、提高等级、掺假、以少报多等办法及挪用公款与奸商合伙经营投机生意,大肆盗窃国家财产。王犯个人贪污五千六百八十七万一千一百元,开国前有四千七百七十二万九千一百元,开国后九百一十四万二千元;国家财产损失达一亿元以上。其贪污赃款中有二千四百七十八万零七百五十元,迄今仍在舞阳、业系奸商华兴与行等七家入股。其贪污事实以全部查证对实(有一笔入股账还未证实)。王犯系奸商坐探,一直贪污,情节严重,按照政策规定,应追查到省城解放之日。"三反"开始,王犯虽一度自动坦白,但随后又借孔(空)翻供达四五次,最后才在确凿的人证物证证明下,低头认罪,全部供认不讳。根据中央政策,给予刑事处分:判处劳役改造四年,追缴全部赃款。

(2)贪污犯刘××:商人出身,曾任许昌煤业建筑器材公司营业员。一九五零年至一九五一年利用职权营业中捣鬼少作传票、多收款等办法个人贪污及组织杨××等集体贪污四次,刘犯共计贪污人民币二千二百三十五万一千元;因个人及集体贪污国家损失达二千四百九十六万三千元。刘犯贪污赃款绝大部分供个人吃喝嫖吸赌挥霍掉了,只知道刘犯就曾去许市三个暗娼处嫖和吸老海达三百一十五次;其余少部养家。赃款来龙去脉均已全部查实,刘犯不但拒不坦白,且和同案订立攻守同盟,以装病、绝食等办法破坏三反,后又装老实,故意多谈贪污数字五千多万元混淆是非及再三翻供,并造谣破坏其他贪污分子坦白,最后才在确鉴证据面前,谈出自己全部贪污事实。但坦白后个人又只退出二万多元,其家属代退三百零一万六千元,其余顽抗拖延,不肯退赃。根据中央政策,给予刑事处分:判处劳役改造四年,全部追缴赃款。

4. 贪污千万元以上判处五年以下有期徒刑的二人

(1)焦××:曾任许昌百货公司采购员、商情员。一九五零年三月参加工作以来,一贯利用职权,与奸商勾结出卖国家情报,低价套卖国家物资,共同盗窃国家财产,焦犯个人从中贪污受贿(及于采购工作中贪污)共计人民币一千七百九十五万九千五百六十一元,国家损失最少在五千万元以上。焦犯为奸商经济坐探,贪污情节严重恶劣,"三反"中,经追查证实,才低头认罪,退赃甚少,现赃物已由奸商处大部追回。按照中央政策规定,判处有期徒刑二年,缓期执行,交群众管制。

(2)贪污分子张××:三十九岁,富农成分,商人出身。一九四五年入伍,"三反"前任烟草公司秘书。该犯品质很坏,一贯贪污、吸食毒品并嫖女人,调烟草公司后,该犯在共和国成立前(四九年三月至四九年秋)与奸商勾结以提高烟草等级、填假条子、压磅等办法贪污受贿共人民币二百六十三元,共和国成立后该犯又以同样办法贪污受贿一千二百一十五万六千元,使国家直接损失四亿四千多万元。张犯之贪污数字虽不太大,坦白也比较彻底,但该犯之贪污实属一贯性,并大部受奸商贿赂吸食老海(其中大部是奸商直接行贿的老海)影响极坏,给国家经济上的直接损失为数亦甚大,且只退赃三十八万元。因此判处该犯有期徒刑三年。

5. 贪污五千万元以上判处五年以上有期徒刑的二人

(1)贪污犯蒋××:曾任许昌百货公司营业员、采购员。工作期间,一贯利用职权在采购工作中以少报多,偷盗、出卖国家经济情报等办法贪污。中华人民共和国成立前贪污八千三百九十六万六千元,中华人民共和国成立后贪污九百四十五万七千元,共贪污九千三百四十二万三千元。并因出卖国家经济情报五次使国家财产损失九千万元以上。三反中该犯与奸商杨××等订立"攻守同盟"抗拒坦白,一贯顽抗;且经确凿的人证物证的说理斗争及查实,仍不肯老实彻底坦白,隐藏不现。依据中央节约检查委员会"关于处理贪污、浪费及克服官僚主义错误的若干规定""中华人民共和国惩治贪污条例"应判处有期徒刑七年。

(2)贪污犯陈××:四十六岁,河南许昌人,商人出身,富农成分,(一九)四八年混入许昌专区贸易公司营业员,五零年九月被清洗。该犯于任职期间,一贯勾结奸商贪污舞弊并诈骗他人财产,开国前计贪污折人民币近四千七百七十六万五千一百元;开国后贪污近人民币六百四十七万八千元,共计贪污人民币五千四百二十六万三千一百元。陈犯且为该粮店十三人集体贪污的领导者与组织者,使国家损失共八千万元以上。三反中会与同案订攻守同盟,再四翻供,百般抵赖,后经证据确凿的检举,才勉强承认三千七百万元,另一笔一千七百二十六万三千一百元虽人证物证具在,亦死不承认。该犯将贪污的赃物吸食毒品挥霍。根据该犯之贪污一贯性使国家遭受极大损失,并在"三反"中拒不坦白的情节,应判处七年有期徒刑。

6. 判处无期徒刑的大贪污犯一人

大贪污犯李××,男,现年三十三岁,平原省南乐县人,当兵出身,一九三九年参加国民党部队,一九四四年五月被我军所俘,又参加我军某部,曾因一度表现不错吸收参加中国共产党,一九四九年调烟草公司,三反前人计划科副科长。该犯贪污成性,曾在部队因贪污于一九四七年开除党籍,但不肯悔改。调烟草公司后仍继续贪污。五〇年至五一年一月在和尚桥任办事处主任时,以其为首利用职权勾结奸商岳××和干部温××等组成盗窃集团,以提高等级、填假条子等方法,大量盗窃国家资财,该犯一人即从中贪污了十二亿元。赃款除一部在日常生活上挥霍外,其余十亿零九千万分别投资于许昌市德记烟行、德源杂货行二家(已证实,商号并全部打了欠条),并为巩固其贪污同盟,无耻的令其爱人马××与其贪污同案人发生肉体关系。"三反"开始该犯百般狡猾抗拒坦白,在确凿的人证物证下被迫承认七亿。但仍多次反口供,再三反扑,有时竟不承认有一点贪污;并积极组织攻守同盟,一直顽抗到底。根据该犯的一贯贪污屡教不改情节严重恶劣,使国家遭受损失巨大,并拒不坦白,拒不退赃,毫无悔改之情节,判处无期徒刑。

7.判处死刑的大贪污犯二人

(1)大贪污犯白××,"三反"前任百货公司经理。该犯流氓成性,一贯贪污,并嫖妓女,自任百货公司经理后,经常利用职权与不法资本家勾结,用公款黄金交私商合伙做投机生意,出卖国家经济情报与不法资本家合谋盗窃国家资财,并包庇二个反革命分子(其中一个是德记烟厂经理)。该犯的贪污受贿,据资本家与群众的检举经查对证实的到达一亿六千二百八十余万元。

该犯在三反中虽经教育,但仍无丝毫悔改之意,百般抵赖,抗拒坦白,对领导"三反"运动说怪话讽刺打击,伪造历史自吹为"二十多年历史的老干部"以吓唬群众,并故意曲解政策进行破坏,甚至发展到持枪抵抗,企图行凶。在其反省中又阴谋叫贪污分子找刀找绳,组织贪污分子暴动被破获。白犯一贯贪污,情节严重恶劣,使国家遭受损失极大,影响极坏,三反中又百般破坏,拒不坦白,一直发展到持枪行凶。白犯已决心与人民为敌,成了自绝于人民不可救药的罪犯,判死刑。

(2)大盗窃犯杜××,男,五十五岁,河南登封西关村人,家庭地主成分,个人流氓出身,系基督教徒,一九四六年到许昌美帝所办的信义医院养病,由于杜犯厚颜无耻吹拍,取得美帝国主义份子孔雅德之宠爱,留院工作。杜犯即成了美帝忠实走卒,并趁解放之机取得院长之职。四七年许昌解放时孔××等潜逃郑州,其他大部分人员离院,杜即趁机以留院看守之名大发横财,盗取电影机一部,显微镜二架,其他珍贵药品百余种,共价值人民币二亿余元,分存于登封、许昌各一部以供自肥("三反"中已退出)。其次杜犯为忠实效劳美国主义竟无耻的将医院之X光影两架。手术无影灯两架,显微镜两架,摩托车一辆及其他贵重药品一宗,其价值三十亿之巨,用车运往郑州交给美国人。存于万××(郑州福音教主)家里,以备运往美国。后因无机会未能运走。除五〇年拿回一部外,其余仍在万××家里。该犯盗窃国家大宗财产,使国家人民建设事业受到不可估量的损失,并且该犯出卖国家利益帮助美帝国主义份子盗窃祖国财产,又于一九四八年暗害解放军战士二人(尚未完全证实),已成祖国叛徒,情节极其严重恶劣,判处以极刑。

以上材料显示许昌专区各县、市在"三反"运动中,人民法庭依照《惩治贪污条例》第三条

一、个人贪污的数额,在人民币一亿元以上者,判处十年以上有期徒刑或无期徒刑,其情节特别严重者判处死刑;二、个人贪污的数额,在人民币五千万元以上不满一亿元者,判处五年以上十年以下徒刑;三、个人贪污的数额,在人民币一千万元以上不满五千万元者,判处一年以上五年以下徒刑,或一年至四年的劳役,或一年至二年的管制;四、个人贪污的数额,不满人民币一千万元者,判处一年以下的徒刑、劳役或管制①之规定及其相关政策依其情节轻重,分别对贪污犯

---

① 中央人民政府法制委员会.中央人民政府法令汇编(3)(1952)[G].北京:法律出版社,1982:30.

罪者进行相应的惩处,打击一大批贪污腐败分子,保证了国家机关的廉洁性。但由于追算时间过长,运动中折算标准不统一,折价过高而成为"老虎";小贪污打过头而成为"老虎";对于贪污界限不清,把公私不分、失职、浪费和有政治问题的人算成"老虎"等情况,在上级定任务,下指标,完成"打虎"计划的情况下,错案不可避免。①

下面被告人陈××一案可以初步窥视当时司法情景。被告人陈××被控在"三反"中"利用职权盗用公款违法取利"和贪污,被判处机关管制半年。当事人不服,申诉不断,历经20多年,穷其余生,要求平反,洗刷自己的冤情,1980年11月许昌市人民法院裁定撤销1952年的判决,最终实现迟来的正义。案情具体如下:

原审情况②

许昌市人民法院笔录

时间:1952年5月20日下午三时

审判员:孙××

书记员:杨××

被告:陈××

履历部分(略)

问:贪污受贿?

利用职权,我兄弟在南关开石灰铺拿公家90,000,000元③,买石灰赚了一部分款,做了11次给他的,其中得暴利及漏税30,600,000元,我弟给我家一千斤麦,1,500,000元,另外我给我弟借10,000块砖给峰中公司,从中得利980斤麦,同乡逃亡地主王×甲我给他私人户口一

---

① 中共中央文献研究室.建国以来重要文献选编(第三册)[G].北京:中央文献出版社,1992:385-386.
② 河南省许昌市魏都区人民法院档案,刑事卷(1949—1988),第882号。
③ 以下均为旧币。

个,后被原籍逮回,他的行李在我家放着哩。

我家保存的枪支未敢谈,不相信组织,这次也拿出来了。

问:你保存枪支是啥企图?

我没有什么企图,因为前未拿出来,后来也不敢暴露。

利用职权受贿,收些菜子及其他物资,南关老××我给他熟,于(19)50年1月借他100,000元,以借为名,未还。另外送糖果后得票做人民币150,000元,西关复华烟行我曾两次借他钱,共人民币250,000元,复华烟行住的房子是公家的,给他们便利。榆柳街张××是个斟大员,曾被扣法院,送我女人人民币5000元,枕头一对,鞋衣服,合人民币121,500元,榆柳街王×乙是个黄××同院的房客,王×志×送我女人五尺布,还有同院李××送我小孩两个帽子,六七尺布,本院张××送鸡蛋豇豆等,同院陈××送肉、月饼鸡蛋等。

问:你收的东西都干啥?

我贪污的麦子交给面房了,其他东西养家了。

陈××(签字)
5、20

公诉书

公诉人:许昌市政府机关

被诉人:陈××

履历:略

一、贪污问题:

1.1950年拿公家被子两条合币60,000元。

2.1951年没收信义会家具,将大小方桌各一张,椅子5把,园长凳各两条、铺板一套拉到西关其弟做生意,折合币470,000元(已退回)。

3.1951年6月贪污公产学田租,计豆子一石,合90,000元。

4.1951年12月,一私营洋车铺违法逃跑,陈拿走老虎钳一把,交其弟卖了270,000元。

5.1950年2月,市后街逃亡地主李××,为逃避公家代管房子送给陈白面40斤,合60,000元。

6.1951年,西大街医院白××为不给公房租,陈的家属看病不拿钱,计58,000元。

7.1950年10月,老海犯王××送陈煤600斤,合60,000元。

8.1950年7月,老××旅社经理周××送陈100,000元。

贪污受贿1,168,000元。

二、利用职权盗用公款违法取利

陈犯勾结地主恶霸反革命分子盗用公款93,080,000元,组织集团,计划开设私营营造厂,发展私人资本并拉拢建筑工会干部刘××,瓦解革命力量,后来未成,就在南关开设福民石灰铺,与行商张××等相勾结,做投机倒把,牟取暴利的行为。其事实如下:1.从1951年7月到12月底,由焦作运许石灰12车,合447吨,由待王运许一车合23吨,共计13车,共合480吨。以上共得纯利20,428,050元。2.从1951年7月至(19)52年元月,先后由待王运青砖390吨,由焦作运许青砖90吨,每吨400个,共合192,000斤,仅青砖一项得纯利2,310,420元。以上两项总计得纯利22,738,470元。

此项应列入陈贪污数,即陈犯贪污数23,906,470元。

其他,陈犯有严重变天思想,隐瞒三支短枪。

该犯所犯罪行,情节属严重恶劣,并隐瞒枪支三支,虽过去不彻底交代,但经过几次大会的教育,政策的学习,领导与同志的帮助,终于交代问题,并不混乱是非,积极退出赃款,现已达16,983,350元。

1952、5、23

公诉书仅仅列举被告人的犯罪事实,并没有要求追究其刑事责任,许昌市人民法院据此作出判决,判处被告人机关管制半年。

许昌市人民法院判决书

法刑字第 7 号

公诉人:茹×,许昌市人民政府人事科长

被告:陈××,年51岁,地主成分,河南叶县人,曾任过伪教职员、伪镇长、日伪自卫队长等职,1945年参加我军,现任建设科长。

判决主文:

贪污犯陈××,为借职权盗用公款违法谋利损公济私,判决机关管制半年

事实及理由:

贪污犯陈××1949年12月至1951年任政府公产学田主任以来,利用职权盗窃国家资财,共1,167,660元,1951年2月至1952年调任建设科长,更大肆的盗用公款93,906,700元,交给其弟后,地主恶霸及反革命分子汪××、张×甲,奸商张×乙等人做私人商业,从中获利即达22,738,470元,共计该犯贪污23,906,470元,"三反"运动中态度不够老实,并阻挠他人坦白,后在同志帮助和政策感召下,才彻底交代问题,以后表现较好,并积极交脏,现退出赃款16,983,350元。

本庭认为该犯贪污情节不甚严重,经发觉后又能彻底坦白,积极交脏,有悔改诚意,根据中华人民共和国惩治贪污条例第三条及第五条第一、二款之规定,特此判决如主文。

1952年6月3日

河南省许昌市人民法庭

审判长 闫××

副审判长 李××

孙××

双方如有不服,得于接到判决书后3日内向河南省许昌市人民

法庭声请上诉。

判决后,在法定的声请上诉期内,原告没有声请上诉,判决书生效。但到了1980年原告开始申诉,申诉书如下:

申辩意见

市法院领导:

我叫陈××,男,现年79岁,于1927年参加革命,同年加入中国共产党。现在在许昌市城建局市政工程工作。

我于1952年在三反运动中受到法院撤职开除党籍,机关管制劳动6个月的处分。当时宣布时我就不同意这个结论。由于种种情况,不允许说话,强行决定。现在已经卅余年,尚未撤除处分,因此申请有关领导,据实调查,予以彻底平反,则我不胜感激。特此呈请。

致以革命敬礼!

市政工程处　陈×× (1980) 8、29

原告向许昌市中级人民法院提出申诉后,法院指派人员开始调查。

许昌市中级人民法院询问笔录　　　1980、9、22

询问人:郁××

被询问人:陈××

时间:1980年9月22日下午

地点:市法院申诉办公室

问:今日找你谈一下基本情况,你回忆一下当时的情况,谈谈自己申诉的理由。

我叫陈××,又名陈×华、董××、陈×顺,就这几个名字,现年79岁,原在市工程处当保管,住井巷街25号。

问:你是什么时间判的管制?

记得是三反结束(1952年或53年)时判的是政府机关管制六个月,扫地两三个月就分给工作了,就不管制了,记得也没有正式撤销管制。

问:判管制的原因是什么?

我记得不是经过这里,是经公安局的,就是问一问,也不让改口供,报啥是啥,光把贪污的数字念了念,问我有意见没有,当时也不让改,我也没有提,判我贪污一亿二,有名的大老虎,开除党籍。

问:当时判的是这么多吗?

大概执行中又说是五千,后来又改了,我就不记得了,当时退了多少也记不清了。当时还回过一次家,把分的东西卖了卖,大约二三百元钱。

问:当时判你贪污的数字、项目还记得吗?

那就记不清了,光几个总数,我弟弟陈×甲几个人开一个石灰铺赚的钱也当成贪污的了,最近才知道在政府用的床、二个被子也作为贪污的钱了,别的就记不清了。

问:开除党籍和判六个月管制是同时吗?

同时宣布。宣布人是杨××,是公安局的,现在五一路办事处。

问:申诉的理由是什么?

主要是当时定的数字不对,那时是定一亿二,我没有贪污多少。我认为我没有贪污。最近我单位说过,不知调(查)了没有。

问:贪污判管制以来,做过处理没有?

1958年有市委监委会答复,事实不符,处分不动,后来上诉到省里,从那时到现在没有人管过,一直未得到处理。

问:我向你提出几笔当时判你贪污的数字,比如1951年6月贪污公产学田租豆子一石,有没有?

没有。关于拿一私营洋车铺的老虎钳,我不知道,市后街李××送白面可能有。周××送钱是我家属任××记账借10万元。

问:当时你当建设科长,你弟弟开石灰铺的情况怎么样?

有河北一个,连我弟弟共四个人开的,还有一个张××是我的警卫员,认识,现在还活着,我弟弟是群众管制。

问:建设科当时有没有会计?

有单独的会计,姚××,西关人,现在洛阳市政府,其爱人是洛阳共青团书记。

问:关于你当建设科长时,盗用公款很多钱,是否有没有?这笔钱是怎么回事?

我也说不清,反正没有经我的手给过我弟弟钱,他们开石灰厂也没有什么本钱。

问:是否市政府为了买你弟弟的石灰和砖付的款?

我也记不清。

问:当时总共退赔了多少?

大概有三四百元,也不经我手,主要是我女人,后来也没有退完,就不要了。

问:准备给你调查一下,做个交代,再告诉你。

时间很长,组织上让我来这里先处理管制六个月的问题。

陈××

(19)80 年 9 月 22 日　摁有指印

该申诉案法院组织调查以后,首先向法院党组和市委书记作汇报,汇报提纲如下:

关于陈××申诉一案的汇报提纲已向法院党组和市委梁书记汇报(80、11、14)

申诉人:陈××,男,现年 79 岁,系市政工程处保管员,行政 21 级。1952 年三反运动中,有市法庭(三反法庭)以贪污罪判处管制半年,因不服原判,于 1980 年 8 月向我院提出申诉,经审阅原卷和询问,现将基本情况汇报如下:

一、原判情况

贪污犯陈××,1949年12月至1951年任市政府公产学田主任以来,利用职权盗窃国家资财共1,167,660元,1951年2月至52年元月调任建设科长,更大肆的盗用公款93,906,700元,交给其弟后,地主恶霸及反革命分子汪××、张×甲,奸商张×乙等人做私人商业,从中获利即达22,738,470元,共计该犯贪污23,906,470元,三反运动中态度不够老实,并阻挠他人坦白,后在同志帮助和政策感召下,才彻底交代问题,以后表现较好,并积极交脏,现退出赃款16,983,350元。

本庭认为该犯贪污情节不甚严重,经发觉后又能彻底坦白,积极交脏,有悔改诚意,根据《中华人民共和国惩治贪污条例》第三条及第五条第一、二款之规定,判处机关管制半年。

二、本人申诉理由

陈××认为当时定的数字不对,开始定为贪污一亿二千万元,后来改为五千多万元,最后降到判决时的二千多万元,自己认为没有贪污。1958年由市委监委会答复,"事实不符",处分不动,后来上诉到省里,一直没人管,先提出申诉。

三、复查后认定的事实

(一)陈××1949年至1951年任公产学田主任时,原判认定利用职权盗窃国家资财1,167,660元,此项款数分八笔。

1.1950年拿公家被子两条合币60,000元。

2.1951年没收信义会家具,将大小方桌各一张,椅子5把,园长凳各两条、铺板一套拉到西关其弟做生意,折合币470,000元(已退回)。

3.1951年6月贪污公产学田租,计豆子一石,合90,000元。

4.1951年12月,一私营洋车铺违法逃跑,陈××拿走老虎钳一把,交其弟卖了270,000元。

5.1950年2月,市后街逃亡地主李××,为逃避公家代管房子送给陈白面40斤,合60,000元。

6.1951年,西大街医院白××为不给公房租,陈的家属看病不拿钱,计58,000元。

7.1950年10月,老海犯王××送陈煤600斤,合60,000元。

8.1950年7月,老××旅社经理周××送陈100,000元。

以上八笔,第一、三笔应为贪污数,合计150,000元。第五、六、七、八笔共278,000元,此款均为受贿所得。第二、四笔,共740,000元,应为其弟陈×甲拿私人和公家没收资本家的东西,同时其中有470,000退回公家了,不应列为陈××的盗窃或贪污数。

(二)原判1951年2月至52年元月调任建设科长,更大肆的盗用公款93,906,700元,交给其弟后,地主恶霸及反革命分子汪××、张×甲,奸商张×乙等人做私人商业,从中获利即达22,738,470元。此款22,738,470元为陈×甲、汪××、张×甲、张×乙四人合办石灰铺的盈利所得,其情况如下:

1.石灰铺1951年7月到12月底,由焦作、待王运许昌石灰480吨,卖给市政府、建筑公司等单位,此项盈利(毛)以上共得纯利20,428,050元。

2.石灰铺1951年7月至52年元月,从待王、焦作运青砖到许昌480吨,卖给市政府、建筑公司等单位,此项盈利(毛)2,310,420元。前两项相加总计得纯利22,738,470元。

这项盈利款应为石灰铺正当盈利,更不应列为陈××的贪污数内。(至于原判认定更大肆的盗用公款93,906,700元,交给其弟后,地主恶霸及反革命分子汪××、张×甲,奸商张×乙等人做私人商业,此款没有列为陈××的贪污数,但此款数字与石灰铺卖给市政府的石灰、青砖的付款相似,此款为93,906,700元,市政府买石灰、青砖应付款96,040,000元,不过,这项款数未列入陈××的贪污)

综合上述两点,陈××于1949年至1951年任公产学田主任时,曾拿公家被子两条合币 60,000 元,贪污公产学田租豆子一石,合 90,000 元,合计 150,000 元,又曾受贿李××白面 40 斤,合 60,000 元。白××看病钱计 58,000 元,王××送陈煤 600 斤,合 60,000 元。周××100,000 元,合计 740,000 元。

总计贪污受贿 890,000 元,其余均不能列为陈××的贪污。

原判决贪污款项为:16,983,350 元,经复查后为 890,000 元,数目大为降低,据此法院裁定如下:

许昌市人民法院刑事裁定书

(80)刑裁字第 57 号

申诉人:陈××,男,现年 79 岁,原籍河南省叶县旧县公社朱岗大队邢店村人,现在许昌市城建局市政工程处工作,于 1952 年三反运动中,以贪污罪判处机关管制半年,因不服原判,于 1980 年 8 月提出申诉。此案经我院重新复查认为:1949 年至 1952 年,陈××任许昌市政府公产学田主任、建设科长期间,其弟陈×甲与张×乙等四人合伙经营石灰、青砖从中获利 22,733,470 元,三反运动中,已有陈×甲全部退出,不能视为陈××贪污。同时期,陈××侵占公用被子两条、豆子一石、大小方桌各一张及铺板、椅子等,并受贿面粉 40 斤、煤 600 斤,虽属贪污行为,但数量较小,且赃款赃物全部退回,均不构成犯罪。故经研究决定撤销本院 1952 年 6 月 3 日法刑字第 7 号判决,宣告陈××无罪。

如不服本裁定,限接到裁定书之次日起 5 日内提出理由上诉于许昌地区中级人民法院。

1980、11、6

许昌市人民法院印

许昌市人民法院作出裁定,撤销 1952 年法刑字第 7 号判决,当事人已死亡,其家属又申诉如下:

申 诉

许昌地区中级人民法院:(市法院)

对市法院(80)刑裁字第57号刑事裁定书,我们有如下申诉意见:

1."其弟陈×甲"不对,应为陈×乙。

2."陈×乙、张×乙等四人合伙经营石灰、青砖从中获利22,733,470元",若以按规定交纳税收,不应视为犯罪。

3.陈××在机关值班(当时是供给制)用公用被子两条,不应写作"侵占公用被子两条"。

4.大小方桌各一张及铺板、椅子均系借用,因当时有家属三人在市内生活,又实行供给制,借这些东西都是当时的生活用品,且过后已归还。

5.所谓受贿面粉40斤,煤600斤,均系家乡亲人所送(且数量不实),不应作为受贿。所谓受贿是指凭空收别人的礼物,又为其办一些不应办的事。

6.豆子一石,根本无此事,且"一石"数量极不准确,在叶县一石是上千斤的,据市法院同志前几天讲:"一石在许昌是几十斤。"

7.市法院(80)刑裁字第57号刑事裁定书中说:"同时期,陈××侵占公用被子两条,豆子一石、大小方桌各一张及铺板、椅子等,并受贿面粉40斤、煤600斤,虽属贪污行为,但数量较小,且赃款赃物全部退回,均不构成犯罪"一段,我们认为是没有根据的。刑事判决要以事实为根据,以法律为准绳,在52年"三反"运动中,对陈××采取残酷斗争,无情打击,在苦打成招的情形下,他本人为过关,可能写过一些违背事实违心的检讨,我们认为根本不能以此来判定是非。且今年9月份市法院于同志与陈××面谈时,陈对上面所述,所谓"侵占"、"受贿"等情况已予以驳回。

8.据陈××的家属回忆,当时所谓退赃物,是将陈之家中魏××从娘家带的嫁妆,如小桌、老式衣柜等物,强行抬走,所谓退赃款是在陈之被逼无奈的情形下,向亲友借贷、变卖衣服的一些款,这些当年被混淆是非的,也应予澄清,以正视听,并对此造成家中长期生活困难,造成的损失予以补偿。

我们 14 日正式接到市法院刑事裁定书,陈××已于 11 月 4 日 4 时 28 分在平顶山不幸病逝。陈生前二十几年来一直为"三反"受冤一事上诉至许昌市、许昌地区、河南省、中央。陈××背了二十八年的罪名,祸及本人和家属及子女数十人,最终喊冤激情不幸病逝,他是受诬陷被迫害死的。我们要求上级领导对当年搞此大冤案的有关主谋策划者追究刑事责任。

陈××之家属陈×丙等八人
1980、11、18

申诉后,人民法院:"已作口头答复……80、11、18",此案到此结束。该案给人思考:①通过该案,明白"三反"运动人民法庭对贪污分子的具体定案过程,了解司法的运作过程。②明白司法案件的纠错体制,其道路是漫长和艰辛的,纠错的过程首先要经过内部党组织的讨论和肯定,然后司法机关按照决定进行,党组织内部先定后纠,党政主导司法。③人民检察署的抗诉机制的缺失和虚置,司法监督职能没有发挥。④人民法院或人民法庭本是公平正义的场所,在当时情形下,法庭或法院失去司法机关的特质属性,成为运动斗争的工具。究其原因,如安子文所讲由于运动开展得迅猛,很多地方发生过"逼供信",甚至诱供①,突破法律和道德的底线。

(三)普选中的个案分析——以许昌普选案件为例

当谈到普选权时,托克维尔曾说:"当一个国家开始规定选举资格的时候,就可以预见总有一天要全部取消已作的规定,只是到来的

---

① 中共中央文献研究室.建国以来重要文献选编(第三册)[G].北京:中央文献出版社,1992:386.

时间有早有晚而已。这是支配社会发展的不变规律之一。选举权的范围越扩大，人们越想把它扩大，因为在每得到一次新的让步之后，民主的力量便有增加，而民主的要求又随其力量的增加而增加。没有选举资格的人奋起争取选举资格，其争取的劲头与有选举资格的人的多寡成正比，最后，例外终于成为常规，即接连让步，直到实行普选为止。"①

普选的本质在于公民享有直接的选举权和被选举权，特别是候选代表的提名必须是差额而不是等额，扩大候选人的竞争性，进而通过普选的方法使广大选民真正享受自由选举的民主权利。按照1953年《选举法》的规定："凡年满十八周岁之中华人民共和国公民，不分民族和种族、性别、职业、社会出身、宗教信仰、教育程度、财产状况和居住期限，均有选举权和被选举权。妇女有与男子同等的选举权和被选举权。"为落实选举权的普遍性，中央选举委员会于1953年4月3日发布《关于基层选举工作的指示》，要求"做好选民登记工作，不能让一个公民被错误地剥夺庄严的选举权利，也不能让一个反动分子或未经改变成分的地主阶级分子非法窃取庄严的选举权利"②，并对普选权作了一些有条件的限制。

河南许昌市普选人民法庭遵循这一原则及指示精神，受理选民权资格案件，剥夺普选运动中一些急于得到选举权权利的地主阶级分子的选举权利，处理一些选举疑难问题，保护每一个选民的合法选举权利，落实普选政策。

1. 普选法庭确认地主子女的选举权

《选举法》规定：依法尚未改变成分的地主阶级分子，无选举权和

---

① [法]托克维尔. 论美国的民主(上)[M]. 董国良,译. 北京:商务印书馆, 2004:63.
② 中央人民政府法制委员会. 中央人民政府法令汇编(1953年)[G]. 北京:法律出版社,1982:42.

被选举权;所谓地主阶级分子就是占有土地,自己不劳动,或只有附带的劳动而剥削为生的人。地主阶级分子与地主家庭出身不同。地主家庭出身则要符合三个条件:在地主家庭中,凡是不依靠土地剥削为其主要生活来源,而是从事其他职业劳动的人;或者常年参加农业劳动而不是居于地主家庭支配地位的人;在土地改革完成时未满18周岁并尚未成为地主家庭中实际支配人的地主的子女。对于地主家庭中的女子嫁给工、农、贫民,或地主家庭中的男子入赘于工、农、贫民家庭,或地主家庭的子女过继于工、农、贫民者的选举权,《中央选举委员会关于选民资格若干问题的解答》(以下简称《解答》)有明确的规定,承认他们享有选举权和被选举权。[①]而对于地主家庭的女子出嫁给富农家庭以后是否有选举权和被选举权,《选举法》和《解答》都没有规定,下面的案例就反映这一情形。何某,女,系地主家庭,出嫁到杨某家,对于何某的选举权产生争议,法庭最后判决何某享有选举权。案情如下:

地主阶级分子材料

何××,女,32岁,原籍宝丰,现住南大街155号,该人系地主成分,解放前该人在家已满27岁,娘家有土地150亩,全家5口,并享受地主同等生活待遇,曾使唤过丫鬟,解放后又出嫁与富农家,婆家是个行商家,有地也全被没收。

何某出嫁于杨某后,在普选中是否享有选举权,发生争议,何某所在南大街选区作为原告向普选法庭提起诉讼,法庭予以审理,下面为审讯笔录:

问:你叫什么名字?原籍在哪里,现在在哪里?

我叫何××,小名叫先,宝丰闫泽街,现住南大街155号。

---

① 中央人民政府法制委员会.中央人民政府法令汇编(1953年)[G].北京:法律出版社,1982:51-54.

问：你婆家几口人，家啥成份？

我婆家12口人，富农成份。解放前57亩地，房子不清，资金70万，现在主要生活是做生意。

问：你家啥成份，房地多少，谁人支配？

宝丰闫泽街，现住南大街18号，地主成分，地是150亩，房10间，土地全部出租，粮食各一半。娘家5口人，解放时土地全部没收，解放前主要生活来源是靠地的收入，日本来时，我父死过，母当家。解放来许（昌），来许（昌）后宝丰解放，就住在许昌南大街。

问：你谈谈你的历史？

自幼做活，到29岁与杨结婚。

问：你那里何时解放？

我那里是（19）47年10月间。

问：现在主要生活是靠啥？

杨做生意才过活。

经过特诉审理终结，结合工作组在南关和董××主任研究，该人系地主家庭子女，应给予选举权。①

法庭判决何某享有选举权的理由，从材料和庭审笔录中可看出：①材料反映何某出身于地主家庭，"享受地主同等待遇"。庭审笔录中显示其父死后，其母是家庭的支配人，她不是支配人。②何某嫁到杨家后，杨家是富农成分，按照《解答》规定"对于老解放区的旧富农分子，应根据中央人民政府关于划分阶级成分的决定，在土地改革完成后，完全服从政府法令，努力从事劳动生产，或作其他经营，没有任何反动行为，连续三年以上者，应给予选举权和被选举权"。③新中国成立后，何某娘家的土地被没收，婆家的土地也被没收，现在是靠自食其力劳动生活，没有剥削人。

---

① 河南省许昌市魏都区人民法院档案，刑事卷（1949—1988），第3240号。

2. 管制分子结束后的选举权

管制是新中国成立初期为巩固人民民主专政,镇压反革命分子而设定的一种刑罚。对于管制的反革命罪犯的选举权,《解答》规定,被管制的反革命罪犯在撤销其管制后,得视其所犯罪恶的大小,改造程度的好坏,并根据人民群众的意见,而由选举委员会或人民法庭确定其有无选举权利。①换言之,按照法理,管制结束后,就成为合法公民,应当和普通公民一样,享有选举权和被选举权。但《解答》针对这一问题作出明确规定,把管制结束后的公民是否享有选举权赋予选举委员会或人民法庭。下面案例可说明这一问题,它是将选民证发给王××,但群众反响强烈,通过选举委员会和人民法庭,将选民证收回,剥夺其选举权②:

具体案情:

原告:北大选区

被告:王××

请 示

王××,男,现年32岁,原籍许昌市北大街,门牌号34号,解放前有土地21亩,全部出租,房9间,解放前其全家生活主要来源依靠土地剥削。其家庭有其本人、母亲贺××支配(其母剥夺了政治权利),可是王在解放前并未参加劳动,而享受同等生活,其本人在解放前干过一年伪保长,后来不当保长时,也没其他正当职业,终日是吃、喝、嫖、赌,有时干个偷扒生意,在解放前是个流氓。解放后其本人经本街群众管制一年,现在已撤销管制。其本人虽说管制一段,但是并未改造好,其本人撤销管制后,还不愿继续劳动,如今年修机场时,劳

---

① 中央人民政府法制委员会.中央人民政府法令汇编(1953年)[G].北京:法律出版社,1982:55.

② 河南省许昌市魏都区人民法院档案,刑事卷(1949—1988),第3242号。

动局叫王到机场做工，王不去，还说到机场弄钱不多，活还重，但是其本人在劳动局介绍出去打工时，他自己在私自介绍一些市民也去做小工，可是王又对这些小工本身的工资扣一部分。后来被劳动局发现，就把王清洗出去了。王回来，还是不从事劳动，终日早上出去弄到半夜才回家，也不了解在外面干些什么。

这次我们在发选民证时也发给王了，但是群众对这件事极不满，在该组的群众反映说，选民证只给好人，不给坏人。王××能算个好人吗？后来经我们审查组研究，王在解放前虽说无有支配土地剥削，但他本人也不劳动而享受其土地收入的租子。但是在撤销管制后，表现不好，因此，我们审查组决定剥夺王××的政治权利。后来又交给群众讨论，群众非常拥护审查组的决议。

根据以上情况，我们呈请选举委员会批示。

北大选区工作组

北大选区请示上级以后，许昌市第一选区普选人民法庭传讯王××，开庭讯问。

具体审讯过程

问：姓名、年龄、籍贯、现住？

答：王××，又名××，男，现年31岁，原籍许昌市北大街人，现住门牌号43号。

问：你家里有多少地、房子、人口？

解放前有地24亩，47年冬卖出3亩，在土改还有21亩，在大坑里。解放前5口人，母亲、嫂子、我老婆、小女、我。房子9间瓦房，自住，土改后，留8亩地，因为没法种，所以交农会了。现在家有4口人，母亲、嫂子、小女、我。房子9间，现出赁4间，其余自住，家里没有生意。

问：你以前干啥？

我从小上学到15岁，高小2年下学后，当伪保长一年，民国25年，当伪保长以后，做杂货生意，从民国27年贩席及烟叶到50年止。

以后就做小工,现在还是拉砖,没有一定的活。

问:你现在有啥意见没有?

我没意见,政府有政策,我过去当保长,干些都是对不起人民,因为都剥削人。一个就是最近治安委员谭××叫我借给他钱,我没借给他,怕人说我拉(拢)干部,所以我说不借给他。我对房客要房租,说话态度不好。

问:你还有意见?

我没有意见,不过这是我过去对不起人的地方。

问:你家啥成分?

我家是地主成份。

问:过去土地是咋样种的?

有大种,有稞种,是经我母亲手。

问:这次登记报名啥成份?

这次登记时,我报的市民,以后回来证明是地主成分。

问:你回去反省出来哪些?

在劳动局当失业人员,就上业以后,不很好干,把我清洗出来了。

问:过去干过啥事?

我51年12月为反革命罪,管制一年,52年9月间,政府宽大,提前解除管制。

问:你做啥危害人民的事?

我干过伪保长一年,吸过毒品,干过烟贩。其他事啥都没做过。

问:你还干过啥?

抓过壮丁,搞过女人等。

问:解除管制后干啥?

解除管制后我包人家房子揽人干,我也参加,打小工。

问:你去年做工调你去机场工作,为什么不去?

为了自私自利,挂念家人,为要多钱。

问:你家解放前多少地?

共14亩

问:怎样种的?

出租大种,每年各半。

问:地在哪里?谁种着?

在大坑里,老李种着。

问:土改啥情况?

土改时,土地没收,剩余又不能劳动,又给农会。

问:土地自己不种全,廊出去,不劳而食,靠啥吃啥,不干活,你说啥成份?

是地主成分,我这是地主分子

问:自己有土地不劳动,廊出去租,靠剥削为生,吸毒、赌、嫖,还当一年保长,这应当化啥成份?

应是地主阶级分子,不劳动,吃喝人民。

问:解放前是都在那里住?

民国29年、30年、31年我没在家住,贩烟叶,租房嫖女人。

问:这运动你参加会否?

我参加普选运动。

问:啥叫地主阶级分子?

一贯剥削,不劳而食,靠剥削为生,叫地主阶级。

问:你是啥成份?

地主阶级分子。

问:这次普选运动开始报的城市市民呢?

因系不知道,选民证也领了。

问:你为什么领选民证?

因为老实,领了选民证。

问:我选区和普选委员会说你系地主分子,应剥夺选举权和被选举权,选民证应当庭收回?

我没有意见,选民证放到这里。

王××

许昌市第一普选区人民法庭印

许昌市第一普选区人民法庭审理以后,确认王××是地主阶级分子,曾经被管制过,解除管制二年时间里,仍不好好劳动,影响极坏,群众对其意见很大,当庭收回王××的选民证,剥夺王××的选举权,并答复北大选区。如下:

北大选区负责同志:

为地主阶级王××选举一事,经法庭传讯审理终结,经选举委员会研究,伪保长王××系地主分子,应剥夺选举权和被选举权,并将选民证当庭收回存卷。特此答复呈前。

市普选区人民法庭

(1953年)、12、

本案是对管制分子的选举权问题,北大选区先请示,然后普选法庭审讯,剥夺选举权利,后答复北大选区,反映出普选时期人民法庭与选区的关系,凸显贯彻群众路线,倾听群众的心声。

3. 地主阶级分子的选举权

按照《选举法》的规定,依法尚未改变成分的地主阶级分子,无选举权和被选举权。地主阶级分子是根据中央人民政府1950年《关于阶级成分划分》而决定的,标准是依据土地的多少和剥削程度划分。尚未改变成分的地主阶级分子要想取得选举权,根据《解答》,应满足下列条件:土改完成后,完全服从政府法令,努力从事劳动生产,或作其他经营,没有任何反动行为;因丧失劳动能力而不能参加劳动,依靠子女或其他收入生活,在土改完成后,完全服从政府法令,无任何反动行为;以上连续五年以上者经法定手续改变其地主成分后,应给予选举权和被选举权。对于土改完成虽满五年,但如其不努力从事劳动生产或其他经营,或有任何反动行为,或有违反人民政府法令行为者,仍不改变其成分,应继续剥夺其选举权和被选举权。①一些地主阶级分子,为了获得选举权,洗刷过去剥削劳动人民的罪恶,采取各种手段,蒙蔽人民,骗取选票,获得选举权。下面的几例可说明之:

(1) 张××(张××)地主阶级分子被剥夺政治权利案②

当地选举委员会调查③

①张××,外号八毒公,解放前有地54亩,房子19间,全家共8口人(有孩子3个,老婆1个,媳妇、孙子、孩子各一个,另有他打死一个,气死一个不计其内),那时的生活主要依靠土地剥削为主。

②解放后,有房19间,无地,因解放时,为了逃避斗争就把土地分散给农民了,现在的生活是以做大生意为生。(经商)

③破坏运动罪恶实事和以往运动中的罪恶:

逃亡地主张××,自运动(普选运动)开始对运动就不满,开会时就不参加。开会参加一次还是干部叫他了3次才开一次会。

了解情况时,张就对抗运动,隐瞒成份。我们经过各方面的了解(从街干部到乡干部)该人确系地主成份(现有证明)而张仍抵赖对抗,说他无成份,你们说我是地主成份叫证明拿出来我看看。……这摊里那摊派里,我出不起啦,才叫地给农民了。

我们叫他去乡里打证明而张就说,我也不去了,我孩也不叫我去,跑哪事弄啥里,那都不去,我不是地主成份,看着办,由选民证。

51年回小扒设门,他就不愿意。……

又在禁烟禁毒时,有他孩子张××在群众会上坦白,他卖老海的罪恶时,他坦白说(我受了群众的欺骗啦,呼口号,他又高呼,国民党

---

① 中央人民政府法制委员会.中央人民政府法令汇编(1953年)[G].北京:法律出版社,1982:52.
② 河南省许昌市魏都区人民法院档案,刑事卷(1949—1988),第3235号.
③ 原档案没有标题,题目是笔者自己根据内容加的。

万岁,国民党万岁,两句)。

本年第一次房产税时,张××说全街都属我出的多,街干部马××给她解释说,当然咱的房子多房子好,没啥不出的多,他随着说,谁看我的房子好,他就给我过计去(应该为过继)。

第二次房产税,即上月份他孩子叫他的房子少报,给本街各家摊上2000多立方及全街都摊些,而计算的一文不错,总数也对住,即6000多立方。

张所在的兴隆选区经过调查,按照选举委员会的工作程序,有群众的意见、审查组意见和工作组意见,对其进行处理。

群众意见：

徐××反映:张××是人人恨,外号八毒公,打人时用弹花锤指头打,用刀穿,全街无人敢惹他,有钱有势。

……

根据以上情况及张在每次运动中不老实,对抗运动,直到这次普选运动隐瞒成份,对抗运动。

审查组意见：

判处有期徒刑一年,交给政府劳动改造。

工作组意见：

根据以上材料和群众意见,我们的意见是依法剥夺政治权利,判处群众管制2年。

兴隆选区工作组
(1953)11、20

许昌市普选法庭结合兴隆选区的处理意见,作出如下判决:

为宣布地主阶级分子应剥夺政治权利一事

查地主阶级分子张××,住本市兴隆街50号,回族,家8口人,房19间,土地35亩6分9厘。解放前全部出租,解放后48年为逃避斗争乘机将乡下33亩土地以赠送为名暂许于种地户马顿等人,私自分散土地,破坏土地改革政策,在这次普选运动开始宣传阶段,该人抗拒运动,不愿参加开会,运动进入调查人口选民登记以后,经普选工作干部到区乡政府地所在那个地方了解证实,该张××确系地主成份,但该人不老实,继续隐瞒报假成份,说是贫农,没我成份等,并有进一步问工作组要证明,看他是啥成份。在这样的情况下,工作组同志就将证明拿出让看,他当即看到证明就挺不满意的说,我眼花字小看不见,啥也听不见等等这样公开抗拒运动破坏运动,企图为领取选民证,篡夺窃取我们的庄严的政治权利,此种破坏行为,经群众揭发检举后,工作组提起诉讼本庭,经过调查了解,传讯审理以上事实,该张××供认不讳,故本庭据50年中央人民政府关于阶级成分划分规定及中央选举委员会关于若干解答第四、五项规定精神,该张××应划为地主阶级分子,剥夺其政治权利,并交该街群众监视。

特此公布

兼庭长 高×

对张的判决事由是张在新中国成立前是地主阶级分子,土改完成后,张态度蛮横对抗政府,违抗政府法令,影响较大,群众对他非常痛恨。在普选运动中,其态度不端正,故意隐瞒成分,故法庭判决如上文。

(2)逃亡地主改名卖姓剥夺政治权利案①

原告:工作组平定选区

被告:王××

平定选区工作组请示②

王××,女,47岁,住本市南平定街56号,原籍鄢陵梁常村,自幼针工,22岁与张道一结婚,娘家系地主成份,丈夫张道一自幼上学,在

---

① 河南省许昌市魏都区人民法院档案,刑事卷(1949—1988),第3238号。
② 原档案没有标题,题目是笔者根据内容添加的。

第二章 人民法庭的运行

郑州受训6个月后在鄢陵教书9年,在陈化店当民政干事,审问案子,又当5个月仓库主任(以上均系她本人宣传)

咱们了解张是鄢陵梁常村人,仓库主任,系国民党员(常村农会主席),在鄢陵陈化店一带民愤很大。47年逃亡本市新街区,2年后迁南平定街,张在52年5月畏罪逃跑,王自到本市一直隐瞒籍贯成份,改名卖姓,52年叫她打证明,她打假证明一时欺瞒政府。她原籍是鄢陵梁常村人,地主成分,丈夫原名张道一,她叫王爱,可是她来许(昌)报的是许昌五女店人,贫农成份,丈夫改为徐寅堂,她改名王桂增,在未搞普选,开始时叫她打证明她还是不打,后咱干部赴鄢陵梁常村调查了解,情况证实,她才低头承认。

她婆家有地400亩,房14间,王在43年种地用3户长工,是她1个人在乡下支配,直到解放。47年张家听说快解放,为了隐瞒群众眼目,于47年5月临时务农,8月鄢陵解放,土改时张的土地房屋全部没收,群众要求剥夺其选举权和被选举权,我们同意群众意见,是否妥当请指示。

平定选区工作组

平定选区请示以后,以原告身份,将王××诉到法庭,以下为法庭审讯过程:

问:你的名字,多大年龄,家多少人,地多少?

王××,别名叫爱,女,48岁,鄢陵梁常村人,经常在鄢陵朋家坑住,现住南平定街56号,家中地主成分。我过去干过活,不识字。婆家18口人,280亩地,韩庄60亩,娘家14亩,姑家地20余亩,马刘庄我妹小60亩,王庄我弟家我不清楚。我跑出来时家中地260亩,房5间,城内10间,无生意,土地全部出租,大概粮食各一半,喂一个牲口磨面。

问:家几口人,你爱人做过啥事?

18口人(婆家妹妹,职业做工,弟媳小孩4口,专修教学,媳小孩1个,家中7口人,2男3女),李×是我丈夫,又名道一,现年49岁,过去上私学,获得高级毕业,后在郑州短立学校教学,6个月后又在一小学西关教学,后又进城在店中干民政干事,解放后在郑州卖纸烟,没有卖铜一天。

问:你啥时进城?

鄢陵解放后,来许住旅馆,住一夜,后到郑州太康路卖纸烟。48年正月至10月,来许住旅馆6天,后来到新街住,卖纸烟与油,后来搬南平定街56号,来许报的是五女店人,丈夫改名徐××,成份是贫农。报的无地,因做过乡里干事,不敢回家进许,来时是他们弟兄三个,二兄正月去,四月来,三弟就当时过来了,我在家中,地分了,人无分,家中是该分了,房子光说了,无分开。

问:为啥不报住址呢?你为啥改名,你报的几亩地,你家存啥东西?

为了防止别人追问,他有罪恶,我为那样办好听,我害怕,将名改了。我丈夫报无地,是贫农,丈夫存放东西我不知。我丈夫不知道在哪里。在52年我丈夫在郑州取来钱9万7千元。现在我丈夫跑出去,我不知道。

问:普选运动你参加没有,你为啥谎报成份,你为啥不报住址?

我参加开会了,开会叫选代表的。现在家中生活主要是拉车子和洗衣服,登记时我报的无房无地,没有选民相信我啦。我为了不废除我选民证,我报的是五女店人。改报成份住址是为了选民证。

问:你现在啥成份,选民证是你能要不能要?

我现在是地主成份,人少地多是地主。

普选法庭经开庭调查,作出如下判决:

为宣布地主阶级分子王爱应剥夺政治权利一案

查逃亡地主阶级分子王爱,化名王××(逃出来改的假名),女,47岁,原籍鄢陵县梁常村人,久居鄢陵城内。现逃亡本市南平定街56号居住,家中18口人,14间房,200亩地,全部出租,47年张家闻解放之,仍利用假分家手段来瞒群众眼睛,逃避斗争,分散土地,破坏土改政策。解放后土改时,全家逃亡外出,该家划为为地主成份,家中土地房产全部没收。该逃亡王×,47年解放时,随其丈夫恶霸地主张道一(伪镇保长)畏罪潜逃至郑州、本市南平街居住,改名卖姓,隐瞒假报籍贯、住址、成份历史等,其丈夫张道一改名为徐寅堂,去年5月畏罪逃跑出外至今无信。该人王×逃出改名王桂增,隐瞒假报是许昌五女店人,实际是鄢陵梁常村人,并还隐瞒地主,假报贫农成份。在这次普选运动开始宣传阶段,该人不欲参加开会,对人口调查登记时,该人仍不老实坦白并坚守反动立场,窃取篡改庄严的选举权,并继续隐瞒其籍贯、住址、成份,拒绝参加运动,领得选民证,经群众检举揭发,工作组到该鄢陵县、区、乡镇政府了解证实,该人确系地主成份,诉至本庭,经本庭传讯审理以上事实,该王×供认不讳,故本庭研究,根据50年中央人民政府划分阶级成份决定,按中央选举委员会关于选民资格若干解答规定,该王×确系逃亡地主阶级分子,应剥夺选举权和被选举权,并将选民证当庭收回,让群众监视,特此宣布。

兼庭长

1953、12、12

王×,从外地到许昌,普选中隐瞒自己身份的真实历史事实,与其丈夫均改名换姓,冒充许昌人,并且假报贫农成分,普选运动中,不积极参加学习,百般隐瞒,经群众发现,选举委员会诉至法庭,还原其真实身份,剥夺其选举权利。

(3)地主阶级分子出逃剥夺权利案①

该案中的被告张××,原系开封尉氏人,地主家庭出身,1948年河南"急性土改"时,逃到许昌,在此以磨面为生。普选开始时,人口登记时申报贫农成分,但后来发生争议,普选工作组将其起诉到法

---

① 河南省许昌市魏都区人民法院档案,刑事卷(1949—1988),第3233号。

庭,以下为庭审情况：

原告:普选工作组

被告:张××

问:姓名、年龄、职业、现住?

张××(××),男,54岁,尉氏孟庄人。解放前人27口,父母亲,弟兄2个,侄儿7人。侄女3人,瓦房12间,草房19间,土地99亩,驴2头,牛1头,冬季磨面。解放后,人10口,地17亩,驴1头,马1匹,瓦房9间,草房7间。

问:解放后,你的房几间?

瓦房3间,草房9间,自8岁起就在家种地到43岁,46年解放,拉锯时来许昌,因在家,不当家,生气出来,住在许昌西关煤场街20号,出来3口,现4口,在此磨面至今。

问:你给常同志谈的那些话?

17亩地,贫农成分,又说家没家的东西,家过去就是贫农成份,分家8亩地,家不要。

问:你家分开时多少地、房?

分开时,地25亩,瓦房3间,草房9间

问:你的地为啥余7亩?

51年下半年,土改家的房、地都分出去了,9间房,5亩地。解放卖了18亩,家人6口,地12亩,房13间。

问:你啥成份

家,叫父亲分出来啦,家就是贫农成份,没给家一点东西。俺父亲是地主成份

问:你用过长工没有?

解放前用2个长工,分开家用1个长工,有1年叫他走了。

张××口供

在案件处理过程中,许昌选举委员会向尉氏选举委员会去函调

查张××的情况，尉氏的回函：

许昌市选举委员会负责同志：

为了保障人民的庄严的选举权，不让一个地主阶级分子投入选举。接到你们的来信后就即时去了解该人的家庭情况。据了解，他家是个地主成分，在过去曾经雇过长工，但在48年急性土改，本人心里有些恐惧害怕就跑到许昌去了，本身也是个地主阶级份子，但没有其他罪恶，也没有干过其他事情，特此告知。

敬礼！

尉氏选举委员会
（1953）12、1
尉氏选举委员会办公室公章

从庭审笔录和尉氏的回函中看出，张××的家庭是地主阶级分子，他本人也是地主阶级分子，后逃到许昌，隐瞒成分，假报贫农被发现，法庭判决剥夺其选举权利，判决如下：

为剥夺地主阶级分子张××选举权一案

查地主阶级分子张××，男，现年51岁，原籍尉氏孟庄村人，现住本市西关煤厂街20号。解放前家27口人，31间房，土地99亩，驴2头，耕种，自己掌握家事。解放后，以假分家为名，私自分散土地逃避破坏土改斗争。52年土改时划为地主分子，土改没收一切。解放后48年畏罪潜逃隐居本市以磨麦为掩护，隐瞒其成份假报贫农成份。在这次较大的普选运动，初开始宣传阶段，并不积极参加开会，根据群众反映，由普选工作组与尉氏选举委员会取得联系，经证明张××确系地主阶级分子，但在人口调查选民登记中，经找其谈话，但该人为了窃取选举权，领取选民证，仍不老实，并继续隐瞒其地主成份，假报贫农。根据以上情况，经普选工作组调查确认鉴定，始起诉于本庭，但经传讯张某，仍不老实坦白，坚持狡猾抵赖并继续隐瞒，辩称家人是地主，家弟是地主，系土改逃出来没分地、东西，那家就这不是地主等。根据以上情况,本庭根据50年中央人民政府划分农村阶级成分及中央选举委员会关于选民资格若干问题解答之精神,该张××确系逃亡地主阶级分子,应剥夺选举权与被选举权,并将该人交群众监视,以资教育。

公布

兼庭长
1953、12、12

判决书显示张××进行辩解,称他家是地主,他本人是地主阶级分子,但分家时,他没有分到土地和东西(即财产),本人逃到许昌以磨面为生,靠自食其力劳动,应该是贫农,应该享有选举权和被选举权。法庭经调查,对其辩解予以驳斥,按照《解答》精神判决剥夺其权利。

普选时期,许昌普选人民法庭依据《选举法》和相关规定,审理一些普选中疑难选民案件,维护普选秩序。另一方面,研读分析这些案件也感觉到普选时期,人民的选举热情和觉悟程度,普选与文化素质和经济发达与否没有必然的联系。

(参见以下5个判决书图片)

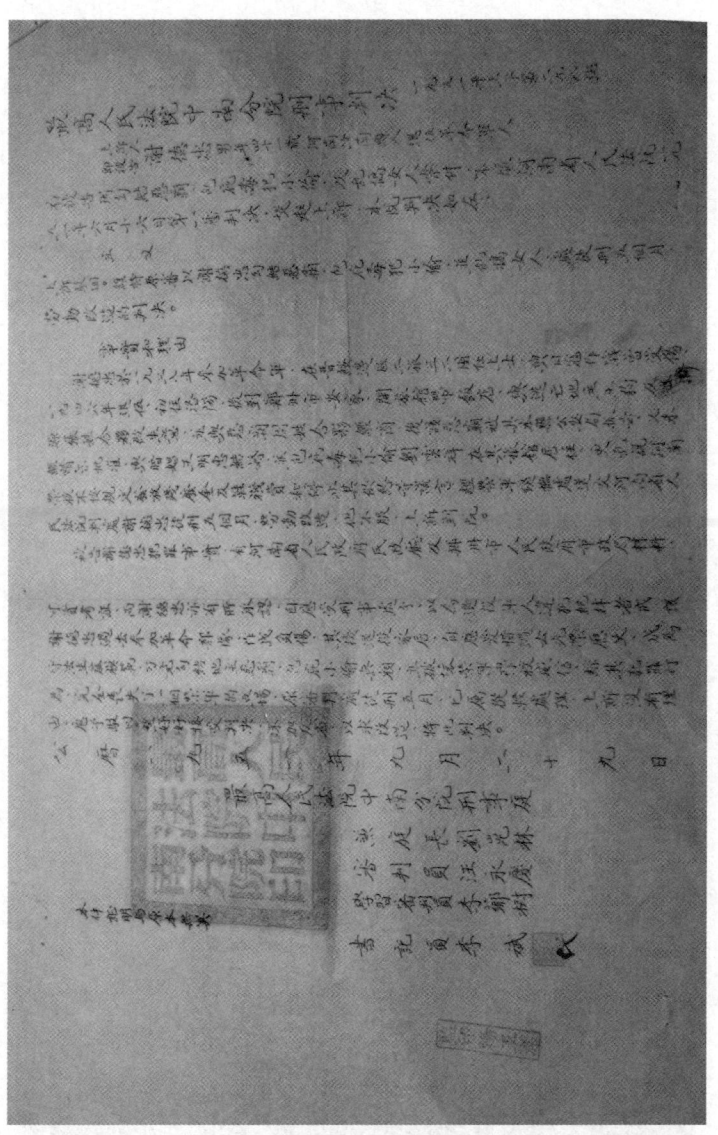

图1

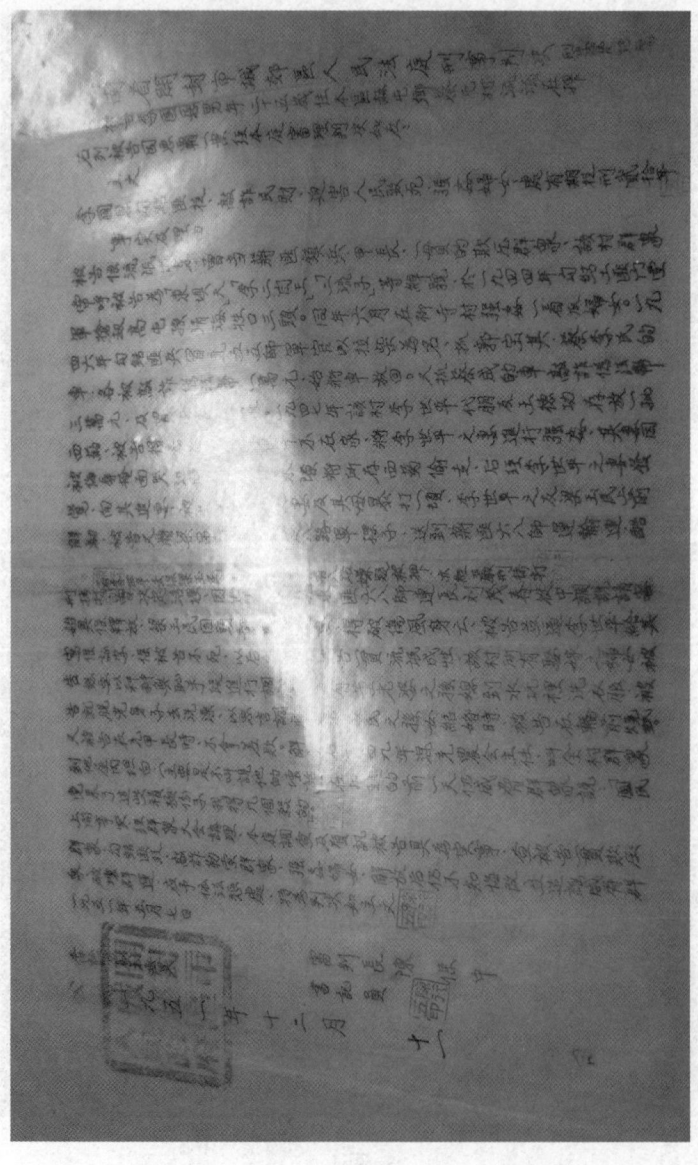

图 2

第二章　人民法庭的运行

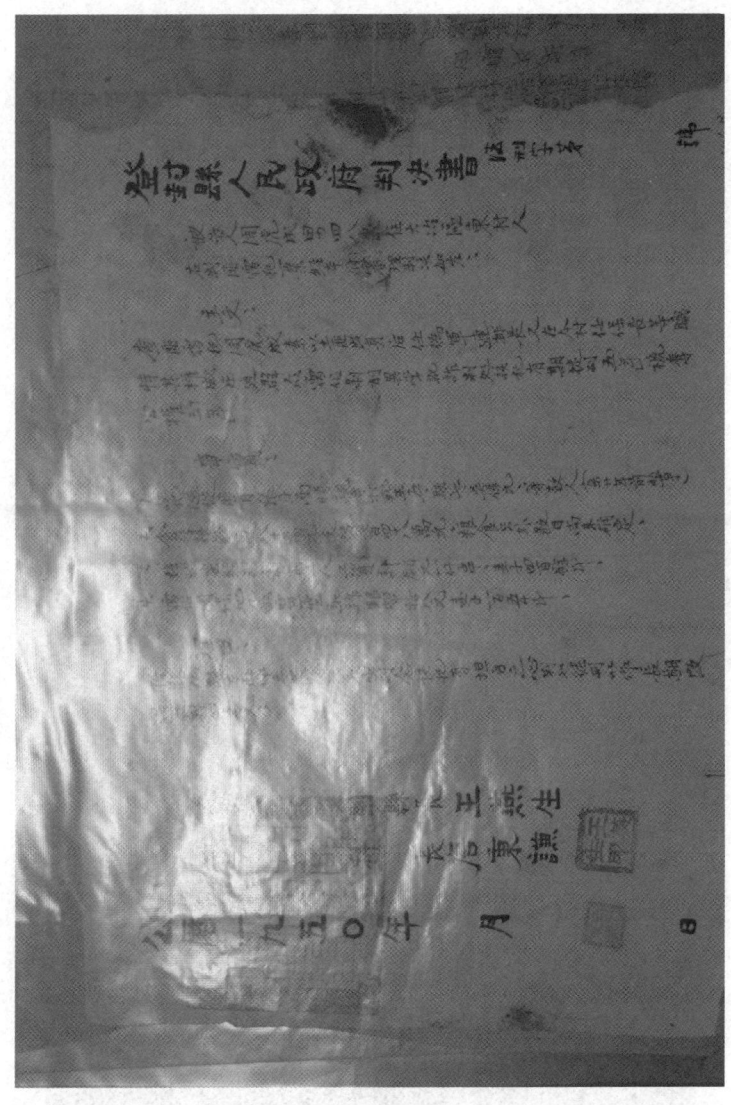

图 3

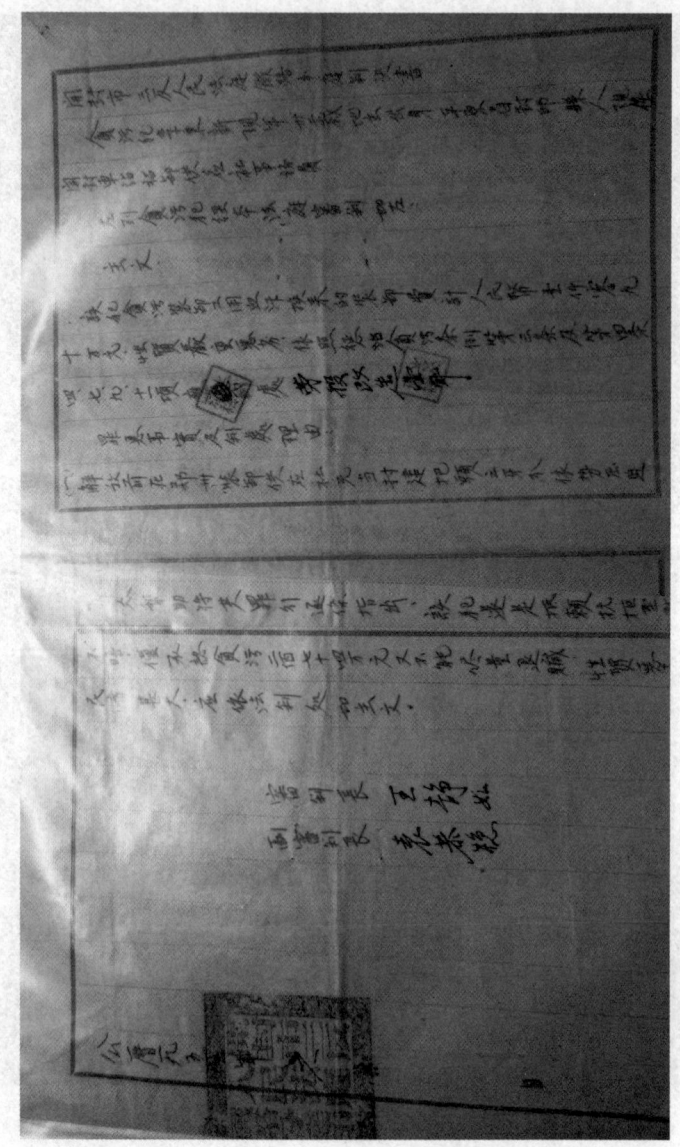

图 4

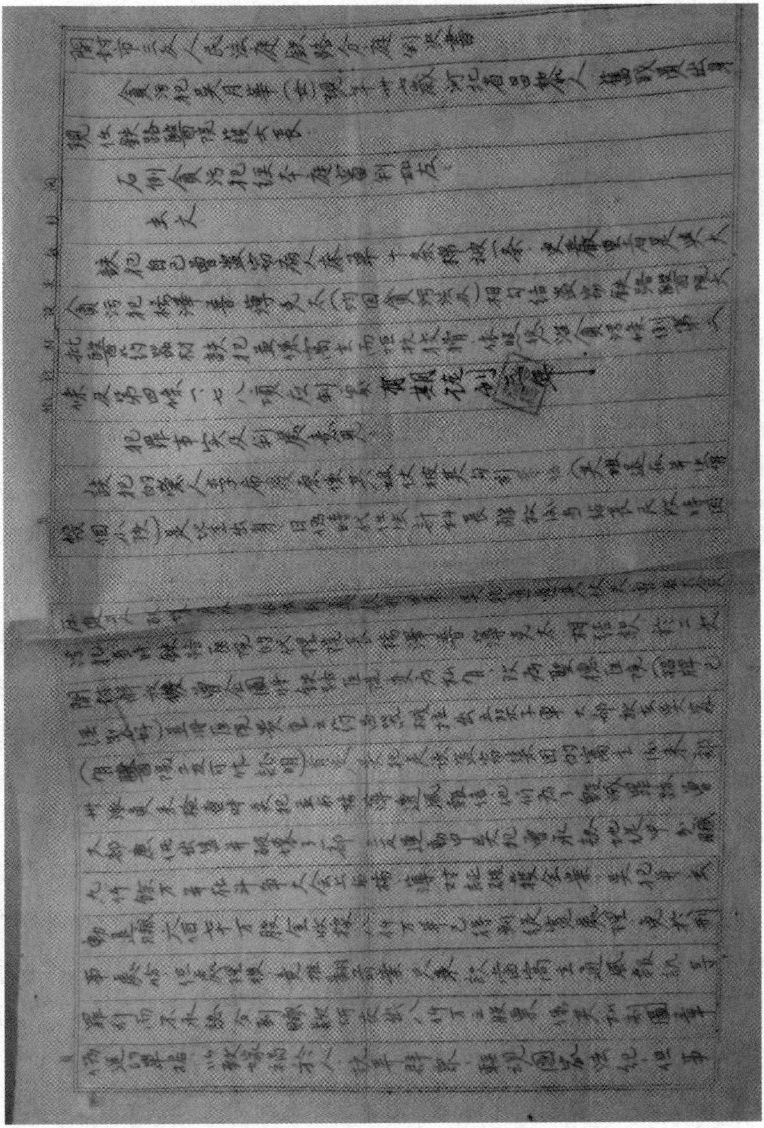

图 5

第三章
人民法庭评析

第一节 人民法庭在不同时期的影响

一、1949—1950 年人民法庭的影响

（一）人民法庭引领社会有序运行

中华人民共和国成立初期的土地改革运动和"镇反"运动大体上是同时进行的，目的是巩固新生的人民民主政权，粉碎国内外一切敌人对新政权的扼杀，这是摆在中国人民面前的迫切任务，客观的社会形势使中国共产党领导人民必须开展这两项运动。

经济上，广大农村，土地资源分配不均，贫富两极分化严重，占人口多数的农民依然贫困和贫穷，不合理的土地制度严重束缚生产力的发展，要从根本上改变这种现状，必须继续进行土地制度改革，中央人民政府顺应历史潮流，经周密调研，依据《中国人民政治协商会议共同纲领》（以下简称《共同纲领》）第二十七条之规定，于1950 年 6 月公布《土地改革法》《农民协会组织通则》《关于划分农村阶级成分的规定》相关配套政策规定，着力开展土改工作，改变不合理的土地制度。

政治上，国民党政权被推翻，大批遗留在大陆的特务以及各地的

土匪、恶霸、反动会道门相互勾结,进行破坏活动,危害社会改革运动,破坏社会秩序,为此中央人民政府依据《共同纲领》第七条之规定,发布镇压反革命指示,制定《惩治反革命条例》,坚决镇压土匪、恶霸、特务及反革命分子。

为使土改和"镇反"运动中惩治犯罪程序合法,依法办事,1950年7月,政务院通过《人民法庭组织通则》,最高人民法院发布《关于土改地区的人民司法机关必须大力参加人民法庭工作的指示》的司法解释,对人民法庭运用司法程序惩治反革命罪犯和破坏土改的犯罪活动作了系统规定,保证程序规范合法。

依据上述规范性文件,全国各地在镇反和土改中,充分利用和发挥人民法庭的影响,惩治大批土匪、恶霸、反革命分子,稳定社会秩序,稳定人心,赢得人民的拥护和支持,同时也是中国共产党用法治的方法治理社会和管理国家的探索。在这一探索过程中,巩固和稳定基层政权,人民法庭发挥重要作用。

第一,人民法庭作为一个有系统有秩序镇压不法地主的机关,可以避免农民自发的报复行为,打击少数地主的嚣张气焰,教育地主阶级大多数老实守法,保持土改的正常秩序。

第二,人民法庭引导群众走向合理合法斗争,在斗争中避免乱捕、乱打、乱杀无政府现象,提高人民法制意识。

第三,人民法庭通过审判惩罚恶霸及反革命分子,彻底打垮了反革命分子的猖狂进攻,在大陆上基本消灭了匪首、恶霸、特务、反动党团骨干和反动会道门分子头子五类反革命分子。

第四,人民法庭办案始终遵循群众路线,法庭直接下乡采取就地审理、巡回审理方法,处理最迅速最及时的案件,密切了政府和人民群众的联系,极大地提高了广大人民群众的政治觉悟和生产积极性,对保证土地改革、镇压反革命运动乃至国民经济的恢复任务的完成起到重要作用。①

(二)人民法庭的具体经验总结

1950年河南省土改进入第二阶段后,省人民法院检查了许昌、长葛、洛阳、新安、开封、陈留、汝南7个县的人民法庭的工作情况,总结人民法庭的经验。通过实地调研,发现有的地区把人民法庭作为一个形式,只是在枪毙恶霸、土匪及反革命分子的时候,拿出人民法庭的招牌,有的连这个形式也运用得不够,认为人民法庭"可有可无",牌子也没有,地主就不害怕。有的地区重视人民法庭,根据中南军政委员会颁布的人民法庭条例,训练了人民法庭干部,在土改运动中,人民法庭发挥了很大作用。随后,1951年最高人民法院中南分院召开人民法庭专门会议,具体总结这一时期人民法庭摸索的经验。会议指出,人民法庭是群众直接参加专政的机构,群众直接来选出代表参加人民法庭的工作,群众直接掌握这一个人民民主专政有力的武器,人民法庭一方面是支持群众,打击敌人,另一方面是保护群众,保护自己。明确人民法庭在土改不同时期应做的具体工作:

甲.在土改前要(1)协助剿匪反霸斗争,镇压一切反革命分子的活动,使革命的社会秩序逐渐回复;(2)保证退租退押任务的完成,制裁地主阶级中顽固抵抗法令的分子,制裁不法地主及其他反革命分子对生产资料的隐藏、分散和破坏行为;(3)教育群众知道人民法庭的作用,学会如何使用这个专政的武器,来同敌人进行斗争;(4)在实际工作中培养一批人民法庭的工作干部,充实组织,加强工作,将干部的工作能力逐渐提高,使能胜任这一个艰巨的工作任务。

乙.在土改进行期间要(1)保证土地改革法的贯彻执行,严厉惩治一切破坏土改扰乱革命社会秩序的匪特、恶霸、反革命分子及不法

---

① 韩延龙.中华人民共和国法制通史(上)[M].北京:中共中央党校出版社,1988:75,98;河南省1950年4月、5月份司法工作综合报告[J].河南政报,1950(10):27.

的封建地主,处理划分阶级中的争议事件;(2)制裁贪污浪费窃取土改斗争果实的分子;(3)以典型案件的具体事实,广泛宣传人民法庭的权力和作用,提高群众对法庭的信任。

丙.在土改已经完成地区要(1)继续配合土改复查,制裁地主恶霸反攻倒算,及其他反革命分子的破坏活动,保证农村生活秩序;(2)解决若干土改运动遗留问题的争议;(3)清理积案,在土改已完成的地区,虽然土改工作可以结束,但积案还没有解决,积案的清理工作是不容再缓了。①

会后,河南省人民法院结合具体调研和会议的精神认为,凡是领导不重视,没有及时组织人民法庭运用这个武器开展土改的地区,地主反抗就强,破坏现象就严重。凡领导重视,培训司法干部,组织人民法庭,宣传人民法庭条例,地主就比较规矩守法。

通过这些运动,广大人民群众对人民法庭的体验:

第一,人民法庭"打得准""打得稳",惩办了不法地主,的确减少了土改运动中地主阶级严重的破坏行为,保护了广大人民的利益。同时普遍地教育了地主阶级分子,如张××在公审大会上,动员了所有的地主参加公审大会,让他们知道反抗破坏均属非法,因此一般的地主安心守法了,认为自己不破坏就没有啥,他们反映说:"人民法庭讲理好。"

第二,有些被划错了成分的,经人民法庭改正,使广大中农阶层获得了法律上的真实保障,使他们由动摇的立场,坚决地站到了群众方面。

第三,人民法庭是贯彻党和政府政策法令,实现土改,减少破坏,镇压反动,打击少数,争取多数,扫清土改道路上障碍的有力武器。

第四,人民法庭深入农村,直接联系群众,所以处理问题最迅速,

---

① 最高人民法院中南分院《人民法庭工作会议的报告》,许昌市魏都区人民法院档案,1951年文书处理号5,案卷号6。

能及时地给群众解决问题。①1949年河南解放,全省大规模发动群众剿匪反霸斗争,出现乱打乱杀现象,各地扣押大批匪霸案犯,到1949年2月全省共押2.1956万人,由于积案太多,匪霸案犯不处理,群众忧虑不安,影响土地改革运动,群众说我们官司好打时间难熬,积案太多,难免乱押。如潢川专署去年要息县释放杀人嫌疑犯岳××,因无人负责讯问,直至今年清理积案才放,多押半年。郑州市有一个小偷决定处一个月拘役,搁起忘了,清理积案发觉,该犯已经多押五个月。叶县一个倒算犯押了两年无人过问。河南省人民法院发现这一问题,在清理积案过程中,运用组织人民法庭,直接深入农村,联系群众,简化程序,方便群众,处理过去积压下来的匪霸案件。如汝南县第一分庭40天内清理积案70余起,这些案件多系剿匪反霸中遗留下来难解决者。潢川专区7个县,共组织人民法庭县庭7个,分庭17个,计有审判长1988人,到5月底共处理162个案,开6次公审大会,参加大会37.1万人,处死刑39人,纠正错误划成分者50户。②人民法庭通过这些活动,使无罪之人,获得人身自由,有罪之人,受到法律追究,保障了基本的人身自由。

应当承认,新中国成立初期,在社会转型的背景下,尤其新中国刚刚建立,政权巩固是第一要务,一切都是围绕政治形势的需要,人民法庭作为临时审判组织,在这一时期巩固政权,稳定社会秩序,发挥了重要作用。"据中南区124个县的不完全统计,从1950年11月至1951年4月,土改人民法庭共收到案件14.37万件,经依法审理,打击了破坏土地改革的反革命分子及不法地主的嚣张气焰,迫使分散财产的地主交出了隐藏的财物,保证了土地改革的顺利进行。各地人民法庭注意走群众路线,运用群众力量,完成审判工作。各地农

---

① 检查人民法庭工作的综合报告[J].河南政报,1950(10):24-25.
② 河南人民法院.河南省1950年4月、5月份司法工作综合报告[J].河南政报,1950(10)27.

民对于人民法庭就地审判、巡回审判的方法,尤为欢迎。不少地区的人民法庭吸收当地有威信的群众、贫雇农代表及苦主参加审判,这不但教育了群众,使他们运用政权力量进行斗争,而且为法庭提供了充分的人证,使被告无法狡赖诡辩,只能接受法律的惩处。"①

二、1951—1952 年法庭在定案阶段的作用

中华人民共和国成立之初,社会矛盾复杂多变,作为执政的中国共产党面临系列考验。中国共产党率领全国人民先后开展土地改革运动、"镇反"运动和抗美援朝运动,稳定社会秩序。"三反""五反"运动是继这些运动后又一次社会改造运动。当时刚刚经历抗美援朝战争,财力、人力和物力耗费巨大,国家财政连年赤字,在党内在一些关键部门和主要岗位连续发生了令人震惊的贪污、浪费、官僚主义问题,一些大案、要案(像刘青山、张子善)惊动了中央最高层。一些不法之徒采取官商勾结、权钱交易的方式行贿、偷税漏税、盗骗国家财产、偷工减料、盗窃国家经济情报的行为,严重破坏正常的社会经济秩序,侵蚀国家机关及工作人员的为人民服务的廉洁性。中央适时开展"三反""五反"运动,保证国家机关的健康运作。为惩治"三反""五反"中的贪污腐败等犯罪行为,政务院颁行制定《惩治贪污条例》,发布"三反""五反"运动中成立人民法庭的决定,在县、市设立人民法庭,使运动中处理贪污犯、行贿受贿、偷税漏税的严重违法者依法有据。

1952 年"五反"运动在全国各地进入尾声,5 月 20 日,中共中央发布《关于争取"五反"斗争胜利结束的几个问题的指示》。该指示

---

① 庞松.中华人民共和国史(1949—1956)[M].北京:人民出版社,2010:111.

对"五反"运动中处理各类工商户及法庭审判问题作了规定。① 6月13日,政务院颁行了《政务院关于结束"五反"运动中几个问题的指示》,对"三反""五反"人民法庭正确定案、适当处理作出原则规定。政务院指示:

第一部分:"五反"运动定案处理的原则,必须掌握宽大与严肃相结合的精神,实事求是地进行定案处理工作,务求做到合情合理。

第二部分:关于核实定案工作。在这方面,不应计算的一定不要计算,可计算可不计算的也不要计算,而应当计算的则必须计算,如工商户认为计算不合理,尚可向市评议委员会或向市人民法院或人民法庭申述理由,请求复议或复审。

第三部分:关于退财补税。对违法的工商户尽量从轻处罚,使其能够继续从事生产和经营。

第四部分:关于"三反"退赃与"五反"定案工作相配合的问题。凡因"三反"追查行贿或向工商户追赃时,无论任何机关、任何部门,均须首先经过市节约检查委员会区分会传讯工商户审核证实后,再经市节约检查委员会批准,统一办理。凡属行贿、受贿证据确实者,如贪污分子及工商户均已承认,自可依法处理;如仅为一方承认或检举人检举,必须其物证确凿,方可依法向人民法庭(或人民法院)起

---

① 中共中央文献研究室.建国以来重要文献选编(第三册)[G].北京:中央文献出版社,1992:191-192.
(1)人民法庭应根据政务院关于"五反"运动中人民法庭规定审理严重违法户和完全违法户,其中违法严重者,应由市委切实掌握,以由市人民法庭审理为好。对于后二类户中至免于处罚者,亦应区或市人民法庭正式宣布从宽处理,以示严肃。人民法庭须注意既不要使审判手续过于繁琐,拖延时日,亦不要形成群众斗争大会,难于掌握。(2)判刑比例,在据跟前述一般分类标准定案后,对关押判刑(包括缓刑)者一般不要超过工商户总数的百分之零点二。对于判处无期徒刑及死刑者,望由各大行政区于五月下旬至六月上旬提出各该地区的全部名单和材料交给政务院通盘审核,再作最后决定。

诉,酌情办理。①

中共中央和政务院这一规定,确立人民法庭在定案阶段审理严重违法户、完全违法户的原则和具体的处理办法,成为人民法庭办案的依据。如河南省人民政府根据中央人民政府政务院已经颁布的关于"三反"运动中成立人民法庭的规定,要求各单位人民法庭在定案阶段,依法适用传讯、逮捕、拘押、释放的权力,对犯罪分子定罪时应采取"是者定之,错者改之,应降者降之,应升者升之"(指"打虎"的数字增加或下降)的原则,"实事求是、不怕麻烦、坚持到底、不枉不纵"的方针。在这一原则指导下采取的方法是本人自报、小组评量、上级批准、法庭判决,专门成立了案件审查批准委员会,负责审查与批准应该受理的案件。

在"三反"运动中,河南的"打虎"时期连续修订了五次计划,一次比一次增加(第一次 400 个,第二次 1500 个,第三次 2000 个,第四次 5600 个,第五次 6100 个),按照中央规定千万元以上贪污分子应受各种处分者 129 人,受刑事处分者 959 人。(内机关管制 479 人,劳改 336 人,判徒刑 142 人,内包括无期徒刑、死刑 3 人)实际处理结案中,据河南全省(缺陈留地直、南阳地直、南阳县直、南阳市、郑州市)不完全统计已经处理者 1092 人,内免予处分者 98 人,受行政处分者 518 人,受刑事处分者 476 人,内机关管制 221 人,劳改 106 人,有期徒刑 146 人,死刑 1 人(因其在反贪污斗争中持刀杀人)。这些数字是经人民法庭或节约检查委员会查证属实,其远远低于反贪阶段初期各地所报"老虎"数字,也远远低于中央要求的标准。经验就是定案阶段人民法庭或节约检查委员会靠事实和材料说话。在查证核实材料时,做好思想工作,一面不断扭转干部和群众"只许上升不许下降"的思想,贯彻实事求是的指导精神,一面不断扭转贪污分子

---

① 中央人民政府法制委员会.中央人民政府法令汇编(3)(1952)[G].北京:法律出版社,1982:34-36.

的对抗情绪,深入交代政策,发动他们控诉资产阶级的罪恶,促使其去假添真,然后从本人材料中、从家属中、从工商户中开展深入细致的查对工作,查实定案。凡是注意找材料,讲政策和运用法律,贪污分子的真实性就大些,查实定案就容易些,"顶牛"局面就少些;凡是只靠压力和逼供办法操作搞上去的,则假的就特别多(如鲁山逼出125个,定案的不到10个),甚至造成真假莫辨严重僵持局面。①

"三反""五反"运动的结束阶段,人民法庭对案件的处理起着终审的作用,用法律手段严厉惩治贪污、贿赂、偷税漏税犯罪分子,保证党的肌体健康发展,使"三反""五反"运动沿着法制轨道前进,对国家经济和社会发展起着保驾护航的作用。

三、1953—1954年普选中法庭的作用

中华人民共和国成立初期,在中国共产党的坚强领导下,经过一系列的社会改造运动,人民民主专政的国家政权得到巩固。为了进一步巩固政权,取得政权的合法化,中央人民政府决定在全国进行普选,选举地方各级人民代表,组成全国人民代表大会,为制定新中国首部宪法做准备。1953年进行了一次中国历史上第一次规模空前的全国性的普选。在普选过程中,根据中央的工作部署,依据《选举法》的规定,各地建立普选人民法庭,确定选民资格问题,解决选举中有关破坏选举的争议问题。普选人民法庭存在时间不长,但作用不可低估。

(一)保证全国普选秩序的稳定

普选是个外来词,真正的普选是资产阶级革命以后,确立资本主义选举制度,采取了普选的形式,基本原则是普遍、平等、自由和无记名投票。但在资本主义社会不可能真正实现普选制。在中国,"中华

---

① 李海民."三反""五反"运动(河南卷)[M].北京:中共党史出版社,2006:134-135.

人民共和国成立之前,历朝历代并没有举行过一次全国范围内的民主普选活动"①。中华人民共和国成立以后,中国共产党继承革命根据地时期的选举经验,学习苏联的普选制度,经过几年的准备,制定《选举法》,部署全国性的普选。为配合普选运动的开展,在全国第二次司法改革会议上,专门部署设立普选人民法庭,防止破坏普选运动,对一些使用暴力、威胁、欺诈、贿赂等非法手段破坏或阻碍选举的人,或者伪造选举文件、虚造选票、隐瞒身份冒领选票、骗取选票的人,都由人民法庭或人民法院予以惩处,从而保护选举秩序的稳定,保障每一个享有选举权和被选举权的公民正当地行使自己的公民权利。

(二)人民当家作主的保障

1949年9月中国人民政治协商会议通过的《共同纲领》第十二条规定:

中华人民共和国的国家政权属于人民。人民行使国家政权的机关为各级人民代表大会和各级人民政府。各级人民代表大会由人民用普选方法产生之。各级人民代表大会选举各级人民政府,各级人民代表大会闭会期间,各级人民政府为行使各级政权的机关。国家最高政权机关为全国人民代表大会。全国人民代表大会闭会期间,中央人民政府为行使国家政权的最高机关。

第十三条规定:

在普选的全国人民代表大会召开以前,由中国人民政治协商会议的全体会议执行全国人民代表大会的职权,制定中华人民共和国中央人民政府组织法,选举中华人民共和国中央人民政府委员会,并赋之以行使国家权力的职权。在普选的全国人民代表大会召开以后,中国人民政治协商会议就有关国家建设事业的根本大计及其他重要措施,向全国人民代表大会或中央人民政府提出建议案。"第十

---

① 吴继平.新中国第一次普选运动研究——以北京市为个案[M].郑州:河南人民出版社,2010:12.

四条规定:"在普选的地方人民代表大会召开以前,由地方各界人民代表会议逐步地代行人民代表大会的职权。凡在军事行动已经完全结束、土地改革已经彻底实现、各界人民已有充分组织的地方,即应实行普选,召开地方的人民代表大会。"①

从以上《共同纲领》的规定看出,国家的一切权力属于人民,人民行使权力的渠道是通过普选,采取直接或间接选举的方式,按照自己意愿,不受外来力量的强迫、阻碍或干扰,充分自由地把自己认为是最好的社会精英和能代表人民利益为人民办事的必要的人选到国家政权机关和地方政权机关中去,代表自己行使管理国家的权利,达到主权在民,使人民成为国家政权机关和地方政权机关的主人,真正当家作主,成为国家的主人。为保证普选的实现,真正使人民当家作主,防止外部力量和其他不正当手段亵渎公民之神圣的选举权利,法律在制度上设置人民法庭作为保障措施,对一切敢于破坏选举的行为予以惩处,从而使人民当家作主落到实处。

如在普选运动中,河南省党政领导高度重视,普选人民法庭,一方面团结人民群众,走群众路线,认真选拔人民陪审员,参加法庭审判,向一切违法乱纪分子和破坏选举的行为作斗争,保证广大公民充分行使其庄严的选举权和被选举权;另一方面严肃慎重及时处理有关选举申诉和争议纠纷,保证不让一个坏分子非法窃取庄严的选举权利,也不使一个公民被错误剥夺庄严的选举权利。人民法庭干部积极努力,使普选人民法庭在普选运动中发挥积极的作用。基本上做到,保证"不能听任一个反革命分子或未经改变成分的地主阶级分子非法窃取了庄严的政治权利","也不能听任一个公民被错误的剥夺庄严的政治权利"。普选法庭处理案件,首先注意紧密围绕生产中心,达到普选生产两不误。通过处理普选案件,对干部群众进行一次

---

① 中央人民政府法制委员会. 中央人民政府法令汇编(1949—1950)[G].北京:法律出版社,1982:19-20.

具体的深刻的国家法制教育,扩大了法制影响,提高了干部和群众的法制观念。大力进行了司法制度建设,结合普选,注意建立农村调解委员会,选出固定的陪审员。通过法院办案的陪审办法,为今后开展一审法院陪审制取得了初步经验。

尽管普选人民法庭在选举中起着重要作用,但鉴于中华人民共和国成立初期的社会情况,无论是领导还是群众,都缺乏经验,选举的原则未完全落实。直接选举仅在县级以下,无记名投票的方式改用举手表决,使《选举法》中的规定在实施中受到影响。程序方面中央人民政府没有具体制定普选人民法庭的决定与《选举法》衔接,使选举的严肃性降低,人民群众尽管热情很高,对选举的含义认识不到位,对破坏选举的行为认识不足有采取默认的态度和做法。

第二节 人民法庭的共生体

中华人民共和国成立初期一系列的社会改造运动,催生了特殊人民法庭的诞生。在不同的运动中,从最高人民法院到地方基层人民法院都有关于人民法庭的指示法律、决议、条例,这些法律、决议、条例和人民政府管理国家的其他纲领、政策等规定构成一个庞大的共生体,人民法庭仅仅是一个旁支或一小部分。在这几种法庭中,简略地从内容看,土改和镇反运动中人民法庭规定详细,次之为"三反""五反"人民法庭,而普选人民法庭规定最为简略;从组织结构看,土改、镇反、"三反""五反"人民法庭是政府为特定的任务专门设立的特殊人民法庭,其主管为人民政府。普选人民法庭是在人民法院内部设立的法庭,其主管为人民法院。

一、从时间变化看人民法庭的差异

中华人民共和国成立以后,人民法庭随历史的演变,在不同时期其工作重心、职能和任务都有变化。

(一)人民法庭审理案件的对象不同

土改人民法庭审理对象是破坏土地改革的案件。"镇反"人民法庭审理对象是土匪、恶霸、特务及反革命分子的案件。"三反"人民法庭审理对象是贪污犯罪分子的案件。"五反"人民法庭是行贿、偷税漏税、盗窃国家财产和经济情报的违法工商户的案件。普选人民法庭受理选民资格案件和破坏选举的案件。

(二)人民法庭的设置不同

土改和"镇反"人民法庭是以县(市)为单位,必要时得设立分庭,其由省及省以上人民政府以命令为准。"三反"人民法庭设置在专区以上机关及团以上部队。"五反"人民法庭设立于工商户违法案件较多的市,可以设立分庭,对工商户违法案件较少的市、县,不另设立人民法庭,而由相应的人民法院审判。普选人民法庭由选区的人民法院根据情况设立人民法庭。

(三)人民法庭的审判组织人员构成和来源不同

土改和"镇反"人民法庭,县(市)人民法庭及其分庭均设审判委员会,由审判长、副审判长、审判员若干人组成之。正副审判长及半数审判员由县(市)人民政府遴选,其余半数审判员由县(市)各界人民代表会议或人民团体选举。分庭的正副审判长及半数审判员由县(市)人民政府遴选,其余半数审判员由设立地区的人民代表会议或人民团体(在农村中主要是农民代表会议或农民协会)选举。

"三反"人民法庭规定,各单位人民法庭也应设审判委员会,由审判长、副审判长、审判员若干人组成之,并得设其他工作人员帮助工作。审判长、副审判长一般应由机关首长或副首长担任,审判员应吸收"三反"运动中的群众积极分子以及机关中各民主党派、无党派民主人士参加。

"五反"人民法庭规定,市人民法庭及其分庭也设审判委员会,以审判长、副审判长、审判员若干人组成之。市人民法庭及其分庭的审判长、副审判长、审判员，均由市人民政府任命之。市人民法庭的审判长，一般由市人民法院院长兼任之；副审判长和审判员，可就有关机关和人民团体负责人及"五反"运动中的积极分子任命之。

普选人民法庭由人民法院决定设庭长一人，审判员二至四人，书记员若干，由庭长及审判员组成该庭审判委员会。每个乡或街道办推选临时陪审员二至四人，在人民法庭到当地就审或审理当地案件时出席陪审。

（四）职权及权限不同

其土改和"镇反"时期规定较为详细，参看以下表格。

名　称	强制措施	刑罚类别	审批程序
土改和镇反人民法庭	县（市）人民法庭及其分庭有权逮捕、拘禁	死刑、徒刑、没收财产 劳役、当众悔过或宣告无罪	县人民法庭及其分庭所判决之死刑、没收财产及五年以上徒刑的批准权，属于省人民政府（或省人民政府特令指定之专员公署），死刑由省人民政府主席（或省人民政府特令指定之专员）以命令执行之。不足五年的徒刑及宣告无罪之判决的批准权，属于县人民政府。市人民法庭及其分庭之判决的批准权：属于大行政区直辖市者，前项规定的属于省人民政府的批准权，由大行政区人民政府（军政委员会）行使之，死刑由大行政区人民政府（军政委员会）主席以命令执行之；属于省辖市者，适用县之规定

续表

名　称	强制措施	刑罚类别	审批程序
三反人民法庭	传讯、逮捕、拘押、释放	管制、劳役改造、有期徒刑、无期徒刑、死刑,以及宣告追缴赃款赃物、没收财产、剥夺政治权利、缓刑、免刑、无罪之权	采取隔一级批准制,具有此项批准权力者,最下级为专员公署(无专员公署者为省人民政府)和师一级
五反人民法庭	逮捕	退出违法所得、赔偿损失、罚金、没收财产、剥夺政治权利、管制、劳役改造、有期徒刑、无期徒刑、死刑及酌予缓刑或免予处分之权。市人民法庭分庭,一般只受理严重违法户案件,有判处退出违法所得、赔偿损失、罚金或免予处分之权	

(五)上诉期限和二审法院不同

土改和"镇反"时期,对县(市)人民法庭及其分庭判处死刑匪特反革命分子,不得上诉;对土地改革中划分阶级成分的争执案件,依土地改革法规定之手续,判决后即须执行。除此以外的其他的判决,被告或原告如有不服时,得于判决后十日内,先要求县(市)人民政府指令县(市)人民法庭复审;对复审之判决如仍不服时,得提出上诉。

"三反"运动时期,被告或原告对各单位人民法庭的判决不服,得于接到判决书后三日内,向各该级人民法院或军法机关上诉。

"五反"运动时期,市人民法庭(或市、县人民法院)之判决,为终审判决。当事人如对于市人民法庭分庭的判决不服时,得于宣判后三日内,向市人民法庭上诉。

普选运动时期,对公布之选民名单有不同意见者,得向选举委员会提出申诉,选举委员会应在五日内作出处理之决定。

除了以上区别外,各时期的人民法庭还有独特之处,土改和"镇反"时期人民法庭规定,当事人享有辩护权、申请回避权。"三反"人民法庭规定巡视检查制度,要求各级人民法院及检察、监察、司法、公安等部门得合组专门委员会,对各该级各单位人民法庭进行巡视检查,部队则由政治工作部门进行巡视检查,从而加强对人民法庭审判工作的领导。"五反"运动时期的陪审制,人民法庭开庭时可吸收人民团体代表特别是工人、店员和守法工商户、基本守法工商户的代表参加审判。

这一时期的人民法庭除了这些不同点和特质外,还有共同点就是不同时期的人民法庭都是在党的领导下,政策法律一致,政治统帅法律,行政权决定司法权。人民法庭处于不独立的状态,一切依附于政府,从法庭人员的调配到法庭的组建以及对当事人刑罚的判处、执行,行政权主宰一切,政府主导话语权,享有最终的裁决权,法律自身的中立性、程序性、规范性被遏制。

另外,从人民法庭组织通则、"三反"人民法庭决定到"五反"人民法庭决定,审理被告人的一切犯罪,没有对控诉机关或人员的法律规制。1951年9月中央人民政府公布最高人民检察署暂行组织条例和地方各级人民检察署组织通则,规定人民检察署的职权。① 人民检察署的这些职权中有关于公诉的内容,但是在有关人民法庭的程序规定中则缺失,二者没有衔接协调,出现断裂,运行中各自为政。

二、从国家治理和社会管理看人民法庭发展轨迹

(一)政治运动使人民法庭具有双重性

中华人民共和国成立之初,国家一直处于紧张的群众运动当中。如1950年冬到1953年春的"土改"运动,1950年12月到1951年10月的第一次"镇反"运动,1951年12月到1952年10月的"三反""五反"运动,1952年6月到1953年2月的司法改革运动,1953年的贯彻婚姻法运动,1953年下半年到1954年上半年的普选运动,1955年6月至1956年的上半年的第二次"镇反"运动。② 人民法庭随运动而存废,它的作用随对运动的发展程度而不同。

董必武在《关于改革司法机关及政法干部补充、训练诸问题》一文中说:"我们的工作需要从运动中建立起来,运动可促使我们工作的发展,反过来我们也推动与领导了运动前进。人民法庭这样做了,因而就很被人重视。……比如说我们的人民法庭,在镇压反革命运动中,把危害人民、罪大恶极的反革命分子,基本上肃清了;土改差不多即将全部完成,为新中国的建设扫清了道路,人民法庭也起了很大配合作用。'三反''五反'当中人民法庭也起了很大作用。"③在总结

---

① 中央人民政府法制委员会.中央人民政府法令汇编(2)(1951)[G].北京:法律出版社,1982:112.
(1)检察各级政府机关、公务人员和国民是否严格遵守共同纲领、人民政府的政策方针和法律法令;(2)对刑事案件,实行检察,提起公诉;(3)对各级审判机关之违法或不当裁判,提起抗诉;(4)检察全国监所及犯人劳动改造机构之违法措施;(5)处理人民不服下级检察署不起诉处分之声请复议案件;(6)代表国家公益参与有关全国社会和劳动人民利益之重要民事案件及行政诉讼。
② 高其才,左炬,黄宇宁.政治司法[M].北京:法律出版社,2009:77.
③ 董必武法学文集[M].北京:法律出版社,2001:126.

法律与运动的关系时,他说,群众运动不是依靠法律,而是依靠发动广大群众搞起来的。运动有一个特点,就是突破旧的法律。土地法是根据二十年来我们在苏区土地改革运动的实践经验总结出来的。就是有了这个法,实际在下面也不是死守着其中的条文办事。……我们在运动中立了一些法,如《惩治反革命条例》,它不是在"镇反"之前,而是在"镇反"中定下来的。《惩治贪污条例》也是在"三反"运动中定下来的。这说明我们的法律都不是事先写好,而是先做起来,然后在总结经验的基础上制成了法律。①

　　这是中华人民共和国初期法律运行的状况,同样程序法的相关规定也是这样,运动可促使法律的产生,运动也可突破法律的规定,法律成为运动的嫁衣。但为满足土改和"镇反"运动的需要,各地在运动中依法成立人民法庭,帮助政府开展工作,为政治服务。"三反"运动中,惩治贪腐问题,设立人民法庭,对贪污犯罪进行依法审理。"五反"运动中,打击不法奸商和违法工商户,人民法庭惩治经济犯罪,保障国家经济秩序的大体稳定。但是运动也有负面影响,运动破坏法律程序,"许多事情都是以群众运动的方式搞起来的,运动一来,原来的工作计划就变了。

　　运动本身,改变了原定的工作计划。公安、检察、法院三部门,互相制约、互相配合,共同向反革命分子和一切犯罪分子作斗争,这应当是正常的也是必须的。但我们有时候超乎正常,如在'镇反'工作中,有些地方在下面就是公安、法院、检察院共同成立办公室,公安主办,检察院批准逮捕后法院出名判决,一个会议上就解决了"②,运动使法律规定的程序突破了,人民法庭组织通则规定的"受理案件后,应认真地进行调查证据,研究案情,严禁刑讯。在审判时,旁听的人经允许后可以发言"的规定成为一纸空文,成为"纸面上

---

① 董必武法学文集[M].北京:法律出版社,2001:311.
② 董必武法学文集[M].北京:法律出版社,2001:312-313.

的法",得不到实施。……运动损伤司法的公正性和程序性,使人对法律的信仰处于信与不信之间来回摇摆,缺乏预期性。

(二)国家治理与社会管理需要人民法庭

在任何时候,社会利益冲突和纠纷都有,也是避免不了和不可回避的,尤其在政权更迭、社会转型期,往往是社会矛盾多发期和高发期,也是社会的不稳定期。中华人民共和国成立早期,社会正处于这一特殊剧烈的社会变革期。新政权刚刚建立,中国共产党由原来的革命党转变为一个执政党,在旧的政治统治秩序中,是作为异己力量和反动势力,旧政权总是想要千方百计地予以镇压和围剿,将新政扼杀在摇篮里。要实现稳定政权,维护统治,实现预定社会和国家的奋斗目标,必须推陈出新,改变旧的法律制度,创建新的法律制度,以调控整个社会秩序和法律秩序。新政府一开始就以巩固国家政权,恢复国民经济,稳定社会秩序的角色出现在政治舞台上。其间,几次大的政治运动如土改运动、"镇反"运动、"三反""五反"运动,推动社会的变革。在这些运动中,人民法庭作为人民司法制度的重要组成部分,不仅是巩固和发展人民民主政权的重要手段,而且有力地促进了社会变革,成为社会管理的手段之一,同时在这一过程中自身也得到自我更新与完善,为法制建设积累了一定经验。

中华人民共和国成立之初,出于政治的需要,废除国民党的《六法全书》,新政权的法制建设举步维艰。最初,在管理国家和治理社会方面,中国共产党经历发指示命令、定政策、作决定、颁条例的阶段,如中央人民政府政务院于1950年2月28日发布的《关于新解放区土地改革及征收公粮的指示》,其最后一条直接涉及人民法庭:

> 某些地方土匪还未肃清者,应迅速肃清土匪,尚未减租者,应即进行减租。如有罪大恶极的恶霸分子及反对农民运动、破坏土地改革的分子,省县人民政府应主动地适时地加以逮捕,送交人民法院或组织人民法庭依法审判,并处以应得之罪刑,不得怠慢。对于这些犯

罪分子,应允许农民控告,但必须严格禁止乱打、乱杀、乱逮捕、乱处罚及戴高帽游行等行为。如果省县人民政府和司法机关不能主动地适时地去逮捕、审判和处分这些犯罪分子,则在群众运动起来以后,就很难避免这些混乱现象的发生。①

从该段文字看,这一时期人民法庭维持社会秩序的功能强调得更多一些,利用法律手段加强管理,对手段有明确限制:"必须严格禁止乱打、乱杀、乱逮捕、乱处罚及戴高帽游行等行为。"在土改运动、"镇反"运动、"三反""五反"运动中,这一模式逐渐形成,但运动的结束最终使法律或司法由人民法庭在程序上完成。运动中先后制定了《土地改革法》《惩治反革命条例》《惩治贪污条例》《人民法庭组织通则》等系列法律法规,通过这些法律的实施,实现党和国家改造社会、治理社会的目标,保证社会秩序的稳定。

总结这些运动的共同之处在于,"他们的目的就是为了实现国家权力对社会的控制。镇压反革命运动是为了打击叛乱分子,巩固社会主义新政权,从而实现代表人民和党的国家权力对全国范围社会秩序的控制;土地改革运动是为了在解放区的农村通过分配土地打击农民的阶级敌人——地主,进一步完成国家的基层政权建设,从而实现国家权力对广大农村的控制;'三反'是为了肃清党内的贪污犯罪分子、浪费现象以及官僚主义而进行的一场内部运动,国家权力不仅要实现对外部的控制,更应该正本清源,实现内部的自我清理;'五反'则是通过惩治城市中不法资产阶级来实现国家权力在城市中的扩张。但是,和历史上历次政治运动根本不同的是,新中国成立以后的镇压反革命、土地改革和'三反''五反'运动采用法律的形式,并

---

① 中央人民政府法制委员会.中央人民政府法令汇编(1)(1949—1950)[G].北京:法律出版社,1982:77.

且由人民法庭最终在程序上完成"①。人民法庭在这些运动中,成为一个司法程序的正义性和公正性的平台,发挥着政治定向和司法功能,实现法律为政治服务的目的,通过这些法律的实施,实现党和国家改造社会、治理社会的目标。

三、从司法角度看人民法庭组成人员专业化程度

(一)人民法庭的人员法律职业化

在新中国成立初期一系列运动中逐渐建立起来的人民法庭,一直未形成一套法律职业的专门化制度,制约法律现代化的进程。为了与旧法划清界限,近代以来建立的法官选任与考核制度也废弃了,法官的名称也取消了,改称为审判员,公、检、法人员称作司法干部或政法干部,培养法律人才的院校叫政法院校或司法干部管理学校。这一时期,人民法庭的审判员的选任政治标准挂帅,"把政治标准放在第一,大量选拔工农兵商中的积极分子"②。如"三反"运动时期人民法庭规定审判员应吸收"三反"运动中的群众积极分子以及机关中各民主党派、无党派民主人士参加。"五反"运动时期人民法庭规定副审判长和审判员,可就有关机关和人民团体负责人及"五反"运动中的积极分子任命之。

政府遴选或者由群众选举的这些审判员,没有受过法律专业知识和技能训练,没有对法律进行专门研究,政府一任命,匆匆上岗,独立办案,这些"积极分子法律能力不足,只有过分的阶级感情和政治热忱,特别是运动中更愿意紧跟形势,司法直接为运动和政治服务,

---

① 李龙.新中国法制建设的回顾与反思[M].北京:中国社会科学出版社,2004:231.
② 蔡定剑.历史与变革——新中国法制建设历程[M].北京:中国政法大学出版社,1999:34.

也就往往容易出错案"①。他们不是按照法律规定的程序和法律思维的方式承办案件,而是按照上级指示或命令,以"唯上"服从为天职,根据自己日常生活办事的经验,只要把这些事情摆平,完成上级交给的任务就万事大吉。他们生活在农村,具有乡土文化的优势,但法律专业知识欠缺。人民法庭审理的案件是要求专业知识背景,是定分止争,审判员的行为决定他人的自由、财产和生命,掌舵生杀大权,是举足轻重的人物。职业要求他们除了一般文化知识外,还要有法律知识能够准确理解"反革命罪""恶霸""土匪""特务""匪霸""反动会道门""贪污罪""破坏选举罪"等犯罪构成的法律含义,还要领会国家的刑事政策,如"惩办与宽大相结合""斗争从严,处理从宽,应当严者严之,应当宽者宽之"等精神,显然这些人专业素质不过硬,在审理案件时出现偏差甚至冤假错案的情况时有发生。人员的法律素质制约司法的公正性,悖离司法运行的规律。

故为法官者,需要纯洁高尚之德性、渊博通达之学识。②法官的职业是一项很严肃和神圣的职业,事关他人生命和权利,是要有高尚的人格、受过良好的法律专业训练、具有娴熟的运用法律技巧和丰富社会阅历经验的人从事的事业,并不是一个随随便便的任何人都能从事的专门职业,这种职业在社会上很受人尊敬,它是社会公平和正义的化身,是处理人与人、人与社会冲突争议的裁决者。如果主持公平的人素质低,没有中立的立场,受制于人或行政干预,没有受过良好专业教育形成的法律信仰,其裁判结果的公平性受人质疑,司法的公正性会受损,影响法律在社会中的信誉。但囿于新中国成立之初的司法人员匮乏,政治运动的需要,司法工作不是专业化、法律化,而是

---

① 蔡定剑.历史与变革——新中国法制建设历程[M].北京:中国政法大学出版社,1999:35.
② 何勤华,李秀清.民国法学论文精粹(第5卷)[M].北京:法律出版社,2004:298.

群众化、政策化和运动化,现代司法规律职业的中立性、被动性、权威性等特点被行政权所遮掩,司法自身的独立性、法律技术、法律知识的专业和法律思维的独特性都在行政权的影响下被弱化,影响了法律职业的专门化和法治文明的道路发展。

(二)人民法庭的中立性

"现代司法的基本特征在于,一是裁判的公正性,即法官依据事实和法律,作出不偏不倚的判决。二是政治疏离性,即法官不应该成为实现政治目的的工具,也不应该因为阻碍了政治目的的实现而遭受惩罚,不能因为法官作出不受欢迎的判决就解任他,也不能为了维护政治利益,就改变法庭的组成。"①现代司法要求立法、司法和行政分立,司法处于中立地位,超脱争议双方当事人,处于第三方的地位,充当仲裁者的角色。但中华人民共和国成立初期,司法状况是最高行政机关掌握最高权力,法律都由行政机关制定,行政机关掌握国家的立法、行政、司法和军事大权,采取集权的方式。1949年9月中国人民政治协商会议第一届全体会议通过《中央人民政府组织法》,该法第五条规定:"中央人民政府委员会组织政务院,以为国家政务的最高执行机关;组织人民革命军事委员会,以为国家军事的最高统辖机关;组织最高人民法院及最高人民检察署,以为国家的最高审判机关及检察机关。"②从该条可以看出当时的司法体制是行政和司法合一的,政务院组织人民法院和检察院,政务院居于主导地位,通过一系列运动中关于人民法庭的规定,可见端倪。

1950年7月14日政务院第四十一次会议通过《人民法庭组织通则》,具体细化在国家政权体系中行政司法合一的体制。第一条规定:

---

① 吴永明. 理念、制度与实践——中国司法现代化变革研究(1912—1928)[M]. 北京:法律出版社,2005:201.
② 中央人民政府法制委员会. 中央人民政府法令汇编(1)(1949—1950)[G]. 北京:法律出版社,1982:1.

为保障革命秩序与人民政府的土地改革政策法令的实施,省及省以上人民政府得视情况的需要,以命令成立或批准成立县(市)人民法庭。在人民法庭的组建和运行的过程中,具体规定县、市级人民法庭,在土改运动中,必须受同级人民政府的领导,规定县(市)人民法庭及其分庭直接受县(市)人民政府的领导;县(市)人民法庭的正副审判长由县(市)人民政府遴选,并由县(市)人民政府报请直属上级人民政府审核加委;县人民法庭及其分庭所判决之死刑、没收财产及五年以上徒刑的批准权,属于省人民政府(或省人民政府特令指定之专员公署),死刑由省人民政府主席(或省人民政府特令指定之专员)以命令执行之。不足五年的徒刑及宣告无罪之判决的批准权,属于县人民政府。市人民法庭及其分庭之判决的批准权:属于大行政区直辖市者,前项规定的属于省人民政府的批准权,由大行政区人民政府(军政委员会)行使之,死刑由大行政区人民政府(军政委员会)主席以命令执行之;属于省辖市者,适用县之规定;县(市)人民法庭及其分庭的人员,如有违法渎职情事,人民得举出证据检举之,经查明属实后,由县(市)人民政府或报请直属上级人民政府依法严惩;县(市)人民法庭及其分庭的其他工作人员由县(市)人民政府、人民法院及人民团体工作人员中调用之。为适应地方具体情况,各大行政区或省,得根据本通则制定人民法庭条例,公布施行,并报请中央人民政府政务院备案。在本通则颁布前已制定人民法庭条例者,如有与本通则抵触之处,须根据本通则加以修正①。

这些规定凸显政务院对人民法庭的领导支配作用,另一方面也反映行政与司法间的主从隶属关系。

在"镇反"运动中,为了保证运动顺利进行,加强人民政府对司法工作的领导,1950年7月23日政务院和最高人民法院联合发布《关

---

① 中央人民政府法制委员会.中央人民政府法令汇编(1)(1949—1950)[G].北京:法律出版社,1982:82-84.

于镇压反革命活动的指示》,明确规定凡属本指示规定的反革命案件,经当地人民法院或人民法庭判决死刑者,其批准手续,在新解放区,由省人民政府主席或省人民政府授权之当地专署以上首长批准后执行,在东北、华北及西北老解放地区,由省人民政府或大行政区人民政府主席批准后执行,在中央及大行政区直属市,分别由最高人民法院院长及大行政区人民政府(军政委员会)主席批准后执行。① 这一规定通过对死刑复核程序进一步加强行政对司法的领导或控制。

1951年9月4日公布的《人民法院暂行组织条例》第十条规定:

各级人民法院(包括最高人民法院分院、分庭)为同级人民政府的组成部分,受同级人民政府委员会的领导和监督。省人民法院分院、分庭受其所在区专员的指导。②

这一规定确定整个司法系统行政权对司法权的统领作用。在讨论《人民法院暂行组织条例》中人民法院与同级人民政府的关系时引起争议,时任中央人民政府法制委员会代理主任委员的许德衡在条例通过时对这一问题做过解释:"关于各级人民法院与同级人民政府的领导关系,即'垂直领导'还是'双重领导'问题,曾有过不同意见。我们经过多方面的研究和交换意见的结果,认为下级法院应受上级法院和该级人民政府委员会的双重领导。现在,只有这样,才能行得通,只有这样才有利而无弊,至少是利多而弊少。这不仅因为中国的革命政权是由地方发展到中央,而且因为中国是一个大国,现在革命才刚刚取得基本的胜利,对于由帝国主义和封建主义的长期统治所造成的政治经济不平衡,以及我们现在工作上的不平衡,在短期内还很难完全克服。各

---

① 中央人民政府法制委员会.中央人民政府法令汇编(1)(1949—1950)[G]. 北京:法律出版社,1982:214-215.
② 中央人民政府法制委员会.中央人民政府法令汇编(2)(1951)[G].北京:法律出版社,1982:104.

地方不同的情况和目前各种困难的条件,要求我们的最高法院分院以下各级人民法院除受上级人民法院垂直领导外,同时还需要因地制宜受当地人民政府委员会的统一领导,否则,最高人民法院,在具体工作上就不可能对全国司法工作实现正确的领导。所以,在条例第十条上明确规定各级人民法院(包括最高人民法院分院、分庭)为同级人民政府的组成部分,受同级人民政府委员会的领导和监督。"①

这一解释说明当时采取行政与司法合一体制的原因和背景,在特殊的社会条件下,实行司法与行政相结合的体制有其存在的合理性。随后的运动中,人民司法坚守这一规定,1951年11月16日,最高人民法院、最高人民检察署同司法部联合下发《关于土地改革地区的人民司法机关必须大力参加人民法庭工作的指示》,规定一切准备土改与实行土改地区的人民司法机关,应在同级人民政府的统一领导下,以做好人民法庭的工作作为自己的中心任务,抽调可能抽调的干部配备到人民法庭去作为骨干力量。②1952年的"三反"运动中,政务院通过决定,在专区以上机关中、团以上部队中设立人民法庭,并经过各该级人民政府或军事领导机关的批准。"五反"运动中,在市人民政府领导下,在工商户违法案件较多的市设立市人民法庭,对严重违法户和完全违法户进行审判。

中华人民共和国成立初期,司法机关受行政机关的领导,成为政府的组成部分,纳入政府系统之中,缺乏中立性和专业性。学者认为主要原因在于:其一,中国人民民主政权的发展道路是由地方而到中央,在新中国诞生以前,是和南京国民政府的反动政权同时存在的地方性、区域性的革命政权。新中国成立以后,由于地方政权领导强,

---

① 关于《中华人民共和国人民法院组织条例》说明[N].人民日报,1951-9-5(3).
② 中央人民政府法制委员会.中央人民政府法令汇编(2)(1951)[G],北京:法律出版社,1982.118.

经验多,因而授权于政府,使之担负领导地方司法机关之职责,有利于地方司法机关工作的有效展开。其二,中国经济、政治与社会发展的不平衡现象,决定了新中国成立之初各地政权工作的环境与条件的历史差异性。加之,新生的共和国的巩固与发展面临着许多复杂的困难和矛盾,各地的司法机构建立又不平衡,或尚未建立,或虽建立但不健全。因此,这一情形要求把司法机关隶属于同级政府的统一领导,以便充分发挥国家政权的集体聚合力量,建立健全司法系统,解决司法工作中的复杂问题,有力地推动司法建设。其三,在新中国成立之初,围绕司法机关是否要接受同级政府的领导问题,亦是经过充分讨论的,所得出的结论是确认这样的领导关系,有利而无弊,至少利多而弊少。况且,当时曾确定检察系统实行垂直领导,并且试行了一年有余;而实践证明,这一垂直领导体制在具体运行过程中遇到诸多困难,确有难行之处。因此,在新的立法中确认法院和检察署为各级政府的组成部分,接受同级政府委员会的领导(政府委员会本身即是"议行合一"的组织载体),乃是顺理成章之事。①

除此以外,这种行政与司法合一的体制,也是中国法律文化的传统。中国封建社会历史长达几千年,专制主义集权统治下,在中央,最高统治者集立法、行政和司法大权于一身,地方上行政兼理司法,实行议行合一的体制。"官本位"和"权力本位"思想孕育封建社会的体制之中,权力主宰一切,对社会冲突和纠纷的解决,是通过治理的方法,维护国家的长治久安。清末以来,变法修律,官制改革,实行行政权与司法权的分立,追求司法独立和司法公正,进而建立法治国家,并用司法手段管理国家和社会,但是随着旧政权的解体而终止。中国共产党领导全国人民建立的新中国,最初几年将司法纳入行政系统,行政统揽一切,历史又走向回归。1954年宪法通过以后,实行

---

① 公丕祥.法制现代化的挑战[M].武汉:武汉大学出版社,2006:469.

人民代表大会制度,行政权与司法权由新中国成立之初的合一体制走向分立。司法体制历经由行政与司法合一——分立—再合一——再分立过程,这在中国司法制度史上反复试验。法国的政治思想家托克维尔在反思法国大革命时论及:"大革命有两个截然不同的阶段,在第一阶段,法国人似乎要摧毁过去的一切;在第二阶段,他们又要恢复一部分已被遗忘的东西。旧制度有大量法律和政治习惯在1789年突然消失,在几年后重又出现,恰似某些河流沉没地下,又在不太远的地方重新冒头,使人们在新的河岸看到同一水流。"①这种历史循环不断证明,只要符合人类文明发展规律,不管经历怎样的曲折和反复,不管人为怎样阻碍,终究会被人们接受,只不过要经历时间的磨炼,人们的反复试错和矫正,最终还要走上分权制约这条道路。

行政权与司法权是国家权力系统中两个性质不同的体系,行政权追求积极主动,遵从上级命令和指挥,行使的是管理权,维护社会秩序的稳定。司法权坚守的是不告不理,消极被动,判断是非曲直,解决争议,两者在国家权力结构中既有交叉,但更多的是分立和制约,各自的职能和分工不同。"行政是国家利益的代表,司法则是权利的庇护者,同一官署忽而忙于维护国家利益,忽而又将国家利益弃置一边,忙于维护正义,显然极不协调。"②如果人为地将两者合一,忽视行政和司法各自的发展规律,强行政、弱司法,职权冲突,将使国家和社会的正常管理和治理长时间难以理顺,产生体制诸多弊端。当下中国的司法体制行政与司法从形式上是分离的,实际上地方政府和党委在人、财、物各方面制约着司法机关的一切活动,司法权处处受干预,司法改革只能在局部循环反复改革,不能突破和创新,司法权合理配置进展缓慢。无论

---

① [法]托克维尔.旧制度与大革命[M].冯棠,于振海,译.北京:商务印书馆,1992:31-32.
② [德]拉德布鲁赫.法学导论[M].米健,译.北京:国大百科全书出版社,1997:100.

人民法院的"一五"改革纲要（1999—2003）、"二五"改革纲要（2004—2008）、"三五"改革纲要（2009—2013）、"四五"改革纲要（2014—2018），还是目前进行的"五五"改革纲要（2019—2023），体制问题始终制约司法改革深度和广度，制约司法改革的速度和效能。

四、从程序角度看普选人民法庭的运作

普选时期，没有选举资格的人纷纷争夺选举资格，获得选民证。选民资格是过去地主阶级分子转变为社会正常人的凭证，普选也是他们改变命运的机会。贫农在这一时期是最受欢迎的，以致一些人冒充贫农，前述普选人民法庭判决剥夺地主阶级分子的选举权的案例也反映出这一特点。从整个诉讼过程可思考一些问题：

从档案史料显示，普选时期人民法庭办案模式是当事人所在选区或者工作组作为原告，被告为地主阶级分子或子女，庭审方式为独任制，法庭的判决是一审终审制，当事人没有上诉权①，并且判决书的最后签名是兼庭长，没有书记员签名。选区是按照选举法的规定，依据选民的居住状况划分。按照现代民诉法的原理，原告是因自己的合法权利受到损害以自己的名义向法院提起诉讼，寻求帮助的公民、法人和其他组织。普选中，工作组的合法权利并没有受到损害，而权利受到影响的是地主阶级分子，他的选举权被剥夺，通过法庭寻求司法救济，适格诉讼主体的原告应该是被剥夺选举权利的人，它的选举权利受到影响。

（一）证据是诉讼的灵魂

在民事诉讼中，规定有书证、物证、证人证言、当事人陈述、鉴定结论等证据，证据的证明力大小决定当事人在诉讼中承担的不利法

---

① 见河南省许昌市魏都区人民法院档案，1953年文书处理号1，案卷号13。
关于不服普选人民法庭判决的上诉问题，河南省人民法院于1953年10月28日下发通知指出，凡有关选民资格纠纷的案件，人民法庭或人民法院的判决，即为最后判决，不得上诉。

律后果大小。在普选案例中,最突出的证据是当事人的陈述,对自己过去家庭情况和财产情况进行叙述,承认自己过去的事实。庭审中,没有法庭调查和辩论,没有对证据的认证和质证,程序简单,证据单一,证明力不强,双方处于不平等地位,一方居于支配地位,另一方处于服从地位。

(二)采用独任制审判方式

选举权是公民的基本权利,是由宪法赋予的。新中国成立初期,虽然没有宪法,《共同纲领》作为临时宪法,第四条规定:中华人民共和国人民依法有选举权和被选举权。此处用的是"人民"这个政治概念,没有用"公民"这个法律概念。理论上对于这些案件应当由法官组成合议庭进行审理,以彰显选举权的神圣。当时由于没有关于如何审理选举案件的具体规定,法庭人员匮乏,从法院或其他机构临时调配的,大都是兼职,审理这些案件没有专业性的要求,独任制的方式也节省人力和物力,成为首选方式,选举权的神圣性受到影响。

(三)选举的案件集中于选举权的确认

对于《选举法》规定在选举中采用暴力、威胁、欺诈、贿赂等非法手段或者阻碍选民自由选举以及伪造选举文件、虚造票数、隐瞒蒙混的破坏行为的案件,在整个河南有 2088 起[①],在许昌市魏都区人民法院的诉讼档案中没有发现此类案件。案件稀少的原因:①新中国成立初期,经过土改和"镇反"运动、"三反""五反"运动的锻炼,人民的政治思想觉悟高。②对普选工作宣传力度大,充分调动选民参加选举的积极性。它是新中国第一次普选,人民翻身当家作主,对主人公身份很重视。③选举委员会提名代表候选人来自基层,每个人对候选人都很熟悉,大家都认识,谁作弊大家都能识破,选举中贯彻走群众路线,坚持从群众中来,到群众中去路线,充分发挥群众的监督作

---

① 《关于继续贯彻二届全国司法会议决议及执行 1954 年司法工作计划的报告》,河南省许昌市魏都区人民法院档案,1954 年文书处理号 4,案卷号 14。

用。④组织工作得当。按照《选举法》规定,从选举委员会的设立、选区划分、选举工作组的成立到选民登记、选民名单张榜公布、选民资格审查、确定、代表候选人提名,一直到选民大会选出代表为止,组织井井有条,避免或减少漏洞。

第三节 人民法庭的探索

中华人民共和国成立前后,人民法庭从产生的那一刻开始,就是依附于国家权力,在国家行政体制内,成为人民政府机关的重要组成部分,使它为国家权力所掌控,成为政府推进其目标的工具。在土改运动、"镇反"运动、"三反""五反"运动和普选运动中,人民法庭成为社会改造实践的协作者,成为国家治理社会的工具。通过一系列的社会改造运动,借助人民法庭使国家权力成功地深入到社会中,无论是农村还是城市。尽管在这样的政治生态环境下,法律作为上层建筑,仍具有相对的独立性,有自己的发展规律。在历次的运动过程中,作为法律载体的人民法庭,尤其在土改运动和"镇反"运动中,为新中国的司法制度的艰难探索作出有益的贡献。

一、人民法庭的创新

(一)诉讼中简易程序的运用

在土改运动和"镇反"运动中,为适应我国乡村社会的实际,从实际出发,便于群众诉讼,便于人民法庭审判案件,一改过去繁琐程序、坐堂问案的方式,创立简易程序方法。人民法庭从收案到判决,除了特殊重大案件的处理外,一般不拘任何特殊形式,不需要很繁琐的法律程序,只要对群众便利,减少人民因为诉讼的拖累而浪费劳动或工作时间、力量和金钱,不要增加人民的负担,使司法工作真正是为人民服务的,节省司法成本,提高司法的效率。

(二)实行民选审判员制度

按照《人民法庭组织通则》及"三反""五反"人民法庭的有关规定,人民法庭有一部分"审判员"是经农会或农民代表大会组织人民选举的。这些"审判员"是从群众中间出来的,由群众选举,受到群众的信任,与群众有密切的联系,熟悉地方的事务,了解地方的风土人情,有群众基础,能够反映基本群众的意见,是当地的社会贤达或农村中的精英。选拔他们做"审判员",确实能够为法庭审判做许多工作,对于法庭迅速及时办案提供方便,而且这些民选"审判员"能吃苦耐劳,工作踏实,立场坚定,积极负责,具有一定的优越条件。只要加以训练,提高业务知识和文化程度,就是有能力的"审判员"。

(三)陪审制度

陪审制度是一种外来的司法制度,在中国,清代以前没有陪审制度。其源于英国的近代陪审制度,于清末变法修律时引入中国。1906年的《大清刑事民事诉讼法》草案第一次规定陪审制度,具体规定了陪审员的资格、责任、产生办法,标志着公开、公平、公正的近代民主审判制度的诞生,遗憾的是该法后来没有实施。[①]民国时期的1929年8月国民党南京政府曾颁布《反革命案件陪审暂行法》,该法规定法院只有在审理反革命案件时才能实行陪审制度,正式将陪审制度引进来,而担任陪审人员的条件是必须年满25岁以上国民党党员。1932年6月9日,中华苏维埃共和国中央执行委员会颁布的《裁判部暂行组织及裁判条例》中,具体规定了陪审制度。[②]在抗日战争

---

① 胡瀚.《大清刑事民事诉讼法》草案研究[D].中国政法大学2009年硕士论文.
陪审制度引入中国与清末修律大臣伍廷芳有关。伍廷芳在英国留学,取得律师资格,受英美法系的影响,熟知陪审制度之价值。
② 韩延龙,常兆儒.中国新民主主义革命时期根据地法制文献选编[G].北京:中国社会科学出版社,1981:308.

时期,1940 年 6 月 15 日晋察冀边区政府专门制定《陪审制暂行办法》,晋西北行政公署 1942 年 4 月 15 日公布《陪审暂行办法》,山东省战时行政委员会公布《山东省陪审暂行办法》,淮海区专员公署公布《淮海区人民代表陪审条例》。解放战争时期,陪审制度有新的表现形式,1947 年《中国土地法大纲》颁行以后,各地制定人民法庭暂行条例等相关规定,建立土改人民法庭,有的吸收农会代表或农民代表大会代表或者积极分子参加人民法庭,有的采用由县人民法院派出审判员与当地农民代表组成合议庭分区巡回的方式,有的案件还临时邀请群众代表陪审,行使陪审权利。在审理过程中,陪审员和审判员有同等权利,从而保障司法公正。新中国成立后,1951 年的《中华人民共和国人民法院暂行组织条例》第六条规定:"为便于人民参与审判,人民法院应视案件性质,实行人民陪审制。陪审员对于陪审的案件,有协助调查、参与审理和提出意见之权。"1953 年 4 月召开的第二届全国司法会议以一个专门论题对此作出决议,对陪审制度达成共识,以便各级人民法院贯彻执行。

陪审制度在新中国成立初期发挥重大作用。对一些重大或有影响的案件实行陪审,有了群众自己的代表参加陪审,群众就可以了解案情处理的经过,不会发生怀疑,能够使案情得到正确的判决,通过案件正确的审判,陪审员自己受到法制教育,通过它也影响、教育其他群众遵守和执行法律。同时通过陪审制度,也可以直接反映群众对案件处理的意见,发挥群众对司法的监督作用。1954 年颁布的《中华人民共和国宪法》和《中华人民共和国人民法院组织法》,都对陪审制度作了肯定和规定。

(四)合议庭制度

《人民法庭组织通则》规定,县(市)人民法庭及其分庭均设审判委员会,由审判长、副审判长和审判员若干人组成之。"三反"运动成立人民法庭决定中规定,各单位人民法庭均应设审判委员会,由审判长、副审判长和审判员若干人组成之,并得设其他工作人员帮助工作。"五反"运动成立人民法庭决定中规定,市人民法庭及其分庭均设审判委员会,以审判长、副审判长和审判员若干人组成之。这些规定中均有审判委员会,但该审判委员会不同于1951年《人民法院暂行组织条例》规定中的审判委员会。该审判委员会是党的民主集中制原则运用到审判工作的产物,是合议庭制度的前身,由审判长主持法庭,审判员或陪审员参加审理具体案件的组织。凡审判案件的判决,一定要经过审判委员会或审判小组的工作讨论评议,发扬民主,集中统一决定。重大的案件还需要得到上级领导机构的审查批准,采取极慎重的态度来处理案件,务求判决的正确,这是人民的司法对人民负责的表现。因为当时审判工作,反对司法独立,认为司法独立是资产阶级的审判原则,认为法官审判正确与否,不能个人独断专行,不能独立审判,对于司法工作中所谓"法官对法律负责",认为法官就可以任意曲解法律,主观武断,以求达到个人的愿望,这样的审判,会导致司法不公。而《人民法院暂行组织条例》对审判委员会的规定是"县级人民法院得设审判委员会,以院长或副院长、庭长(其设有审判庭者)及审判员组成之;以院长或副院长兼任主任委员。必要时得设副主任委员。开会时并得邀请有关机关的负责人及原来参加审判有关案件的其他工作人员参加。审判员较多的法院,由院长指定若干审判员参加。审判委员会处理刑事、民事的重要或疑难案件,并为政策上和审判原则上的指导 。"[①]从规定中看出,该审判委员会的组成人员是由院领导、有关单位负责人,原审案件的工作人员,它是一个解决重大、疑难和复杂案件的临时组织,不是一个审判机构,两种审判委员会的性质和功能根本不同。

[①] 中央人民政府法制委员会.中央人民政府法令汇编(2)(1951)[G].北京:法律出版社,1982:106.

(五)试行人民检察员制度

检察制度是保证国家法律的贯彻执行和保证案件判决的正确,切实维护国家和人民的利益、不使受到任何的侵害。在新中国成立初期人民法庭的工作中,也会有些地方试用过人民检察员,这对于建立深入群众中建立的检察制度是有好处的。人民检察员,是从群众中直接选出,但必要经过检察机构的审查,合于检察员条件的才加以委任,赋予检察的责任和权力。这样,人民民主专政机构的耳目更加广泛和深入下面,使一切违法犯罪行为都受到国家法律的制裁,更可以维护和巩固人民民主政权。但人民检察员制度的运用还没有很多的经验,可以试行,将来证实是一种好的司法制度,再行加以确定,在人民的司法制度的创造上,也是需要的。①

二、人民法庭的现代法治精神的体现

中华人民共和国初期,一系列运动是特定社会条件下的产物,它具有一定负面的影响,正如学者张鸣所言:"运动一旦成为一种模式,就意味着它不断地重复,人们凭借着运动模式的仪式进入类似剧场的状态,结果谁都身不由己,几乎任何违反常理的事情都可能很自然地发生。处于'剧场情景'和亢奋状态的人们,对于斗争那些再也榨不出油水的地主们逐渐兴趣不大,退而寻找次一级的'富人'开刀,用当时的一些中农的话来说就是:'斗了地主,斗富农,斗了富农斗中农,一茬又一茬地割下去。'"②但是不容否认中央人民政府均采用法律的方法借助人民法庭结束运动,制止了暴力较低程度的发生,体现法治精神。土改运动中,制定《土地改革法》《人民法庭组织通则》,"镇反"运动中制定《惩治反革命条例》,"三反""五反"运动中,制定

---

① 以上参见最高人民法院中南分院《人民法庭工作总结会议的报告》,河南省许昌市魏都区人民法院档案,1951年文书处理号5,案卷号6。
② 张鸣.乡村社会权力和文化结构的变迁(1930—1953)[M].西安:陕西人民出版社,2008:227.

《惩治贪污条例》,普选运动中颁行《选举法》,并号召各地在运动中,根据实际情况,成立人民法庭,让人民法庭成为法律的舞台,彰显法治精神。针对运动中出现的案件严重积压问题,政务院和最高人民法院联合发布指示,相当于司法解释,指导司法实践中的具体问题。如1950年10月13日发布《关于人民司法机关迅速清理积案的指示》,要求为了顺利地完成清理积案工作并防止积案现象的继续发生,各级人民司法机关应即建立严格的捕押制度,严肃法治观念,加强值日的收案工作,对能即时解决的案件,即时予以解决,对不必或可以不收押的人即不予收押,并应联系当地社会条件与工作情况,试行由机关团体推选代表参加陪审的制度和在机关团体内部试行同志审判会①进行调解公断工作,以及实行巡回审判、就地审判,开展区村调解与司法宣教等工作,以求巩固和扩大清案工作的效果,并由此建立健全人民司法制度和改进今后人民司法工作。并且要求采取措施,迅速清理未决案犯,诸如对罪大恶极、证据确实的反革命犯,根据有关镇压反革命活动的指示迅速判处,对有犯罪嫌疑而证据不足,且无法再寻求证据者,除反革命犯外,应分别案情,予以教育释放,或交保释放,羁押错误者立即释放等。② 1950年11月3日,政务院专门作出《关于加强人民司法工作的指示》,强调"积极提高

---

① 见河南省许昌市魏都区人民法院档案,1951年,文书处理号1,案卷号2。同志审判会是苏联的一种司法制度。1951年11月22日中央人民政府司法部下发通报《关于建立和发展同志审判会的几项意见》,指出:"同志审判会的组织是苏联人民审判与教育工作中之一种先进制度。在苏联,自1929年以后,同志审判会对于发挥群众力量,用教育的方法来解决人民内部纠纷和克服各种不良意识与行为,已作出很大成绩。在今天我国民主政权的过程中,这一制度的建立和发展,对于贯彻人民司法群众路线,发挥群众力量来处理群众中的纠纷和克服不良现象,并藉以教育群众忠于祖国、遵守法律、遵守劳动纪律、爱护公共财产和履行国家义务等是有重大意义的。
② 中央人民政府法制委员会. 中央人民政府法令汇编(1)(1949—1950)[G]. 北京:法律出版社,1982:218-219.

审案质量,同时并应广泛进行法治宣传教育,严格纠正违法乱纪现象的发生。为加强人民司法工作,必须配备一定数量的坚强干部为骨干,并须教育他们重视司法工作,帮助他们提高政策水平。在进行土地改革的地区,更应注意人民法庭干部的配备"①。从司法实践看,人民法庭权力很大,不受群众监督。虽然人民法庭作出的判决经过领导机关的批准,并且规定有上诉程序,在实际的运动中,群众性的司法活动带来的错捕、错判、错押、误判的现象时有发生,前文陈××的案例就是之一,当事人呼喊几十年,得以平反。针对这种情况,1953年4月召开的第二届全国司法会议专门作出决议,要求必须"从不断检查和总结工作中,建立与健全各种制度,提高司法人员的理论、政策和业务水平及工作效率","凡是真正错捕、错押、错判的案件,必须予以处理。凡属于完全无辜的人民被错捕、错押者应即释放,错判者应即改判或平反。冤狱平反后,应当向当事人或其家属认错;对于遭受重大损害的当事人或其家属,除认错外,并应对于生活困难者酌情予以必要的补助。对于一切错判的案件,凡属黑白颠倒的根本错判,应该改判或平反"。"对于犯了严重的错捕、错押、错判等错误的失职人员和乱纪分子,必须分别情况严肃慎重地予以恰当的处理"。"对于错捕、错押、错判案件的清理和平反,必须认真严肃而又谨慎地进行,在冤狱平反后,对于重大的典型的错误案件,应选择其中对干部和群众有教育意义者,连同具体的处置和经验教训,有头有尾地在当地报纸上公布。"②这些法律、法规和司法解释,借助于人民法庭平息运动中的一些矛盾,一定程度上阻碍了一些恶性事件的发生。人民法庭运用法律手段来巩固新的国家政权制度,促进经

---

① 中央人民政府法制委员会.中央人民政府法令汇编(1)(1949—1950)[G].北京:法律出版社,1982:222.

② 中央人民政府法制委员会.中央人民政府法令汇编(4)(1953)[G].北京:法律出版社,1982:127-130.

济建设,改善人民生活,稳定社会秩序,确立法律权威,体现鲜明的时代法治精神。

中华人民共和国成立之初,在人民司法制度的创建过程中,人民法庭作为司法制度的有机构成部分,为新中国司法制度建设的探索,作出制度性贡献,对新中国法制建设起到积极作用。

(1)维护法律的尊严。

比如《人民法庭组织通则》、"三反""五反"人民法庭决定对人民法庭行使职权的方式与范围的规定;死刑判决的复核和批准权限的规定;强化法庭判决的执行机制;对人民法庭渎职人员的惩罚;等等。

(2)制定程序制度规则,保障司法公正。

比如,强调案件审理的证据重要性,要"认真地进行调查证据,研究案情,严禁刑讯";明确上诉的程序性要求;建立审判员回避制度;组建联合专门委员会对审判工作巡视检查等。

(3)创立群众路线的审判方式,吸收群众参与司法民主建设。

比如,法庭审判人员的选举产生方式;实行陪审制度;建立巡回审判和就地审判机制;引进苏联的同志审判会制度;等等。

所有这些司法实践,都为加强国家的司法法治建设,探索司法独立的运行机制,积累宝贵的经验。

第四节 人民法庭的不足

追求完美是人类永恒的天性,但事物的两面性始终存在。尽管人民法庭制度对新中国的司法制度的创新发挥重要作用,但是人民法庭也存在不完美的地方,这些至今仍影响着当下的司法,需要我们进行反思。

一、人民法庭存在的问题

（一）人民法庭运行中证据运用相关问题

1950年《人民法庭组织通则》实施以后，据各地执行具体实施情况报告，发现人民法庭在土改和"镇反"运动中，存在不少问题。河南省许昌市魏都区人民法院的档案反映这一情形：

有些人民法庭在审判工作中仍然是"坐堂问案"，不肯走出大门，以为到群众中去就失去了法庭的尊严，不根据大多数群众提供的意见办事，一意孤行，脱离了群众；有些重口供不重证据和材料，只要有口供的就照着口供办，没有口供的就用刑逼供，有没有证据和材料不在乎的，不肯用心去研究材料，了解案情，不愿深入群众搜集证据；这充分说明对于证据材料不够重视，有些不准被告在法庭上答辩，审判员问什么被告就要承认什么，一切都由审判员主观决定了，倘若有被冤屈办错了的案件，就无从申述理由的；有些经判决以后不准上诉，剥夺了被告的上诉权利，以为反革命判决死刑案件是不准上诉的，所以人民法庭的案件都不准上诉。倘若要求上诉，就以为是对法庭的判决不尊重；有些判决的案件，不愿呈报上级批准，甚至没有经过县人民政府的审查决定，就照着自己的意见判决执行了；有些有案必公审，公审必杀人，群众把人民法庭叫做"杀人庭"；不了解人民法庭的真正作用，有些把群众参加的公开审判，变成群众斗争大会的形式，两者混淆起来，判决不是由法庭的审判员根据审讯所得的材料，经过讨论评议，依据政策法令与群众意见相结合作出正确的判决，而是由群众举手表决，采取"一声雷"的办法，叫杀就杀，叫放就放，这样的判决，不是群众真正的意见，而是少数人对群众的操纵，极容易发生偏向；有些在审判中不理解群众的情绪，不倾听群众正确的意见，不实事求是地解决问题，没有经过酝酿和准备，独断专行，到宣判时法庭主张要杀，群众要求要放，或者是法庭要判徒刑，群众要杀，法庭和群众的意见对立起来，僵持不下，使法庭的判决在群众中间发生不好的影响；有些在法庭的审判过程中，不注意法庭秩序，为着给群众报仇雪恨，设有打人的板子，或者是吐口水、拔胡须、拳揍脚踢，造成法庭审判的混乱；有些为满足苦主的要求，苦主不是作为原告人提出控诉，而是请苦主参加法庭的审判，当审判员或陪审员，判决完全顺从苦主的要求决定，群众认为这是"打一面官司"；有些审判，在量刑上或轻或重，漫无标准，这样判决，很容易从个人关系或个人的好恶出发，就很难正确的掌握政策和法令，有些与个人直接有关系的案件，受理后，因为有种种顾虑，尤其是从个人的利益、家族的利益或亲友的利益着想，忘记自己是为着农民群众办事，为着保护农民群众的利益和满足农民群众的要求同地主阶级做斗争，反转过来偏袒保护地主阶级的利益。①

以上这些人民法庭的做法，虽然不多，但违背了《人民法庭组织通则》相关规定。第五条规定："县（市）人民法庭及其分庭受理案件后，应认真进行调查证据，研究案情。严禁刑讯。"第六条规定："县（市）人民法庭及其分庭审判时，应保障被告有辩护及请人辩护的权利。"第七条规定："县（市）人民法庭及其分庭有权逮捕、拘禁并判决被告死刑、徒刑、没收财产、劳役、当众悔过或宣告无罪。""县人民法庭及其分庭所判决之死刑，属于省人民政府主席（或省人民政府特令制定之专员）以命令执行之"。第八条规定："县（市）人民法庭及其分庭对匪特反革命分子之死刑判决，按本通则第七条规定批准执行，不得上诉。"第十条规定："县（市）人民法庭及其分庭之正副审判长、

---

① 该引文西南政法大学2009级博士李露在其博士论文《建国初期"镇反"刑事政策实施研究（1950—1953）——以西康地区实施状况为主要分析对象》一文第131页出现，其来源是《中央政法公报》第36期，时间是1951年11月13日，题目为"中南区人民法庭工作会议总结"。经比对，发现有些出入，文中的仿体字在李露的论文中没有出现。
最高人民法院中南分院：《人民法庭工作总结会议的报告》，见许昌市魏都区人民法院档案，1951年，文书处理号5，案卷号6。

审判员,遇到与其本身有利害关系之案件,应行回避。"①从这些情形中,反映出法律的规定仅仅是"纸面上"静态的内容,到实际生活中,具体实施,受人的主观因素、客观条件等各种因素的制约,法律不可能百分之百按照条文的规定去落实、去执行。

(二)人民法庭的司法权问题

思考土地改革、"镇反""三反""五反"运动有关人民法庭及其分庭的相关规定(前文已述),它们享有逮捕权、拘禁(押)权和判决被告死刑及其他刑罚等重要的司法权限,这些权力集中于人民法庭一身,有悖于现代社会分工的科学性,不符合现代法律分工、配合、制约的规定。本来这些重要的司法权是由专门机关行使,逮捕权和拘禁(押)权只由公安机关和检察机关行使,死刑判决权只由中级以上人民法院行使,执行权由监狱等享有执行权的机关执行。司法权的混乱,人民法庭权力过大,缺乏监督,导致在土改、"镇反""三反""五反"运动中,人民法院、人民法庭与公安机关、检察机关职权的"越位""错位"。

(三)当事人的辩护权虚置和律师制度断裂

前文已经论述《人民法庭组织通则》关于设立辩护权的优越性,其规定:"县(市)人民法庭及其分庭审判时,应保障被告有辩护及请人辩护的权利,但被告所请之辩护人,须经法庭认可后,方得出庭辩护。"但是这一辩护制度仅仅是"纸面上的法",没有落实。其原因在于:①法律专业人才匮乏,旧政府的法律人因意识形态问题弃之不用,新政府的法律人没有培养出来,法律院校处于始创状态。据董必武预测,如果当时县政府、公安、检察、法院、监察部门各配一个懂法

---

① 张培田. 新中国法制研究史料通鉴(第2卷)[M]. 北京:中国政法大学出版社,2003:1107. 转引李露. 建国初期"镇反"刑事政策实施研究(1950—1953)[M]. 北京:中国政法大学出版社,2011:207 - 208.

律的干部,全国就需要2万人。① 实际上,"到1954年法院系统已有3.6万余人,按编制应有7.1万多人"②,缺编3.5万多人。新中国成立之初的人民法庭审理的刑事案件,没有公诉机关的控诉,没有律师的辩护,仅仅是人民法庭一家来审理一些地主恶霸、土匪、特务、反动会道门、反革命分子和贪污受贿的罪犯,缺乏控辩双方的辩论。②律师制度的缺失。近代的律师制度是从清末变法修律开始引进。1910年沈家本、伍廷芳完成起草的《大清刑事民事诉讼法》规定了律师可以参加诉讼,引起改革派和保守派的极大争议,保守派纷纷反对引进律师制度,认为中国的律师人才不备,引进后,引起社会的颠倒是非,发生"唆讼""扛讼"③,但因辛亥革命的爆发,该法没有公布实行。到了1911年,南京临时政府起草了律师法草案,这是第一部有关律师制度的成文法草案。后因袁世凯当政而未公布实施。1912年,北洋军阀政府制定了《律师暂行章程》和《律师登记暂行章程》,这是中国第一部关于律师制度的成文立法。1927年国民党政权公布了《律师章程》,1942年制定了《律师法》。这两个法律,奠定了国民党执政时期的律师制度的基础。1949年新中国成立后,随国民党《六法全书》的废除,律师制度断裂。

律师的责任,就在于保护被告免于在犯罪证据不明确的情况下被判刑,从而为其无罪做充分的辩护,如果没有律师的刑事辩护无异于封建社会县官坐堂拷问。中华人民共和国成立之初,虽然《人民法庭组织通则》规定了律师辩护制度,客观环境决定这一制度没有充分发挥效用,直到改革开放后,1996年5月15日八届人大常委会第十九次会议通过了新中国第一部律师法典——《中华人民共和国律师

---

① 蔡定剑.历史与变革——新中国法制建设的历程[M].北京:中国政法大学出版社,1999:67.
② 董必武法学文集[M].北京:法律出版社,2001:312.
③ 胡瀚.大清刑事民事诉讼法草案研究[D].中国政法大学年硕士论文,2009.

法》,才恢复律师制度。

(四)普选人民法庭存在的问题

尽管普选人民法庭在选举中起着重要作用,但鉴于中华人民共和国成立初期的社会情况,无论领导还是群众,都缺乏经验,选举的原则未完全落实,直接选举仅在县级以下,无记名投票的方式改用举手表决,使《选举法》中的规定受到影响。程序方面中央人民政府没有具体制定普选人民法庭的决定与《选举法》衔接,使选举的严肃性降低,人民群众尽管热情很高,对选举的含义认识不到位,对破坏选举的行为有采取默认的情况。

总体上看普选人民法庭工作的成绩是第一位的,总结人民法庭的工作,还有下列不足之处:

①有些法院将普选人民法庭建立距离过远,不利于人民群众的诉讼。②有些法庭干部"坐堂问案"等待诉讼,有的干脆放弃本身工作不管,不能正确发挥法律武器的作用。③少数法庭干部专业水平低,没有认真学习业务,研究政策,处理问题主观臆断,把个别不能剥夺政治权利的也剥夺了(已纠正),不能正确体现国家政策和法令精神。④个别品质恶劣的干部非法用踢打、扣押等方式限制群众发言不让辩驳(已作了处理)。产生这些问题的原因主要是各级法院对保护普选工作生疏,对普选意义认识不足;时间短,地区大,要求急,人员又少,缺乏周密计划,挑选干部不慎重,没有很好学习政策。①

二、对人民法庭相关问题的反省

人民法庭是特定历史条件的产物,契合于当时特定的政治、经济、社会形势,满足了当时社会的政治需要,很大程度上实现了政府改造社会,满足大多数人民的需要。纵观人民法庭所涉的土

---

① 《关于继续贯彻二届全国司法会议决议及执行 1954 年司法工作计划的报告》,许昌市魏都区人民法院档案,1954 年文书处理号 4,案卷号 14。

地、贪腐和选举问题不仅是社会问题,也是政治问题,仍需进一步研究和思考。

(一)土地制度问题的忧伤

日本学者长野郎在研究中国的土地制度时指出:"中国的土地制度,是中国社会、经济、政治的根源。中国的治乱,基于土地制度的兴废;国民生活的安危,也基于土地制度的整理与否。"译者在序言也指出:"土地问题,是我国革命的关键。它能否得到一个适当的解决,就是我国革命的试金石。"①中国革命一开始,就认识到这一问题,从早期的"打土豪,分田地",到实现"耕者有其田",每个时期和不同阶段,中国共产党始终抓住这个核心问题不放松,这是中国革命赢得胜利的根本原因,也是中国共产党赢得人民拥护和支持的根基所在。中华人民共和国初期,组建人民法庭,仍实行土地改革,以至改革开放,仍肇始于土地问题。

(二)"三反""五反"运动的起因

"三反""五反"运动人民法庭产生,是针对各地区党政机关严重的贪污、浪费、官僚主义问题,一些不法资本家、商人利用人性之弱点,勾结国家机关不法人员,大量行贿、偷税漏税、盗骗国家财产、偷工减料和盗窃国家经济情报等,腐蚀国家机关的廉洁性,破坏社会经济正常运行。党和政府运用司法手段,通过法律对其进行惩处,保证社会经济秩序的稳定。"三反""五反"人民法庭的规定尽管为惩治"老虎"和"苍蝇"提供了一时的法律权宜之计,但不能保持一世的永久之计,历史证明,贪腐问题事关执政党的命运和前途,关系民族的危亡。中国社会,自从产生国家以后,就一直不断同贪腐进行斗争。可见权力腐败无时不有,无时不发生,"三反""五反"运动肇始于此。

---

① [日]长野郎.中国土地制度的研究[M].强我,译.袁兆春,点校.北京:中国政法大学出版社,2004:序言.

在中华人民共和国成立之前的1945年7月,毛泽东邀请著名的社会活动家黄炎培等人到他住的窑洞里做客,谈到如何突破周期率问题。毛泽东回答:"我们已经找到新路,我们能跳出这周期率。这条新路,就是民主。只有让人民来监督政府,政府才不敢松懈。只有人人起来负责,才不会人亡政息。"①实行民主,还权于民,让人民监督政府的权力,这是毛泽东为中国共产党找到的解决突破历史周期率的方法。中华人民共和国早期,中共领导人吸取历史教训,坚守这一原则,一心一意为人民服务,践行民主法治原则。当下"老虎""苍蝇"一齐打的同时,重温这段"窑洞对"的历史谈话,突破历史周期律,吸取"三反""五反"法治反腐的教训,坚持法治手段和方法,利用法治思维反腐,建立法治政府国家,具有重要的现实意义。

(三)新中国法治建设的启蒙

为使新政权合法化,经历土改运动、"镇反"运动、"三反""五反"运动,国内社会秩序稳定,具备在全国进行普选的社会条件。1953年1月,中央人民政府颁布《中华人民共和国全国人民代表大会及地方各级人民代表大会选举法》,举行中华人民共和国成立以来的首次规模宏大的普选运动。按照法律的规定,召开由人民用普选方法产生的乡、县、省(市)各级人民代表大会,并在此基础上接着召开全国人民代表大会,制定宪法。《人民日报》发表社论指出:"这个新的政治生活,在中国历史上是空前的,这只有在中国人民革命取得伟大胜利后的今天,才是可能的。

在这以前,中国人民争取民主的'宪政运动',曾经历了半个世纪漫长岁月的艰苦斗争。"②自从1908年,清政府颁布了《钦定宪法大

---

① 毛泽东访问记[M].武汉:长江文艺出版社,1992:115-116.转引于侯欣一.从司法为民到人民司法——陕甘宁边区大众化司法制度研究[M].北京:中国政法大学出版社,2007:188.

② 迎接普选,实行人民代表大会制度[N].人民日报,1953-1-15(1).

纲》以后,中国先后又产生了10多部宪法性文件,如1911年的《重大信条十九条》《中华民国临时约法》,1913年的《中华民国宪法草案》,1914年的《中华民国约法》等。

中华人民共和国成立以后,人民代表大会的召开,宪法的颁行,实行普选的人民代表大会制度,建立中央和省、县、乡各级人民政府。制定颁行五四宪法,规定公民许多的基本权利:公民在法律上的平等权利;公民的选举权和被选举权;言论、出版、集会、结社、游行、示威等各项政治自由;公民居住和迁徙自由;公民有对违法的国家工作人员的申诉、控告权利和获得物质赔偿的权利等,是民主一大历史进步。可仔细研究也还存在不足,有学者研究五四宪法指出:"当时党的领导人对宪法的认识与其说是法律性的,不如说是政治性的,其政治性大大超过了它的法律性。宪法只不过是为了达到政治目标的工具;宪法没有被认为是约束国家机关和领导人的权力的法律,而只是政府管理社会的总纲领和总政策。"[①]选举基本上是预设性的,没有竞争性,普通人争取的是选举权而不是被选举权,代表的提名无论是差额还是等额是有规定的,内部协商好的,贿选案时有发生。八二宪法作为新中国具有里程碑意义的宪法,是一部好宪法。1982年全国人民代表大会是最高国家权力机关,人民按照自己的愿望选举、罢免和弹劾自己选举的国家机关和工作人员,行使宪法赋予的言论、出版、集会和结社的自由的权利受到限制,但直选的程度太低,有些单位就是直接任命,然后再补选举程序。另外,宪法实施的监督问题,宪法和党章规定,党必须在宪法和法律的范围内活动,如果这些制度建立不起来,党与法的关系处理不当,宪法的权威不能树立,公民权利难以实现,权力"老虎"难以关进制度笼子里,全面依法治国,建立法治国家和法治政府将成为空谈。

[①] 蔡定剑.历史与变革——新中国法制建设的历程[M].北京:中国政法大学出版社,1999:48.

结　　语

放在历史的大背景下,中华人民共和国成立之初的社会时段是独特的,运动一个接着一个,人民法庭伴随运动的发展而变化,存在时间很短,每个运动任务不同,人民法庭解决的问题不同,运动一结束,人民法庭的使命就完成。本书以河南区域为代表,选取的资料偏重于许昌地区及周边区县不同时期、不同地区的人民法庭的档案卷宗和其他相关历史资料,详细分析了土改、"镇反""三反""五反"运动和普选等运动中法律事实,深入研究人民法庭的历史发展过程:

一、它源自中国人民自己的创造

早在1947年刘少奇在全国土地会议上所做的结论中说:"组织人民法庭,我们没有经验,大家可以去创造。"① 在1948年1月《晋察冀边区行政委员会人民法庭工作的指示》中指出,"(三)关于人民法庭的组织,目前尚无经验",在同一文件中,又一次提到"(六)关于人民法庭的工作,现在还缺乏经验,因此要放手让人民法庭去做,创造经验,蓄积经验,望各地随时把这方面的经验报告我们"②。新中国成立之初的重要运动中,人民法庭作为人民司法制度的组成部分,在司法实践中,

---

① 刘少奇.刘少奇选集(上卷)[M].北京:人民出版社,1981:391.
② 韩延龙,常兆儒.中国新民主主义革命时期根据地法制文献选编(第3卷)[G].北京:中国社会科学出版社,1981:544.

不断运用,不断总结经验,既继承清代法律和模仿民国法制,又在具体审判制度大多数沿袭革命根据地时期基础上创造具有特色的人民法庭制度①,防止运动中出现的违法问题,基本保障社会正常运行。

二、它是维护社会稳定秩序的需要

"人类要享有秩序,进而享有一种自由的秩序,必须接受法律的管束。"②博登海默说:"历史表明,凡是在人类建立了政治或社会组织单位的地方,他们都力图防止出现不可控制的混乱现象,也曾试图确立某种适于生存的秩序形式。这种要求确立社会生活有秩序模式的倾向,决不是人类所作的一种任意专断的或'违背自然'努力。"③中华人民共和国成立以后,摆在中国共产党面前的任务一是迅速稳定社会秩序,恢复生产;二是改造旧政权时期人的思想。共产党采取运动的方式,在法律不健全的情况下,采取政策、命令、指示,后制定法律,稳定社会秩序,根据运动的需要和特点,继承解放区人民法庭创制的经验,在运动中,制定《土地改革法》《惩治反革命条例》《人民法庭组织通则》等规定,以此设立人民法庭,依法解决运动中遇到的问题,保证社会的安定,推动社会发展。

三、它是社会治理中解决贪腐的利器

在满足农民的土地要求以后,通过"镇反"运动,消除国内外的反

---

① [美]黄宗智.法典、习俗与司法实践:清代与民国的比较[M].上海:上海书店出版社,2001.中文版序.
  黄宗智教授认为:"当代中国法律所继承的主要是三大传统:一是清代的旧法制,二是模仿西方的民国法制,最后则是老解放区在否定前两者之下而形成的法制,也是受乡村习俗以及公正制度影响较深的传统。今日要建设具有中国特色的法律制度,必须取源于这三大传统。"
② [德]海因里希·罗门.自然法的观念史和哲学[M].姚中秋,译.上海:上海三联书店,2007.
③ [美]博登海默.法理学:法律哲学与法律方法[M].邓正来,译.北京:中国政法大学出版社,2004:228.

动势力以后,社会秩序基本稳定,此时爆发朝鲜战争,国家面临更严重的财政困难,中央"提倡节约,严禁浪费",开展全面增产节约运动,而在共产党内部、党政国家机关和企事业单位的各级工作人员中间出现严重的奢侈糜烂的腐化作风、贪污受贿、拜金主义思潮和权力寻租现象,一些党员干部和不法商人、资本家相互勾结,大搞权钱交易,中央适时开展"三反""五反"运动,保证国家机关的正常运转。"三反""五反"运动中,中央制定政策,发布命令,在运动结束阶段发布成立人民法庭的具体规定,使"三反""五反"运动靠法律手段完满结束。

四、它是普选中人民选举权的保障

经过三年的努力,国内和国际形势基本稳定,新生的中华人民共和国政权得到巩固,具备全国各级人民政府的普选条件,实现由人民政协的领导过渡体制向选举产生的人民代表大会制度的转型。1953年2月,中央人民政府制定颁行《选举法》,在全国建立基层选举委员会,实行普选。为保持普选的秩序,按照有关法律、政策、指示和决定的精神,各地成立普选人民法庭,对一些不具备选举资格,混入人民内部的地主阶级分子、富农和反革命分子进行身份认定,防止不法分子窃取选举权和被选举权。在普选中,对于破坏普选的罪犯,由人民法院或人民法庭予以严厉惩处,从而保证选举秩序的稳定和人民的普选权得以实现,充分体现人民当家作主的愿望。

综上所述,党的领导是我们各项事业的灵魂,政府是社会管理的总管,人民法庭不可或缺,执行国家政策、指示、命令和法律。人民法庭作为一种工具,不同时期服务于政治和经济建设目标,随目标的转型而有不同时期的阶段性目标,政治或经济到什么领域和什么程度,人民法庭建设就到什么程度,它贯穿于土地改革、"镇反""三反""五反"和普选的运动在中国特有的"法治"轨道上运行,发挥了人民法庭制度在运动中的特有作用。

参考文献

(一) 著作类

[1]毛泽东选集(第1—4卷)[M].北京:人民出版社,1991.

[2]毛泽东文集(第5卷)[M].北京:人民出版社,1999.

[3]刘少奇选集(上卷、下卷)[M].北京:人民出版社,1981.

[4]邓小平文选(1、2、3卷)[M].北京:人民出版社,1994—1997.

[5]邓子恢传[M].北京:人民出版社,1996.

(二) 专著类

[1]胡绳.中国共产党的七十年[M].北京:中共党史出版社,1991.

[2]张希坡,韩延龙.中国革命法制史[M].北京:中国社会科学出版社,2007.

[3]韩延龙,常兆儒.中国民主主义革命时期根据地法制文献选编(第三卷)[G].北京:中国社会科学出版社,1981.

[4]韩延龙.中华人民共和国法制通史[M].北京:中共中央党校出版社,1998.

[5]杨一凡,陈寒枫,张群.中华人民共和国法制史[M].北京:社会科学出版社,2010.

[6]侯欣一.从司法为民到人民司法——陕甘宁边区大众化司法制度研究[M].北京:中国政法大学出版社,2007.

[7]高其才,黄宇宁,赵彩凤.基层司法——社会转型时期的三十二个先进人民法庭实证研究[M].北京:法律出版社,2009.

[8]里赞,刘昕杰.民国基层社会纠纷及其裁断——以新繁档案为依据[M].成都:四川大学出版社,2009.

[9]杜润生.中国的土地改革[M].北京:当代中国出版社,1996.

[10]蔡定剑.历史与变革——新中国法制建设历程[M].北京:中国政法大学出版社,1999.

[11]董必武法学文集[M].北京:法律出版社,2001.

[12]杨奎松.开卷有疑[M].南昌:江西人民出版社,2007.

[13]李露.建国初期"镇反"刑事政策实施研究(1950—1953)——以西康地区实施状况为主要研究对象[M].北京:中国政法大学出版社,2011.

[14]侯猛.中国最高人民法院研究——以司法的影响力切入[M].北京:法律出版社,2007.

[15]高其才,周伟平,姜振业.乡村司法——社会变迁中的杨村人民法庭实证分析[M].北京:法律出版社,2009.

[16]高其才,左炬,黄宇宁.政治司法:1949—1961年华县人民法院[M].北京:法律出版社,2009.

[17]张培田,张华.近代中国审判检察制度的演变[M].北京:中国政法大学出版社,2004.

[18]沈国琴.中国传统司法的现代转型[M].北京:中国政法大学出版社,2007.

[19]黄宗智.清代的法律、社会与文化:民法的表达与实践[M].上海:上海书店出版社,2001.

[20]黄宗智.法典、习俗与司法实践:清代与民国的比较[M].上

海:上海书店出版社,2003.

[21]张仁善.法律社会史的视野[M].北京:法律出版社,2007.

[22]瞿同祖.中国法律与中国社会[M].北京:中华书局,1981.

[23]熊先觉.中国司法制度[M].北京:中国政法大学出版社,1986.

[24]鲁明健.中国司法制度教程[M].北京:人民法院出版社,1991.

[25]吴磊.中国司法制度(第二版)[M].北京:中国人民大学出版社,1997.

[26]贺卫方.超越比利牛斯山[M].北京:法律出版社,2003.

[27]杜赞奇著.文化、权力与国家——1900—1942年的华北农村[M].王福明,译.南京:江苏人民出版社,2010.

[28]马丁·阿尔布罗.官僚制[M].阎步克,译.北京:知识出版社,1990.

[29]达玛什卡.司法和国家权力的多种面孔[M].郑戈,译.北京:中国政法大学出版社,2004.

[30]拉德布鲁赫.法学导论[M].米健,译.北京:中国大百科全书出版社,1997.

[31]诺内特,塞尔兹尼克.转变中的法律与社会——迈向回应型[M].张志铭,译.北京:中国政法大学出版社,1994.

[32]昂格尔.现代社会中的法律[M].吴玉章,周汉华,译.北京:中国政法大学出版社,1994.

[33]海因里希·罗门.自然法的观念史和哲学[M].姚中秋,译.上海:上海三联书店,2007.

[34]长野郎.中国土地制度的研究[M].强我,译.袁兆春,点校.北京:中国政法大学出版社,2004.

[35]博登海默.法理学:法律哲学与法律方法[M].邓正来,译.

北京:中国政法大学出版社,2004.

[36]托克维尔.旧制度与大革命[M].冯棠,于振海,译.北京:商务印书馆,1992.

[37]托克维尔.论美国的民主(上)[M].董国良,译.北京:商务印书馆,2004.

[38]何勤华,李秀清.民国法学论文精萃(粹)——诉讼法律篇(第五卷)[M].北京:法律出版社,2004.

[39]强世功.法制与治理——国家转型中的法律[M].北京:中国政法大学出版社,2003.

[40]杨永华,方可勤.陕甘宁边区法制史稿(诉讼狱政篇)[M].北京:法律出版社,1987.

[41]李海民."三反""五反"运动(河南卷)[M].北京:中共党史出版社,2006.

[42]邵文杰.河南省志(第2、20卷)[M].郑州:河南人民出版社,1993.

[43]邵文杰.河南省志(第13、16卷)[M].郑州:河南人民出版社,1997.

[44]薄一波.若干重大决策与事件回顾(上)[M].北京:中共党史出版社,2008.

[45]林蕴晖,等.凯歌行进的时期[M].郑州:河南人民出版社,1996.

[46]吴继平.新中国第一次普选运动研究[M].郑州:河南人民出版社,2010.

[47]南石.拂晓的较量——新中国剿匪与镇压反革命纪实[M].北京:中央文献出版社,2000.

[48]许崇德,皮纯协.选举制度问答[M].北京:群众出版社,1980.

[49]王亚南.中国官僚政治研究[M].北京:中国社会科学出版社,1981.

[50]张鸣.乡村社会权力和文化结构的变迁(1930—1953)[M].西安:陕西人民出版社,2008.

[51]吴永明.理念、制度与实践——中国司法现代化变革研究(1912—1928)[M].北京:法律出版社,2005.

[52]公丕祥.法制现代化的挑战[M].武汉:武汉大学出版社,2006.

[53]李龙.新中国法制建设的回顾与反思[M].北京:中国社会科学出版社,2004.

[54]庞松.毛泽东时代的中国(1949—1976)第一卷[M].北京:中央党史出版社,2003.

[55]张希坡.人民代表大会制度创建史[M].北京:中央党史出版社,2009.

[56]庞松.中华人民共和国史(1949—1956)[M].北京:人民出版社,2010.

[57]柴松霞.出洋考察与清末立宪[M].北京:法律出版社,2011.

[58]张培田.法的历程——中国司法审判制度的演进[M].北京:人民出版社,2007.

[59]李贵连.法治是什么——从贵族法治到民主法治[M].桂林:广西师范大学出版社,2013.

[60]劳伦斯·M.弗里德曼.法律制度——从社会科学角度观察[M].李琼英,林欣,译.北京:中国政法大学出版社,2004.

[61]德克·布迪,克拉伦斯·莫里斯.中华帝国的法律[M].朱勇,译.南京:凤凰出版传媒集团,江苏人民出版社,2008.

[62]查尔斯·弗瑞德.何为法律——美国最高法院中的宪法

[M].胡敏洁,等,译.北京:北京大学出版社,2008.

[63]杨兆龙.杨兆龙法学文选[M].北京:中国政法大学出版社,2000.

[64]侯宜杰.二十世纪初中国政治改革风潮——清末立宪运动史[M].北京:中国人民大学出版社,2011.

[65]徐爽.旧王朝与新制度——清末立宪改革纪事(1901—1911)[M].北京:法律出版社,2010.

[66]夏邦.黄旗下的悲歌——晚清法制变革的历史考察[M].合肥:合肥工业大学出版社,2009.

[67]俞可平.中国学者论民主与法治[M].重庆:重庆出版集团,重庆出版社,2008.

[68]仁井田陞.中国法制史[M].牟发松,译.上海:上海古籍出版社,2011.

[69]侯欣一.创制、运行及变异——民国时期西安地方法院研究[M].北京:商务印书馆,2017.

(三)主要史料

[1]人民日报(1950—1953).

[2]江西政报,1950.

[3]江西政报,1951.

[4]湖南政报,1951.

[5]河南政报,1950.

[6]山东政报,1950.

[7]河南政报,1951.

[8]江西政报,1949.

[9]中国党史参考资料(七)[G].北京:人民出版社,1979.

[10]中央人民政府法制委员会.中央人民政府法令汇编(1945—

1950)[G].北京:法律出版社,1982.

[11]中央人民政府法制委员会.中央人民政府法令汇编(1951年)[G].北京:法律出版社,1982.

[12]中央人民政府法制委员会.中央人民政府法令汇编(1952年)[G].北京:法律出版社,1982.

[13]中央人民政府法制委员会.中央人民政府法令汇编(1953年)[G].法律出版社,1982.

[14]中共中央文献研究室.建国以来重要文献选编(第一册)[G].北京:中央文献出版社,1992.

[15]中共中央文献研究室.建国以来重要文献选编(第三册)[G].北京:中央文献出版社,1992.

[16]解放战争时期土地改革文件选编(1945—1949)[G].北京:中共中央党校出版社,1981.

[17]许昌市档案馆,全宗25,案卷号15.名称:许昌专员专署办公室《关于生产救灾、度荒改革工作报告、典型通报及有关犯罪人的处分决定》.

[18]许昌市魏都区档案局,全宗号1,目录号1卷,号86.

[19]许昌学院中原农耕文化博物馆部分司法档案.

[20]张洪军:开封市火电厂退休工人,私人收藏家收藏的司法档案.

[21]河南省许昌市魏都区人民法院(1949—1954)司法卷宗.

[22]河南省许昌中级人民法院(1949—1954)司法卷宗.

(四)期刊

[1]许庆贺.建国初期新区土地改革中的人民法庭[J].平原大学学报,2006(1).

[2]陈翠玉.回顾与反思:建国初期的土地改革人民法庭——兼

谈对当下司法建设的启示意义[J].兰州学刊,2010(5).

[3]公丕祥.建国之初的司法制度[J].江海学刊,2004(4).

[4]黄文艺.1952—1953年司法改革运动研究[J].江西社会科学,2004(4).

[5]刘练军.司法政治化的滥觞——土改时期的人民法庭[J].二十一世纪,2012(2).

[6]何柏生.论新中国独创的法律制度[J].法学,1997(11).

[7]胡现岭.土改时期新解放区的人民法庭(1950—1953)——以河南商水、扶沟二县为中心[J].山西档案,2014(4).

[8]胡现岭.建国初期新区人民法庭之司法导向刍议——以豫东扶沟、商水县为例[J].山西档案,2016(2).

(五)学术论文

[1]刘晓湧.乡村人民法庭研究[D].武汉大学2011年法理学博士论文.

[2]陈翠玉.西南地区实施《土地改革法》研究[D].西南政法大学2008年法律史博士论文.

[3]丁卫.乡村法治的政法逻辑——秦窑人民法庭的司法运作[D].华中科技大学2007年博士论文.

[4]马路巍.人民法庭制度辨析[D].青岛大学2010年硕士论文.

[5]吴朝军.新中国廉政法制的开拓——以西南地区"三反"运动档案为视域的研究[D].西南政法大学2012年法律史博士论文.

[6]孟庆友.新中国建立之初的人民法庭(1949—1954)[D].北京大学2011年博士论文.

[7]郑国军.我国人民法庭制度实证研究[D].湖南大学2010年硕士论文.

[8]朱伟光.建国初期河南省土地改革运动研究[D].河南师范大学 2010 年硕士论文.

[9]朱晓风.建国初期杞县土地改革研究(1950—1952)[D].河南大学 2007 年硕士论文.

[10]徐智慧.我国人民法庭制度研究——从实证的角度[D].四川大学 2005 年硕士论文.

[11]胡瀚.《大清刑事民事诉讼法》草案研究[D].中国政法大学 2009 年硕士论文.

后　记

本书是在我的博士论文《中华人民共和国成立初期人民法庭研究——以河南省为视域》的基础上进一步拓展完成的。忆起2012年9月，辞掉工作，北上南开求学，对我来说，做梦也没有想到，在求学的最后——博士学习阶段，竟会与南开结缘，与名师相约。喜中有忧，回味当时与其说是去攻读博士，不如说是人生的最后一次"赌博"，三年能否毕业及就业如何，导师心里也捏着一把汗（事后得知导师忧虑）。毕竟年龄不占优势，近天命之年读博，困难重重，压力之大，可为了读书，硬着头皮，一切都不顾了。三年时间，未敢有一丝疏忽，非常珍惜这个求学时段，唯有刻苦攻读，尽享名校的学术氛围和资源，充实自己，才不辜负南开，也不辜负人生。

南开三年，感慨良多。漫长而曲折的三年，酸甜苦辣的煎熬难以忍受。早知今日，何必当初，不来读书操旧业，生活也是蛮舒服的，何必自找苦吃。三年，又是弹指一挥间，如白驹过隙短暂，人生意义更在于过程，但心中又有不安，得不到的心中永远在骚动，似乎有一种情结在心头，大有不到黄河心不死。既来之，则安之。南开三年经历是一笔巨大财富，足以让我用余生去回味，从中汲取营养，丰富人生，有这样的经历，以后遇到再大的困难也能克服。

首先，十分感谢我的导师侯欣一教授，承蒙他的不弃为他的弟子，能在侯老师门下学习是我一生的荣耀，求之不得。博士录取时，颇费周折,由于超龄,南开不予录取,拜侯老师各方努力,我方取得求学机会。侯老师的人格魅力、学术造诣、睿智勤奋令我敬畏。与他交流,总会获得收获,他的点拨,往往令困惑中的我豁然开朗,如醍醐灌顶,没有他的无微不至的关怀,没有他的精心指导,我不可能顺利完成学业。在论文完成之际,心中充满感激,可惜,弟子愚钝,没有受过系统专业学术训练,求学期间未能深刻领会老师的思想精髓,实在有负老师的厚望。

同时,要感谢南开大学法学院的柏桦教授、于语和教授、刘风景教授、岳纯之教授,他们在授课、开题中付出很多,在此表示感谢。此外法学院李悦副书记、谢阳今老师、李炳通老师、沈宝庆老师、图书馆资料室的诸位老师为我的学习和毕业创造了良好的条件和环境。在此,真诚地说一声:老师,您辛苦了。

感谢我的室友李德华和亲爱的同学刘顺峰、袁松、温子涛、高金、宋阳、车剑锋、谷永超、田智、孙超然、李树成、杨海静、王鸣华、孙佳颖、刘佳、张萍,我们在一起三年,团结友爱,情同手足,这份同学情谊弥足珍贵。

感谢许昌学院原党委副书记汪庆华教授,通过他的引荐,认识开封市私人收藏家张洪军先生,一睹他收藏的新中国成立初期的司法文书。感谢许昌学院法政学院的领导崔秀花教授、寇鸿顺教授、唐占立教授、王岩副书记对我的关心和鼓励,尤其是崔秀花、唐占立二位,为我引荐许昌市魏都区人民法院档案室、许昌市中级人民法院档案室查找司法档案,感谢档案室的王爱春、曹文雁提供的方便。感谢法政学院的团委书记黄春建、魏都区人民法院的胡庆彪为我查找档案做的协助工作。感谢许昌市档案局的芦应强科长、王许岚主任为我完成拙著在市档案局查找和合规使用档案、资料等提供诸多便利。感谢北京大学李启成博士、平顶山学院王冰博士、许昌学院图书馆陈丽君女士为我论文的写作提供的帮助。

本书写作过程中，2011级的学生高誓苑、韩田、杨婉娟、赵一、张亚林、齐志远、荀佳、2010级王依哲他们为我打印许多原始材料，还有2010级马江丛，正好她在魏都区法院实习，将近半个月抽空帮我抄写司法档案材料，有他们的帮助，我能从繁杂的黄纸堆里得以解脱，减轻整理文字材料的许多压力，得以有空理清思路，加快书稿的写作进度。在书稿修改过程中，西南政法大学研究生齐凤杰认真仔细挑错，指出许多问题，对他们谨致以诚挚的谢意。河南人民出版社蔡瑛先生和李晖女士为本书的出版费心良多，在此表示衷心的感谢。

最后，感谢夫人刘兰婷女士，长期以来，一直支持我，分担家庭的重担。儿子璟璞聪慧懂事，上学一直不让我费心。

人生还是美好的吧！

张 溪

2019年11月16日